日本書紀の祈り——多様性と寛容——＊目次

カバー写真＝撮影著者

はじめに

遠い昔、人は神話や伝承を拠《よりどころ》にして自らの出自に心を寄せてきた。時を経て、奈良時代の養老四（七二〇）年、『日本書紀』は我が国最初の官撰国史として成立した。漢文で表記されたその内容は対外的にも通用し、権威ある典籍として中央集権国家の大看板を背負うことになった。

それから一一七〇年の後、徳川幕府を倒した明治政府は天皇親政による近代中央集権を進め、明治二十三（一八九〇）年、「大日本帝国憲法」を施行した。この第一条は「大日本帝国ハ万世一系ノ天皇之ヲ統治ス」と記され、天皇の条目からはじめられた。

第二次世界大戦を経て、昭和二十二（一九四七）年施行の「日本国憲法」でも「天皇は、日本国の象徴であり日本国民統合の象徴であって、この地位は、主権の存する日本国民の総意に基く《ママ》」と、天皇の条目を第一条としている。

統治権を総覧する「大日本帝国憲法」の天皇と、国民主権に基づき国民統合の象徴となった「日本国憲法」の天皇とは異質の存在といえる。しかし、天皇を第一条に掲げた点において両憲法は共通している。

伊藤博文が著した「大日本帝国憲法」の解説書『憲法義解』によると、「大日本帝国憲法」第一条は『日本書紀』に記された〝天壌無窮《てんじようむきゆう》の神勅〟に依拠する。古来、天皇が日本を統治する意義や正統性、ひいては皇祖神の系譜は代々『日本書紀』を拠にして語り継がれてきた。

このため、大日本帝国の国体が瓦解した戦後、『日本書紀』が、その文面の一部をもって、日本の拡大主義、軍国主義を後押しし、日本を戦争へと導いた悪書のように厭われることもあった。〝八紘一宇《はっこういちう》〟という造語の出典が、殊更に『日本書紀』だと強調されるのも、その一例である。

こうした誤認は『日本書紀』という名前を知っていても、『日本書紀』に書かれている内容を知る人が少ないということであり、過去の書物に対する無関心が原因の一端にある。『日本書紀』には、国家建設を目指した時代の人々が抱く理想が記されている。確かにこれは遠い昔に役割を終えてしまった書物かもしれない。しかし、そこに残された神話の世界には、明確な時間の始点も終末も示されず、現在の継起が永遠に繰り返されている。つまり、神話は現代と無関係な過去の遺物ではない。我々は身近な諸事情に照らし合わせることにより、神話を現代へのメッセージとして再生させることもできるのだ。

『日本書紀』第一巻と第二巻は歴史以前の神話伝承を語る。この二つの巻は神代巻と呼ばれ、二巻合わせて十一段で構成されている。神代巻第一段から第八段までは『日本書紀』第一巻に記載され、後半となる第九段から第十一段までは第二巻に記載されている。

神代巻各段には、便宜的に章名（タイトル）が付されており、康正年間（一四五五〜五七）、一条兼良《かねら》が著した『日本書紀纂疏』には、各章ごとに、第一明三才開始。第二明七代化生。第三明八洲起原。第四明万物造化。第五明瑞珠盟約。第六明宝鏡図像。第七明神剣奉天。第八明天孫降臨。第九明兄弟易幸。第十明神皇承運という章名が記されている。

延享四（一七四七）年、谷川士清《ことすが》が著した『日本書紀通証』では、神世七代章。八洲起源章。四神出生章。瑞珠盟約章。宝鏡開始章。宝剣出現章。天孫降臨章。海宮遊幸章。神皇承運章とされている。特に、こちらの章名は後世にも影響を与えている。

本書では、『新訂増補　国史大系　日本書紀』や『日本古典文学大系　日本書紀』の章名に準じた。ここでの章名を十一段で照合すると、第一段から第三段までは神世七代章。第四段は大八洲生成章。第五段は四神出生章。第六段は瑞珠盟約章。第七段は宝鏡開始章。第八段は宝剣出現章。第九段は天孫降臨章。第十段は海宮遊幸章。第十一段は神皇承運章となる。こうしたタイトルは厳めしさを否めないが、その内容は国生み神話や神生み神話、天石窟《あめのいわや》隠れ、八岐大蛇《やまたのおろち》退治、海幸山幸《うみさちやまさち》などよく知られた神話の別名といってよい。

十一の各段には系譜的性格の強い本文と、数種から数十種の異伝とで構成されている。この異伝が〝一書（アルフミ）〟と呼ばれ、神代巻特有の記述形態をなしている。本文と複数の異伝が混在するという『日本書紀』神代巻の構成は、物語の統一性や一貫性において大きな支障となる。その反面、一書の存在が編纂者の作為的内容統制による一元的合理化を退け、多様な伝承の共生を認めたということもできる。本文と異伝を共生させた『日本書紀』神代巻の編集方法こそ、多様性に対し寛容な姿勢といえるのだ。

神代巻の冒頭では、混沌に含まれた気の活動が陰陽の交錯を起こし、まず陽の神々がなり、陰陽の道に基づく男女の神々の物語に展開していく。男女の神々は試行錯誤を繰り返し、国の島々や自然の神々を生みなしていく。そのなかで、特に尊ばれた大日孁貴《オホヒルメノムチ》（天照大神）は皇祖神として天上を治め、その皇孫が天下を治めるように命じられる。この皇孫の流れが天皇である。

天上の皇祖神天照大神と高皇産霊尊《タカミムスヒノミコト》は、何のために皇孫を地上に降臨させ、葦原中国《あしはらのなかつくに》を統治させたのか。それは、民が飢えることのない太平な国をつくるためである。また、出雲の大己貴神《オホアナムチノカミ》は、何のために葦原中国を皇孫に譲り、自ら幽界に隠れ去ったのか。これもまた、皆を不毛な戦いに巻き込むことを避け、民の安寧を守ったからである。『日本書紀』神代巻では、多くの神々が民の生活の安寧に重きを置いていた。

神話のなかには古代人の多様な考え方や価値観が残されている。そこには、世界を超越する唯一絶対神は存在せず、多くの神々が喜怒哀楽を豊かにして、我々と同じ世界を生き生きと行き交っている。日本で生きる我々が日本の神話に向き合うことで気づかされることも多い。

日本文学（神話）を語る上で、『古事記』が重要古典であることに違いはない。しかし、本書では『日本書紀』神代巻の特徴を強調しながら、日本という国の有様について触れてみたい。日本が好きな人も嫌いな人も、『日本書紀』に触れてみることにより、ここに記述された神話の内容が、心の支えにも、突っ込みどころにもなるだろう。約一三〇〇年も昔に書かれた内容が、今に通じないことも数多《あまた》ある。しかし、『日本書紀』の多様性と寛容な姿勢には一見の価値があるように思う。

昨今、人々の何気ない呟きがネット上で炎上し、議論を引き起こすことがある。人の立場は千差万別であり、議論の応酬は健全なことである。しかし、独善的な価値の押し付け合いでは出口のない単線的な一方通行を招く。

個々は素晴らしい考えを抱いていても、狭量な価値に固執して、他を認めない独善的指弾の応酬は些細な軋轢をも根深い怨嗟へと変えていく。こうした絶望的なやり取りに人々は辟易し、社会は閉塞していく。だからこそ、多様性の背後にある個々の尊厳に心を寄せ、多様な文化の共生に寛容な姿勢で臨みたい。

相手の立場になれば、容易に想像でき得ることですら、狭量な視点に縛られていると、立場の異なる人を悪者に仕立て、思考を停止させてしまう。我々は異質な他者への思いやりを失い、不寛容になることを望まない。今、現実を生きる我々が多様な他者の有様にどれだけ寛容になり得るのか、往時の人々から試されているようにも思う。

本書においては、序章として『日本書紀』の構成上の特色、成立の背景、各時代の捉え方を記し、これをもって概論とした。次に、十一段に分割された『日本書紀』神代巻を十一で章立てをした。各章では、『日本書紀』の基準となる本文の概要を示し、本文を通して貫かれた物語を概観する。その上で、各段の本文と一書（異伝）の構成を整理し、さらに、それぞれの物語に則した解説を施した。最後に付加として、神武天皇紀と仁徳天皇紀を取り上げ、民の安寧を第一とする『日本書紀』神代巻の要諦が後の時代にどう表現され、継承されてきたのかに触れ、これをもって終章とした。

神名の表記については和語を尊重し、和語の発音をカタカナで表記した。ただし、『日本書紀』を語る本書の性格上、表記については『日本書紀』本文に記された漢字の神名を優先した。和語の読みについては初出のときにふりがなを付した。一書や『古事記』など、神名表記が本文と異なる場合は、その都度、話題に上った文献の神名も併記した。また、神名の尊称は～神（～ノカミ）、～尊（～ノミコト）、～命（～ノミコト）など、出典によって異なることがある。本書では各文献の記述を尊重するため、これら尊称を省略せず、その尊称を含めて神名として捉えた。

本書のキーワードは〝混沌〟〝陰陽〟〝万物一体の仁〟〝多様性〟〝寛容〟〝食の糧〟〝安寧〟〝太平〟である。

序章（概論として）

一、「一書」について

『古事記』上巻と『日本書紀』第一、第二巻には日本の神々の伝承が記されている。これらは『古事記』の〝記〟と、『日本書紀』の〝紀〟を取って〝記紀神話〟と呼ばれている。しかし、この二書は成立背景、編纂者、記述範囲、構成、さらには記述言語に至るまで性格を異にする〝似て非なる書物〟といえるのだ。したがって、記紀神話に統一されたストーリーはない。つまり、記紀に登場する神々の名前や物語は一つのパターンに固定されることなく、種々の異伝を伴いながら複雑に展開していく。

『日本書紀』第一巻と第二巻は〝神代巻〟と呼ばれている。その本文は神々の系譜的側面が強く、その主眼は神々と天皇家とのつながりを強調した皇統譜にある。このため、系譜的な本文では多様な神話の機微を包括的に網羅するのが難しい。こうした本文の性格を補うため、複数の家々に伝わる異伝を、本文とは別に一書として別記したのである。

これらの異伝は、本文のすぐ後に、「一書曰（一書に曰く）」と続けて記述された。この〝一書《あるふみ》〟と呼ばれる構成が世界の歴史書でも類例を見ない『日本書紀』神代巻最大の特色となっている。

いうまでもなく、十一段で構成される神代巻本文をつなぎ合わせれば、首尾一貫したストーリーを得ることができる。そもそも本文はあくまで本文として別枠が設けられているため、こうした本文の集積こそが『日本書紀』神代巻の基準（規準）だともいえるのだ。

菅原道真が寛平四（八九二）年に編纂した『類聚国史』は『日本書紀』から『文徳天皇実録』までの五国史を神祇、帝王、後宮などの項目ごとに分類し、検索の便が図られた。ただし、『日本書紀』神代巻についてはすべての記述を掲載している。この記述こそ神代巻の原形に近いものとも考えられる。ここに見える一書は、本文より小さい文字を用いて二行で記されている。こうした体裁は一書が本文の分注（割注）の形式であることを明示している。つまり、一書のプライオリティーは本文と決して同等のものではないのである。

とはいえ、一書を軽視すべきではない。皇統の正統性を強調した系譜的な本文の連続では、物語の細部が描き切れず、『古事記』と比べると、すこぶる味気ない印象になってしまう。神々の心の揺らぎも怒りも喜びも、本文のみの伝承では、その綾なす機微は伝わり難く、文学的表現も、決して豊かとはいい難い。物語の味わいは、異伝として展開される一書にあるとさえいえる。

神道信仰のなかで、重視される伝承も、神代巻本文に記述された神々の系譜的物語のみを拠としている訳ではない。意外にも本文に記された〝高天原〟の名は第六段に一個所あるのみ。さらに、黄泉《よみ》をめぐる死生観や禊《みそぎ》の効用。保食神《ウケモチノカミ》の食物起原神話。とりわけ、神道信仰にとって、最も重視される〝天壌無窮の神勅〟など、五つの神勅はすべて一書にのみ記された伝承なのである。加えて多様な一書の記述は『古事記』など他の古典の欠落部をも補う役割を果たしている。

『日本書紀』編纂者が複数の異伝を許容したことにより、神々の物語は一貫性を欠くことになった。極端にいえば一つの物語でありながら、数通りの異なった筋書きが同時に進行するようでさえある。その反面、本文に一書を加えた編集方法は、多様な家伝を守ることにつながった。つまり、『日本書紀』編纂者の姿勢は、結果として編者の作意的内容統制による記述の一元的合理化を多少なりとも避けることに貢献したのである。

『日本書紀』神代巻に記された一書の存在意義は、神話伝承の理解に対し、他書との相対的比較検証や多様性に富む解釈を提示したことである。この一書の存在こそが多様な伝承を尊重し、異伝に対して寛容であった『日本書紀』の編纂事情を示している。

二、『日本書紀』成立の背景

『日本書紀』とは元正天皇の養老四（七二〇）年、舎人親王らの撰により成立した日本に伝存する最古の正史であり、神代から持統天皇の御世までを漢文体・編年体（神代巻は紀伝体）で記した全三〇巻、系図一巻（系図は失われている）の官撰史書である。つまり、日本という国家のお墨つきを得た最初の歴史書といえる。

『古事記』『日本書紀』の成立要因には、壬申の乱（六七二年）後の混乱した時代背景が影響している。天智天皇の皇太子は大皇弟（東宮・皇太弟）の大海人皇子（後の天武天皇）に決められていた。しかし、天皇は実子の大友皇子（後の弘文天皇）を太政大臣に就かせるなど、大友皇子への後継の意志を見せはじめた。これを察した大海人皇子は大友皇子を皇太子に推挙し、自らは出家して、近江から美濃、伊勢、伊賀を経て大和の吉野へと下っていった。この遁走の間、大海人皇子が結んだ各地の豪族との誼《よしみ》は、後に大きな意味を持つことになる。

天智天皇崩御の後、大海人皇子と大友皇子との関係は果然として皇位継承争い（壬申の乱）に発展していく。これに勝利したのが各地の豪族らに支持された大海人皇子であった。皇子は天武天皇として即位し、戦後の強いリーダーシップのもと、確固たる中央集権的律令国家建設を目指すとともに、自国のアイデンティティーの確立を急務の課題とした。特に、神代以来の血統につながる自らの王権の正統化は焦眉の急となり、国史（『古事記』『日本書紀』）の編纂を命ずる運びとなった。

その手本とされたのが既存の「帝紀」（天皇の系譜）と「旧辞」（古い伝承）とされている。『日本書紀』天武天皇紀十（六八一）年三月丙戌の条によれば、天皇が大極殿で川島皇子、忍壁皇子ら十二名に詔を下して、「帝紀」と「上古の諸事（旧辞）」を定めるように指示している。ただし、「帝紀」と「旧辞」は現存しないため、詳細は藪のなかである。

天武天皇は稗田阿礼が暗誦したとされる「帝紀」と「旧辞」を太安万侶に編纂させた。これが元明天皇の御世、和同五（七一二）年に完成した『古事記』である。その序文には、天武天皇の事跡が詳細に記述され、天皇が『古事記』の編纂を「邦家の経緯、王化の鴻基」、つまり、国家統治の筋道や天皇徳化の基礎となる書物として、称賛した旨が記されている。

加藤周一は『古事記』と『日本書紀』の編集方針の違いについて、以下のように述べている。

壬申の乱を、「紀」は後の天武帝が一度譲った王位を、正当防衛の立場から戦って、奪い返した、としている。この場合にも王位継承の正統性の根拠は血統であり、正統な王位継承権のある二人の皇子の争いは、道義的理由により、正当化されているのである。このような道義的正当化または理想化は——壬申の乱の場合には「記」の記述にはないが、——一般に「記」よりも「紀」においで著しい。(1)

さらに、加藤は血統による正統化を重んじた日本の皇統の原理と、「『天命』による正統化を重んじた中国の伝統」(2)との違いを指摘し、『日本書紀』では、皇位継承における道義的正当化や理想化が著しい旨を述べている。その上で、加藤は婚姻をめぐる問題として、「極端な近親結婚を認める『記』・『紀』的原理（親子、同母兄妹または姉弟の結婚を禁じるが、異母兄妹・姉弟の結婚を禁じていない）は、独特であって、儒教的中国の風習と大いにちがう」(3)と述べ、『古事記』『日本書紀』から窺える日本の風習と中国の儒教との発想の違いを指摘した。

『日本書紀』における中国文化の影響は多大である。とはいえ、日本文化のすべてが中国文化へ還元される訳でもない。『日本書紀』には、婚姻の風習や性描写など、儒教の倫理観からすると許容し得ない表現が記載されている。『日本書紀』は中国の正史に倣って編纂された書物である。しかし、そのなかに息づく縄文以来の土着文化の痕跡を、全体的普遍性の徒花と見るか、個別的特殊性の果実と見るかは、それを見る人の立ち位置によって相対的に違ってくる。

三、『日本紀』か『日本書紀』か？

『古事記』は序文を記し、自らの成り立ちをきちんと語る。一方、『日本書紀』には序文がない。三十巻にも及ぶ長大な『日本書紀』は序文を設けることなく、本文から滔々と語りはじめる。ならば、『日本書紀』の成立経緯はどのように捉えるべきなのだろうか。

『日本書紀』が成立した奈良時代の記録は概ね『続日本紀』に残されている。『続日本紀』は六国史の一つとされる。その六国史とは、奈良から平安時代に編纂された『日本書紀』『続日本紀』『日本後紀』『続日本後紀』『日本文徳天皇実録』『日本三代実録』の六つの国史を指す。

『続日本紀』の養老四年五月癸酉の条には、「一品舎人親王奉勅。修日本紀。至是功成奏上。紀卅巻系図一巻」(4)と記されている。これによると舎人親王は元正天皇から勅を受けて「日本紀」を編纂し、養老四（七二〇）年にこれを上奏した。この僅か二十五文字の短い記述が『日本書紀』成立経緯の歴史的な根拠となっている。

ここで注目すべきは、その書名が『日本紀』と記されていること。つまり、『日本書紀』の「書」の一文字が抜け落ちていることである。書名が異なっているのだから、当然のこととして『日本紀』と『日本書紀』とは同一書ではないという疑義も呈される。

中国の通例によると紀伝体の史書や伝記を「書」（『漢書』『後漢書』）という。この紀伝体の「書」には、「本紀」「列伝」「志」「表」などが含まれる。一方、編年体の年代記や帝王治世を「紀」（『漢紀』『後漢紀』）という。紀伝体は「紀」と覚えたいところだが、紀伝体が「書」であり、編年体が「紀」である。

ここでさらに厄介なことがある。『日本書紀』第一巻と第二巻の神代巻は物語中心に記された紀伝体の「書」ということになる。一方、第三巻の「神武天皇紀」以降は編年体の「紀」の体裁を採っている。つまり、『日本書紀』神代巻は紀伝体の「日本書」であり、『日本書紀』第三巻から第三十巻までは編年体の「日本紀」と理解できるのだ。これを合わせて『日本書紀』といってしまえば分かり易いのだが、ことはそう単純にはいかない。

なぜ、書名が『日本書紀』になったのかという疑問については数多の説がある。折口信夫は、先ず『日本書』があったと考えた。その後に編纂者が「国際関係を痛切に意識」[5]するようになり、『日本紀』の体裁になったという。

神田喜一郎は、本来『日本書紀』は『日本書』と呼ばれていたという。しかし、ここに「志」「列伝」などなく、編年体の「紀」のみで成立していた。つまり、『日本書』のなかの「紀」を『日本書紀』とする解釈である。これが『日本書紀』と呼ばれるようになり、その後、体裁や内容に則して、『日本紀』と改められたという。[6]

ここで、『日本紀』編纂当時の日本の国情を考慮してみたい。折口によれば、『古事記』に比べて、『日本書紀』には、対外交渉関係の記事が多い。つまり、『日本書紀』の編纂者は国際情勢を意識し、当時の東アジアの国際語（表記）というべき漢文での編纂を試みたのである。

〝日本〟とは七世紀後半以降に対外交渉の場において使用された国号とされる。[7]「大宝令」によれば、対外向けの宣命には、「明神御宇日本天皇《アキツミカミトアメノシタシラスヤマトノスメラミコト》」と記されており、国内向けの詔勅には、「明神御大八洲天皇《アキツミカミトオホヤシマノスメラミコト》」と記されている。このように、「日本」は対外的な国号として使用され、「大八洲」は国内的な国号として使用されていた。

日本の国名については古来〝アシハラノナカツクニ〟〝トヨアシハラノミズホノクニ〟〝オホヤシマクニ〟〝シキシマ〟〝ホツマノクニ〟〝ウラヤスノクニ〟〝ワ〟〝ヤマト〟〝ヒノモト〟〝ジッポン〟〝ニッポン〟〝ニホン〟などと様々に呼ばれている。現在でも日本国の国号は〝ニッポン〟と読むのか〝ニホン〟と読むのか曖昧に扱われている。昭和九（一九三四）年には、文部省臨時国語調査会により、国号を〝ニッポン〟に統一しようという機運もあったという。また、切手や日本銀行券（紙幣）には「Nippon」と書かれているため、現在でも対外的国号は〝ニッポン〟といえるのかもしれない。

こうなると〝ニホン〟の発音を守ってきた『日本書紀』、日本大学、日本医科大学、日本女子大学、日本航空、ＪＲ東日本、ＪＲ西日本、日本経済新聞社、日本共産党、日本画、日本海などの立場はどうなるのかと危惧される。ところが平成二十一（二〇〇九）年、衆議院議員岩國哲人の質問書に対し、六月三十日受領の「答弁第五七〇号」には、麻生太郎総理名で「『にっぽん』又は『にほん』という読み方については、いずれも広く通用しており、どちらか一方に統一する必要はないと考えている」とされた。日本は国号すら統一できないのかとする向きもあるだろう。しかし、こうした多様な有様に寛容な姿勢を示すことこそ、日本をして日本足しめる所以なのかもしれない。

いずれにせよ、『日本書』から『日本紀』へという大枠の流れは折口にも神田にも共通している。その他、日本紀説、日本書紀説、日本紀日本書紀別書説などがある。日本紀説は『続日本紀』の記事が「日本紀」とあり、「書」の文字が見えないこと、「神代巻」以外の『日本書紀』の体裁が編年体の「紀」であることなどを考慮して、『日本書紀』が本来『日本紀』であったと推論した説をいう。『日本書紀』以降に編纂された六国史のなかで、『続日本紀』『日本後紀』『続日本後紀』と続く書名に「書」の文字が見えないことも有力な根拠となるだろう。ただし、『日本書紀』のみに記された神代巻は紀伝体の「書」であるため、編年体の「紀」のみで記された『続日本紀』以降の書名に「書」の文字が見えないのは当然だともいえる。

日本紀日本書紀別書説は、『万葉集』に両書名が併用されたことを挙げている。別々に名前が書かれているのだから、別の書籍と見る向きもあるのだろう。ただし、同一書に異名の一つや二つあるというのは決して奇異なことではない。ユネスコの世界の記憶に登録されている平安時代の藤原道長の日記『御堂関白記』は『入道殿御日記』『法成寺摂政記』『法成寺入道左大臣記』『御堂御記』『御堂御暦』など、様々な名で呼ばれている。

日本書紀説は『弘仁私記』の序や『釈日本紀』引用の「延喜講記」などの古記録に、「日本書紀」と記されていることを根拠とする。さらに『日本書紀』編纂者が参考にした中国史書の『漢書』『後漢書』などが、全体を「書」とし、その一部に「紀」を持つ体裁を採っていたことも重要な手掛かりとされる。したがって、現存する『日本書紀』を中国の史書に当てはめると〝『日本書』の中の「紀」〟になる。こうした推論も日本書紀説の有力な根拠となるだろう。各説は複雑に入り組み、その真偽の程を明かすことはできないが、古来『日本書紀』を『日本紀』と呼んでいた事例は数多あり、『続日本紀』に記された『日本紀』を『日本書紀』と捉えても大勢に異状はないと思われる。

四、神話の素材と成立事情

神代巻に記された日本神話のなかには、地方各所で受け継がれた伝説や神話。宮廷や民間で歌い継がれた歌謡。宮廷で読み込まれた中国文芸の修辞や史書の形式。さらに、こうした漢籍によって解き明かされた思想など、多様な素材の断片が多層に織り込まれている。『日本書紀』の編纂者は、日本文化の基層から表層まで複雑に絡みついた神話の素材を整理し、それに潤色を加えつつ、『日本書紀』

の叙述の枠組を構築していった。

日本文化は一万五千年も持続してきた縄文文化という採取経済の時代を経て、紀元前三、四世紀から、弥生文化という水稲耕作の時代へと緩やかに移行していった。弥生文化が終焉を迎えたのが三世紀。そこから七世紀以前に存在した大衆の土着文化と、七世紀末から八世紀初頭にかけて宮廷知識人の学んだ外国文化との出合いも、それぞれを学び知る人々によって刺激的に触発され、『日本書紀』成立に向けて収斂されていった。

加藤周一は神話の素材に見える大陸の影響について、「土着の大衆文化の素材のまとめ方、あるいはその全体の叙述の仕方も、単純に大陸の風に倣ったのではなくて、話の語り口そのものに土着の精神の構造があらわれている」[8]と述べた。神話には地域に根づいた大衆の文化が存外に強く残されている。ただし、その断片に見え隠れする精神は日本固有のものばかりとはいえず、さりとて近隣のものばかりでもなく、世界中に分散、伝播した型式の伝承が多いことにも驚かされる。

太陽神の御孫、瓊瓊杵尊《ニニギノミコト》が天上から山頂へ降臨するという神話は、北方アジアや朝鮮の恒雄《ハンウング》が太白山に降臨する話と共通する点も見られる。また、瓊瓊杵尊が木花開耶姫《コノハナサクヤヒメ》と結婚し、磐長姫《イワナガヒメ》を斥けたことにより、人間の寿命が短くなったとする神話は、花と磐との関係をバナナと石との関係に置き換えると、東南アジアやオセアニアのバナナ型神話との類似性が認められる。さらに、大宜都比売《オホゲツヒメ》神や保食神《ウケモチノカミ》など、殺された女神から食物がなるという食物起原神話と、インドネシアのハイヌウェレ型神話との関係も否定できない。

その他、女神を救うために怪物と戦うという英雄譚ペルセウス・アンドロメダ型神話が八岐大蛇神話と類似するとか、天鈿女命《アメノウヅメノミコト》のシャーマン的行為が北方型神話であるとか、海幸山幸の海に関する伝説が南洋型神話であるとか、神話は多種多様な状況において、相互に複雑に関係し合っている。一見縁もゆかりもない遠く離れた各地の神話の類似性が世界とのつながりを気づかせてくれる。そういうところが神話を読む面白さでもある。

ただし、神話の伝播経路やその時期は不明なものも多く、類似性をめぐる問題には慎重にならざるを得ない。生物の世界では、脊椎動物（哺乳類）のモグラと節足動物（昆虫）のケラのように、系統が異なるにも関わらず相似した形態を有し、ともに土を掘ることに特化した大きな前足を特徴とする生物がいる。こうした現象を収斂進化という。つまり、類似性には偶然もあり得るのだ。

五、『日本書紀』に見える神道の初見

神道は日本の民族宗教である。民俗宗教とは特定の教祖が創唱した普遍的な教義やそれを記した聖典を持たず、ある民族において自然発生的に現れ、そこで継承されてきた神話伝承や詩歌を拠にしている。ヒンドゥー教、ユダヤ教、神道などがこれに該当する。

神道の初見は五経の一つ『易経』観の卦の彖伝に記された「観天之神道、而四時不忒、聖人以神道説教、而天下服矣」[9]とされている[10]。これは〝天の神道を観るに、四時忒《たが》はず、聖人神道を以て教を説

けて、天下に服す〟と読まれている。ただし、『易経』に記された神道とは、霊妙な力や道を意味する言葉であり、日本の民族宗教である神道を指すものではない。ならば、その初見はどこに記されているのだろうか。

日本の書物のなかに記された神道の初見といえば、『日本書紀』用明天皇即位前紀の「天皇信仏法尊神道」[11]とされている。これは〝天皇は仏法を信じ、神道を尊ぶ〟と読む。神道は自然崇拝に由来する日本土着の信仰心意とされる。ただし、神道という名称がはじめて文字に記されたこの記述は、六世紀後半の仏教と神道との比較である。したがって、この記述は神道とは何かを語る上で、当時の神道のイメージを明確に定義づけるものではない。

続けて孝徳天皇即位前紀には、「天皇尊仏法軽神道」[12]と記されている。〝天皇は仏法を尊び、神道を軽んず〟というのだ。これを見る限り、六世紀後半の用明天皇から七世紀中盤の孝徳天皇に至る約六十年の間に、仏教に対する信仰は在来宗教の神道を凌駕する勢いを見せた。ちなみに神道を軽んじた天皇の行為とは、「斮生国魂社樹之類是也」[13]と具体的に記されている。仏教に深く帰依した孝徳天皇は難波宮造営のため、聖域である生国魂社の樹木を切り倒してしまったというのだ。

仏教は六世紀中ごろ、百済を通して日本に伝来しており、少なくとも社会の上層部には信奉者を得ていた。特に奈良時代、聖武天皇の盧舎那仏建立事業や称徳天皇の道鏡重用は仏教が及ぼした政治的影響力を窺わせている。

古代から盛んに行われていた仏教教学では、次第に土着の神道との関係に合理的説明が加えられるようになる。平安時代になると、『法華経』如来寿量品第十六に示された〝本迹二門《ほんじゃくにもん》〟に基づき、日本の神々は本地である仏・菩薩が衆生救済のため、姿を変えて迹を垂れたとする〝本地垂迹説《ほんじすいじゃくせつ》〟が唱えられるようになる。この理論は真言宗による両部習合神道や、天台宗による山王一実神道に引き継がれ、仏説に寄せた神道説が成立していった。

特に両部習合神道では、『日本書紀』の始源神国常立尊《クニノトコタチノミコト》を如来の法身、国狭槌尊《クニノサツチノミコト》を如来の報身、豊斟渟尊《トヨクムヌノミコト》を如来の応身とし、その三身を即一した大日如来を尊崇した。また、大日如来を中心とした胎蔵界曼荼羅と金剛界曼荼羅の世界を、伊勢の内宮（天照大神）と外宮（豊受大神）に充て、この両界（宮）が一体となり大日如来を顕現させる〝二宮一光〟を説いた。このように仏教を介して、『日本書紀』の記述の一端は中世神道思想の形成を促していった。

六、古代から中世の『日本書紀』の捉え方

最も古い『古事記』の写本は室町時代前期、南北朝時代の北朝応安四・南朝建徳二（一三七一）年から応安五・文中元年に、僧賢瑜《けんゆ》によってなされた真福寺本とされている。この校合や書写に関わった卜部兼文は、鎌倉時代の文永十（一二七三）年に、『古事記』最古の注釈書『古事記裏書』を著した人物とされている。しかし、これ以前に記された『古事記』の書写の存在はいまだに発見されていない。つまり、『古事記』の存在は現代の評判とは異なり、存外に軽視されていたのである。

『古事記』は八世紀の成立から中世に至るまで、ほとんど注目されることもない地味な書物であり、偽書として蔑まれる面もあった。ただし、八世紀に成立した『万葉集』の注や、十一世紀に惟宗允亮《これむねのただすけ》が著した『政事要略』に、『古事記』の引用が認められている。こうした事実の積み重ねが『古事記』の偽書説を否定する根拠になった。

さらに、昭和五十四（一九七九）年、奈良県奈良市此瀬町で『古事記』の編纂者太安万侶の墓が特定され、そこで発見された青銅製の「太安万侶墓誌」により、『古事記』の存在が確実視されるようになった。

一方、『日本書紀』は成立直後から、朝廷での講書がはじめられている。やはり官撰国史という存在感は強固なものであった。このため、『日本書紀』の講書は平安初期、嵯峨天皇御世の弘仁十一（八二〇）年、あるいは十四年の頃から、村上天皇御世の康保年間（九六四～九六七）に至るまで盛んに行われた。『日本書紀』の読み方や意味を記した講書内容の筆記記録は〝日本書紀私記〟と呼ばれ、現代でも貴重な史料となっている。

朝廷での講書は完成を記念して行われた養老五（七二一）年も含め、分かっているだけで、弘仁三（八一二）年から二年まで、承和十（八四三）年から十一年まで、元慶二（八七八）年から五年まで、延喜四（九〇四）年から六年まで、承平六（九三六）年から天慶六（九四三）年まで、康保二（九六五）年の七回行われている。寛平四（八九二）年に、菅原道真が国史の索引百科事典として編纂した『類聚国史』にも『日本書紀』神代巻が紙幅を割いて引用されている。

また、『日本書紀』は古代の貴族社会の教養書としても流布していた。寛弘七（一〇一〇）年前後に完成したとされる『紫式部日記』によれば、一条天皇は『源氏物語』に触れ、作者の紫式部を『日本書紀』にも精通した才女として称賛している。これに対し、殿上人らも紫式部を〝日本紀の御局〟と誉めそやしたという。実のところ、漢文で書かれた『日本書紀』は男性の教養とされていた。このため、〝日本紀の御局〟という渾名は紫式部の博識ぶりを妬んだ男たちの悲しい当て擦りでもあった。天皇が称えたのは紫式部の肝の太さなのだろうか。この時代から約百五十年の後、『日本書紀』初の注釈書が執筆される。

この最も古い注釈書は、鎌倉時代の卜部兼方（生没年不詳）が著した『釈日本紀』とされている。兼方は『古事記』最古の注釈書『古事記裏書』の著者兼文の子である。兼方は文永元（一二六四）年と建治元（一二七五）年に、前関白一条実経らに講義を行なっている。したがって、このときの講義が『釈日本紀』成立年代に深く関わるのだと考えられる。

従来の〝日本書紀私記〟の構成は訓読や意味の解説が中心になっている。これに対し、『釈日本紀』は解題・注音・乱脱・帝王系図・述義・秘訓・和歌の七項目を立て『日本書紀』を論じている。この構成は実に画期的であったといえる。

ただし、この解題によって、今日では偽書とされている『旧事本紀（先代旧事本紀）』を、『日本書紀』以前に成立した史書として喧伝した点は後世に問題を残すことになった。こうした誤りに基づき、中世の伊勢神道や吉田神道は『旧事本紀』を『日本書紀』『古事記』とともに、三部の本書と位置づけて重視した。卜部（吉田）兼好の兄で天台僧の慈遍も伊勢神道家度会常昌から影響を受け、『旧事本紀玄義』を著している。ここで慈遍は神本仏迹の立場から神道の政治論を展開させることになる。

聖徳太子や蘇我馬子らが著したとされた『旧事本紀』は、江戸時代、多田義俊の『旧事記偽書明証考』、伊勢貞丈の『旧事本紀剝偽』によって偽書であることが論証された。ただし、『旧事本紀』が大同二（八〇七）年に成立した『古語拾遺』を引用している点、また、承平年間（九三一～九三八）の『日本紀講筵私記』に引用されている点を考慮して、『旧事本紀』自体は十世紀初頭には存在していた古典として尊重されるべきである。加えて『旧事本紀』は古代の有力豪族物部氏の伝承を知る重要な史料としても知られている。

ちなみに、第三節で『日本書紀』と『日本紀』を同一の書物として認識する旨を述べたが、中世において新たに『日本紀』をめぐる多少厄介な問題が浮上する。『日本紀』が神話全体の総称とされていたという伊藤聡の指摘がそれである。

伊藤は『神道とは何か』のなかで、康保二（九六五）年以降、日本紀講筵が途絶えた後、「平安末から鎌倉初期の歌学書・『古今集』注釈書において、『日本書紀』が重要な典拠として使用されるようになってきた……」[14]と述べ、藤原仲実の『綺語抄』、源俊頼の『俊頼髄脳』、藤原範兼の『和歌童蒙抄』、藤原清輔の『奥義抄』、勝命の『古今集序注』、藤原教長『古今和歌集注』、顕昭の『袖中抄』を挙げている。とりわけ、十二世紀の信西（藤原通憲）の『日本紀鈔』を後世の歌学書に影響を残したし書物として評価した。これは信西が歌学者の関心に応え行った『日本書紀』講義（三百五の重要語句を注解）を結実させた書物である。伊藤はこれらの書物の記述をめぐって、以下のように述べている。

ここで注意されるべきは、右の諸書に「日本紀云」として引かれるのが、『書紀』本文そのもののほかに、かつての日本紀講筵の際に行われた日本紀竟宴和歌の歌および注記に拠るもの、あるいは『日本書紀私記』（日本紀講筵の記録）等の注釈、『古語拾遺』等も含まれていることである。たとえば『奥義抄』には、「かはやしろ」（川社）という語についての問答がある。ここでは、これを「夏神楽」のことだとして、以下「日本紀云」として、天岩戸神話（すなわち神楽の起源等）を説き記している。ところが、その最後に至り、「古語拾遺に見えたり」と結んでいる。内容は神話伝承に関するものとはいえ、『日本書紀』ではない。にもかかわらずここでは「日本紀」と呼ばれているのである。つまり、「日本紀」の呼称は、一連の神話記述全体の総称となっていたのだ。歌学における「日本紀」への注目は、和歌の発生と歴史とを探求しようとする院政期歌学の関心の方向性を示すものであった。そして、それは日本の始源への注目に直結していった。(15)

古代と中世の端境期に『日本紀』という書名が意味するものは、『日本書紀』のみではなく、神話全体の総称であったという事例は、『日本紀』をめぐる史料の扱いにおいて留意すべき問題である。しかし、それにも増して興味深いのは様々な価値が交錯し混合しながら新たな形に変容していく中世日本の潮流である。伊藤の主張は『日本書紀（日本紀）』に基づき、新たなうねりが湧き立つ中世神道思想を考察する上で、極めて示唆に富む指摘である。確かに〝日本の始源〟を語る『日本書紀』冒頭に記された混沌の解釈は中世神道論の根幹をなし、変幻自在に展開しながら近世にまで及んでいく。

七、中世から近世に至る『日本書紀』の捉え方

鎌倉時代になると、伊勢神宮（外宮）の神官度会氏が神々を本地とする〝逆本地垂迹説〟を唱えるようになる。度会行忠らはこうした背景を基に、独自の神典として神道五部書（『天照坐伊勢二所皇太神宮御鎮座次第記』『伊勢二所皇太神御鎮座伝記』『豊受皇太神御鎮座本紀』『造伊勢二所皇太神宮宝基本記』『倭姫命世記』）を作成した。

鎌倉時代は仏教や儒教の思想に対して、神道がその世界観や道徳論で独自性を模索した時代であった。伊勢神道は心の清浄を保ち、神々や万物の真理との合一を旨とした。神々は人々の祈りによって力を増し、人々は神々の加護によって平安を得るという考え方も、こうした中世神道思想の特徴といえる。

室町時代になると、貞治六（一三六七）年に、忌部正道（生没年不詳）が著した『日本書紀口訣』や、康正年間（一四五五～五七）に一条兼良が著した『日本書紀纂疏』など、著名な『日本書紀』注釈書が執筆された。しかし、これらの内容にも、鎌倉以来の神道思想の特徴が踏襲されている。

さらに、吉田（卜部）兼倶による吉田（唯一）神道は〝根本枝葉花実説〟を唱え、神道を根本とし

て強調しながら、儒教を枝葉、仏教を花実として理解した。こうした中世神道思想を代表する伊勢・吉田神道も三部の本書（『日本書紀』『古事記』『旧事本紀』）の第一として、常に『日本書紀』を尊重していた。

神々への祈りに重きを置く中世神道思想の宗教性から、世俗化へ向かっていく過程が近世の流れの一端といえる。しかし、近世と目される江戸時代に至っても、中世神道思想の影響は強かに残された。京都の公家吉田家の血筋以外から、吉田神道第五十四代の道統を継承した吉川惟足も、『日本書紀』を最上の書として尊重し、『神代巻惟足抄』『神代巻惟足講説』などの多くの講義筆記を残している。

寛文十一（一六七一）年、惟足が吉田神道五十五代の道統を伝授したのは初代会津藩主保科正之であった。正之は三代将軍徳川家光の異母弟であり、四代将軍徳川家綱の輔佐役（大政参与）として幕政に参画した。末期養子禁止の緩和、殉死の禁止、大名証人制度の廃止、玉川上水の開削、明暦の大火の救済と復興事業などに指導的役割を果たした。時代は戦国から太平の世に変わり、幕府は武断から文治主義に移行する端境期にあった。正之は当初儒教を重んじ神道を軽視していが、惟足の神代巻講義に感銘を受け、寛文元（一六六一）年、惟足に入門する。

「土津神君御詠歌」には、惟足の『日本書紀』講談の後、正之の詠んだ和歌が二首残されている。「万代の親のすがたを忘れしとわれからわれを見るかかみ哉」と「日本書紀かへすかへすもくり返しよろつ代迄もたえぬ道哉」[16]である。このように、正之も惟足と同様に未来永劫読み継がれるべき道の書として『日本書紀』を特別に尊重した事実が窺える。

惟足から神道の教えを受けた垂加神道の山崎闇斎も『神代巻風葉集』を著すなど、神代巻重視の姿勢を示した。とりわけ、『日本書紀』の編纂者舎人親王（崇道尽敬皇帝）を祀った京都市伏見区の藤森神社（東殿）への崇敬を深めた。

また、闇斎学派伴部安崇（八重垣翁）の『丁巳年正月四日霊夢講之記』によれば、安崇は元文二（一七三七）年正月四日の夢のなかで、「此書ハ天照大神ノ御国ノ道ナリ教ナリシワザナリト云意ニテ、日本書紀ト名ケタマフ」と講義をしていた。すると、すでに帰幽したはずの闇斎が、その場に現れ、「イカニモサフジャ、ア、ソウジャ」と声を挙げて感賞したというのだ。(17) こうした逸話は、安崇の『日本書紀』に向けられた姿勢が、史料的批判を挟む余地のない神書であることを物語っている。

中世神道論からの脱却は、谷川士清が著した『日本書紀通証』に至ってようやく窺えるようになる。中世までの『日本書紀』注釈書は、『日本書紀』第一巻、第二巻の神代巻を対象としてきた。しかし、士清の『日本書紀通証』は『日本書紀』全巻を研究対象として扱った。つまり、神代巻が示す神々の伝承から離れ、第三巻以降をも解釈の対象とした士清の姿勢は、神々への崇敬から少し距離を置いた世俗化の一端と見ることもできる。ただし、士清の神代巻解釈は従来通りの古典籍を拠としているため、『日本書紀通証』が抜本的に近世的世俗化を反映した注釈書であったとまではいえない。

十七世紀中盤では、尾張藩士で国学者の河村秀根・益根親子が著した『書紀集解』がある。『日本書紀』注釈書はここに至って中世的な神書的因襲からの脱却が認められ、古代の講書を継承しようとする姿勢を窺わせた。『書紀集解』では、現状を「いたづらごと」と位置付け、古の学問究明への決意を窺わせる。同書は数多の古典籍に捉われることなく、『日本書紀』そのものと向き合う姿勢を見せた。特に、『日本書紀』を成り立たせる文辞に注目し、その言葉がどこを拠としているのか、その出典論に重きを置いた。ちなみに、元衆議院議員の河村たかし名古屋市長は秀根の末裔とされている。

八、近世の国学者による『日本書紀』批判（一）

『日本書紀』は漢文体で記述されたことにより、外国にも通じる官撰国史として盤石な地位を築いていた。特に、六世紀後半から七世紀の記述内容は史実の拠となる史料的価値も高い。また、神代の物語や歌謡、五世紀以前の天皇紀も、中世以来、歌学や神道思想の視点から尊重され、長きに亘って読み継がれてきた。しかし、『日本書紀』の史料的価値に反して、その文学的評価は芳しいものではない。十九世紀以降、神々の心の機微を豊かに語った『古事記』の文章表現と比較され、誹謗の的とされてきた。

寛政十（一七九八）年、国学者本居宣長は文献実証主義の方法で古典を批判的に論じ、その集大成として『古事記伝』を完成（脱稿）させた。ちなみに批判というのは非難や悪口をいうことではなく、史料（資料）に基づいて検証し、論理的に評価を加えることである。こうして、偽書とさえいわれていた『古事記』はその価値を再評価されていった。

すると今度は『日本書紀』に逆風が吹きはじめる。とりわけ、『古事記伝』に収められた「書紀の論《あげつら》ひ」は、中世以来、神典として扱われてきた『日本書紀』を、一刀両断にする内容であった。「書紀の論ひ」には、以下のように記されている。

> まづ神代巻の首に、古天地未剖、陰陽不分、渾沌如鶏子云々、然後神聖生其中焉といへる、是はみな漢籍どもの文を、これかれ取集て、書加へられたる、撰者の私説にして、決て古の伝説には非ず、次に故日開闢之時、洲壌浮漂、譬猶游魚之浮水上也云々とある、是ぞ実の上代の伝説には有ける、故曰とあるにて、それより上は、新に加へられたる、潤色の文なること知られたり(18)

宣長は、『日本書紀』冒頭の文章を、選者の私説に基づく漢籍の引用や潤色として疑義を呈した。つまり、『日本書紀』は冒頭から漢籍の物まねや引き写しであって、日本の古伝とはいい難いというのだ。宣長の指摘通り、『日本書紀』冒頭の文章は漢籍の引用が認められる。冒頭の「天地未剖、陰陽不分」は、『淮南子』（俶真訓）に記された「天地未剖、陰陽不判」と一文字違いである。「渾沌如鶏子」は、『三五歴記（紀）』（芸文類聚引用）に同様の文章が記されている。「溟涬而含牙」は、『三五歴記』（太平御覧引用）の「溟涬始牙」と類似しているのだ(19)。

これに対し、江戸時代初期の吉川惟足は、『神代巻惟足講説』のなかで、「如鶏子、此ニ似タル文ハアマタアナタノ書ニアルゾ、月令ニハ、天地渾沌如鶏子、三五暦記ニハ、如鶏卵トアリ(20)」と述べている。惟足は『日本書紀』に見える漢籍の文章を潤色として指弾することはなく、それらの類似性を指摘するに止めた。確かに文法（品詞）の視点から考慮すると、『日本書紀』冒頭の文章すべてが漢籍の丸写しという訳ではない。

『三五歴記』出典の「溟涬始牙」の「牙《きざし》」を溟涬がはじめて〝牙《きざ》す〟と理解するならば、「牙」は動詞（用）である。一方、『日本書紀』の「溟涬而含牙」は、固より〝牙〟が含まれるという名詞（体）の表現である。つまり〝牙〟が体言であることを明らかにするため、あえて「含牙」と意味を改め、独自の表現を記述しているのだ。これにより、惟足は混沌に内包された「牙」が〝体（物実）〟であることを強調したのである。後述するが、『日本書紀』ではこの〝牙〟が〝物実〟となり始源神の国常立尊の発現に結びついていく。ここに日本神話の独自性を見ることができる。

『日本書紀』に漢籍の引用や潤色が目立つのは事実である。こうした前提に立てば、漢籍の影響が強い『日本書紀』を神道（日本）理解の拠とすることに疑問を呈されても仕方がない。ただし、日本の土着文化から中国の先進文化までを共生させているのが『日本書紀』の多様性であり、寛容の表れと捉えることもできる。

『日本書紀』編纂当時の状況を鑑みれば、国際的に通用する漢文の記述や漢籍の教養は対外的に必須の要件であった。編纂者がよいものを選択するのは至当であり、漢文を採用した『日本書紀』の編纂方針を指弾する理由もない。

仮に言語の異なる漢文表記を理由に、『日本書紀』が古代日本の心の機微を表現し得ていないとされると、翻訳文学の存在も意味を失ってしまう。さらに、地域という横の軸とともに、書かれた時代と読まれる時代の解釈の変化という縦の軸を考慮に加えるならば、こうした批判は際限のない排他的純血主義を呼び込む一因になる。

いうまでもなく、漢文で記述された『日本書紀』の内容には、漢籍の影響が散見される。しかし、闇雲に『日本書紀』の記述すべてを漢籍に還元させるならば、それは極端な解釈といわざるを得ない。『日本書紀』の歌謡は漢字を仮名として借用した万葉仮名で記されている。つまり、『日本書紀』に記された歌謡には、言葉も発音も語順もすべて当時の和語が残されているのだ。神代巻に記された神々の名前や歌は和語の発音に則って表現され、誦読され継がれているのも事実なのである。

九、近世の国学者による『日本書紀』批判（二）

本居宣長の『日本書紀』批判は漢籍の引用や潤色の背後に潜む概念にまで及んでいく。『古事記伝』「書紀の論ひ」には、以下のように記されている。

大よそ世に陰陽の理といふもの有ことなし、もとより皇国には、いまだ文字なかりし代に、さること有べくもあらざれ《（ママ）》」ば、古伝には、たゞ男神女神、女男之理などとこそ有けむを、然改めてかゝれたるは、たゞ字の異なるのみには非ず、いたく学問の害となることなり、其故は、なまさかしき人、此文を見ては、伊邪那岐命伊邪那美命と申す神は、たゞ仮に名を設けたる物にして、実は陰陽造化をさしていえるぞと心得るから、或は漢籍の易の理をもて説き、陰陽五行を以て説くこととなれる故に、神代の事は、みな仮の作りことの如くになり、古伝説、盡に奪はれはてて、まことの道立がたければなり(21)

本居宣長は〝漢籍〟〝漢意〟にまみれた『日本書紀』を日本文化の拠にしてしまうと、日本古来の発想が、漢籍の概念に還元して捉えられるようになると懸念した。しかし、中世以来の神道思想家は『日本書紀』を神典として重視する一方、その解釈に太極・理気・陰陽五行説など漢籍(道教や儒教や漢訳仏教)の概念を援用し続けてきた。

当時の人々が漢籍に敬意を表して、こうした援用をオマージュあるいはトリビュート、インスパイアされたものと割り切る余裕があるならば、それはそれでよいのだが、『日本書紀』の内容がすべて漢籍の亜流とする自虐的な言説や、逆に漢籍の理論が日本の理論に基づくものだと虚偽を立てる類が主であった。

室町時代の吉田兼倶が『唯一神道名法要集』に記した言葉「吾唯一神道者。以天地為書籍。以日月為証明(22)」〝吾が唯一神道は天地をもって書籍となし、日月をもって証明となす〟は唯一神道を天地や日月など自然のはたらきに依拠するものとし、後代の人の教えに頼らないという姿勢を示している。個人的には好きな言葉である。ただし、これは神道を根本とし、儒教や仏教の経典を神道の枝葉や花実と見做す〝根本枝葉花実説〟の姿勢にも基づいている。そうであるならば、こうした歴史的根拠に欠けた言説を宣長が批判するのも当然であろう。

注意すべきは、文字や言葉に留まらず、微細な概念の批判が過ぎると、極端な排他的思考に陥る。〝これは捏造〟だ、〝これは偽物〟だと指弾して、今、普通に通行している文化の要素を何度も何度も削ぎ取っているうちに、大切なものまで削ぎ落としてしまう。

そうして残ったものが本質なのだという向きもあろうが、長い時間を経て積み上げられてきた中世以来の信頼の蓄積を無視し、単に表面的な思考傾向、文章や語句の類似性のみを列挙して、それらを漢籍の概念に還元させたところで大勢に異状なしであろう。批判の的となる言葉の初出や出典が明らかにされていれば、原典（『日本書紀』）に立ち戻って、事実関係を検証することも可能である。

『日本書紀』は外国にも通用する官撰国史として成立した。このため、意識は外へと向けられていた。つまり、『日本書紀』には多様な外来の理論を寛容に取り入れていこうとする進取の気性があった。これにより、『日本書紀』はその冒頭から確信的に陰陽を語り、千三百年もの間、最初の官撰国史として、あるいは神々を語る神典として信頼され続けてきた。

外部から取り入れた多様な文化もいつしか自国文化と融合して独自なものに変容する。こうした事象は珍しいことではない。これもまた、原典が尊重されていれば、常にそこに立ち戻って、様々に変容していく解釈を、思想の変遷として相対化することもできる。

〝漢籍〟〝漢意〟に対して、〝古道〟を大切に思う姿勢は、万葉仮名で読み仮名を記し、和語の発音を尊重した『日本書紀』の編纂者にも、中世の思想を引き継いだ惟足ら国学以前の神道家にも、宣長の姿勢と共通する面もある。だからこそ、史料批判における客観的比較検証の重要性を改めて強調していかなければならない。

しかし、人間が主観と客観を巧みにコントロールすることは難しい。人の信仰や信念、あるいは嗜好という問題は主観によるところが多い。例えば、研究者がある特定の信仰対象を、歴史的史料に基づき、客観的に検証しようと試みても、テーマあるいは検証の拠となる史料を選定する段階で、すでに主観が強く関わっている。人間（信仰者）は個をして個足らしめている主観を容易に滅却することなどできないのだ。だからといって、物事の是非を他者に説明するならば、主観の押しつけでは論証になり得ない。

十八世紀フランスの思想家ヴォルテールは『寛容論』のなかで、「『私が信じているが、お前には信じられないことを信じるのだ。そうでなければお前の生命はないぞ』などとどうして言えるのか理解に苦しむ(23)」と述べた。自分が信じているという主観のみに基づいて、他人が信じていないものを無理強いし、信じない者を殺してしまうなどという不寛容が許されるはずもない。せめて主観的な祈りとともに、他者が大切に守ってきた価値を客観的に捉え直そうとする姿勢は尊重されるべきであろう。

信仰という概念の曖昧さには苛立ちもあるだろうが、不寛容を強いるより、曖昧に棚上げするという方法もあるのだ。ちなみに、ヴォルテールは自ら信仰するカトリックの歴史を省察して、不寛容の恐ろしさを以下のように語る。

不寛容の法はしたがって道理に反し、残忍なものである。それは虎の法であり、しかもそれははなはだ恐ろしいのである。なぜなら、虎が相手を八つ裂きにするのは、もっぱらこれを餌食にするためである。そしてわれわれ人間のほうは、わずか数章節の文句のために、お互いに相手を一人残らず殺してしまおうとしていたのである。(24)

ヴォルテールは宗派間対立の少ない日本の宗教事情を寛容として評価し、「日本人は全人類中もっとも寛容な国民であり、国内には穏和な一二の宗派が根をおろしていた」(25)と述べている。これは大航海時代におけるキリスト教伝来とその禁教をめぐる混乱以前の日本人の姿である。具体的には、天文十八（一五四九）年、イエズス会（カトリック）宣教師フランシスコ・ザビエルのキリスト布教開始以後のことであり、遅くとも、寛永十六（一六三九）年の南蛮（ポルトガル）船入港禁止までの期間と考えられる。

当時の日本は多様な仏教宗派が共生していた。しかし、イエズス会が新たな宗派として加わった後、イエズス会の不寛容な姿勢が露わになり、時の政権や他の宗派との軋轢を生んでいく。結局これが激しいイエズス会の弾圧につながって、最終的にはイエズス会の禁教に及んでしまう。カトリックのヴォルテールは自ら信仰する宗教の不寛容が生んだ不幸を自戒してこう書き残したのである。

一〇、漢字も雅楽も

本居宣長の言説に従えば、漢文で記述され、漢籍の引用と潤色に満ちた『日本書紀』は、日本古来の神道の拠として相応しい書物ではないということになる。しかし、『日本書紀』の漢文も決して均一なものではないという。森博達は言語学の視点から、『日本書紀』の音韻や語法を分析し、これを渡来中国人が記したα群と、日本人が記したβ群に分類した。[26] 神代巻は後発のβ群に属し、渡来人から引き継いだ日本人による著作とされている。つまり、渡来人の記したα群の文章と比べると、β群に属する神代巻の漢文は決して完全な漢文ではないという。

ちなみに、日本には固有の神代文字〝ヲシテ〟が存在したとする説もある。松本善之助らはこの文字によって記された五七調の長歌「ホツマツタヱ」を再評価した。しかし、神代文字は近世の捏造説も根強く、その雌雄は定まっていない。

いずれにせよ、漢字や漢文が日本人の文章表現に与えた影響は計り知れず、『日本書紀』応神天皇紀十六（二八五）年に、百済の王仁が漢籍を伝えたという記録がある。『古事記』の相当個所によって、この漢籍とは『論語』十巻、『千字文』一巻であることが知られている。

検証可能な形で残されている遺物や古記録も漢字や漢文の表記を起点とされている。日本が東アジアの漢字文化圏に属することは明確な事実であり、今でも、中国や台湾は勿論のこと朝鮮半島やベトナムまで、漢字の筆談によるコミュニケーションを取ることができる。

特に日本の文字は漢字を重用し、漢字の草書体を崩したひらがな（平仮名）と、漢字の一部を略したカタカナ（片仮名）の三つの文字を併用して綴られてきた（現在はアルファベットやアラビア数字を加えるべきだろうし、仏教では梵字、自然科学に携わる人々ならギリシャ文字も必須となろう）。日本では漢字は漢字として、和語は和語として、大切に守り伝えてきた。多様な文化形態が共生することに寛容で有り続けた日本人の姿勢は誇るべきである。

雅楽とはユネスコの無形文化遺産にも登録された日本を代表する伝統音楽である。雅楽と一言でいっても、そこには上代歌舞の神楽歌《かぐらうた》や東遊《あずまあそび》、さらに、器楽や舞楽を中心とする唐楽《とうがく》や高麗楽《こまがく》など様々なジャンル（様式）が混在した総合芸術なのである。とりわけ華やかな唐楽や高麗楽は本来中国や朝鮮半島伝来の外来音楽であった。しかし、唐楽も高麗楽も現代の日本にのみ残された音楽様式であり、今や日本人が日本文化として大切に守り伝えてきた音楽といえるのだ。その上で、日本人は唐楽や高麗楽の源流を重んじ、〝唐楽〟〝高麗楽〟として、明確に唐や高麗の名を伝え続けてきた。

漢字もそうであったように、雅楽もそうである。日本人は日本古来の神楽歌とともに、中国伝来の唐楽や朝鮮半島伝来の高麗楽といった外来の音楽をも多様な音楽の一端として尊重し、その源流を重んじながら、日本文化のなかに取り込んできた。そこには外来の文化を尊重することにより、日本の文化を貶めることにはならないという余裕を読み取ることができる。

繰り返すが、漢文で記された『日本書紀』は、漢籍の影響を強く受け、それを大切に継承してきた。

ただし、神代巻に記された神々の名前や和歌が、漢字を仮名として借用した万葉仮名で記されているように、和語の発音は尊重され、誦読され継がれている事実も重視されるべきであろう。

一、近世の国学から近代に至る『日本書紀』の捉え方

本居宣長の活躍に見る国学者たちの台頭は江戸時代中盤を過ぎるとより一層際立ってくる。国学では古典をありのままに読むという姿勢を強調した。これは神道や仏教あるいは儒教など、特定の視点から見る先入観を排除して、古典に書かれた当時の人々の心に寄り添おうとする姿勢といえる。古典に回帰しようとする姿勢は儒学者伊藤仁斎らが唱えた〝古学〟の機運と深く関係する。

古代に書かれた古典籍の心は長い時間を経て、恣意的な解釈が加わり、その真意が捻じ曲げられることもある。このため、儒学者も国学者も後世の注釈に頼らず、原典に取り組むという姿勢を掲げた。この点では、儒学者も国学者も同様の懸念を持っていた。しかし、国学にとっては儒学そのものも後世に伝来した〝漢意〟という恣意的解釈の温床として忌避されることもあった。

こうした潮流のなかにあっては、漢籍の引用や潤色に満ちた『日本書紀』よりも、和漢混合文で記述された『古事記』の評判が上がってくる。宣長の『古事記伝』はその嚆矢となった。そこで展開された宣長の学問的姿勢は多くの用例を挙げながら、詳細な解説を加えるなど、近代の文献実証主義にも引けを取る方法ではなかった。宣長は古典の記述のままを尊重し、分からぬことは不可知のままに

して、賢しらに論うことを嫌った。宣長はこうした姿勢で古代の人々のものの考え方に寄り添おうとしたのである。

『日本書紀』孝徳天皇紀の大化三（六四七）年四月壬午の詔には「惟神者。謂随神道。亦謂自有神道也[27]」と記されている。これは〝惟神《かんながら》は。神道に随ふを謂ふ。また自づから神道有るを謂ふなり〟と読む。〝惟神〟とは神々に由来する自然の有り様に随っていく素直な心の持ち様であり、闇雲に古の理想世界への盲従を意味するものではない。

宣長は皇国の道を追求し、これを天照大神の道として強調していく。この道は天照大神から連綿とつながる天皇を日本の統治者とする道であり、国民の生活の安寧を重んじた古典の心意にも通じている。しかし、宣長の死後、こうした政治思想的側面は後世の解釈によって、排外主義的側面を強調されることにもなった。程なくして二六五年続いた徳川幕府は崩壊し、明治政府の樹立を見る。この時代は封建社会から近代国家へと向かう進歩といえる一方、太平から戦乱へと向かう激動の時代といい換えることもできる。

この時期の『日本書紀』注釈も充実した業績が期待できた。幕末の国学者鈴木重胤が手掛けた『日本書紀伝』がそれである。しかし、重胤が暗殺されたことにより、その偉業は天孫降臨章までの未完に終わってしまう。暗殺の真相は藪のなかだが、重胤が廃帝の故事に触れようとしたため、尊攘派によって殺害されたともいわれている。

一二、明治以降の『日本書紀』の捉え方

明治の国学者飯田武郷は東京帝大、慶應義塾、國學院で教鞭をとった後、『日本書紀通釈』の執筆に専念し、明治三十二（一八九九）年、七十巻に及ぶ『日本書紀』の注釈書を完成させた。『日本書紀』の学びは多くの人たちに尊ばれ、先人たちが紡いだ解釈を継ぎながら、明治の近代国家をも背負う存在になっていった。

明治国家はその歴史的根拠を『古事記』『日本書紀』に求め、「大日本帝国憲法」の第一条「大日本帝国ハ万世一系ノ天皇之ヲ統治ス」や、第三条「天皇ハ神聖ニシテ侵スヘカラス」がその根幹とされた。特に、伊藤博文はこの第一条を『日本書紀』に記された〝天壌無窮の神勅〟に依拠するものとした[28]。

近代になって、『日本書紀』は国家主義に基づく教学の聖典となった。これは『日本書紀』にとって単純に幸運なことだとはいえなかった。ありのままを許されてきた古典解釈はありのままが許されず、教育や学問の場において、解釈に制限を加えられるようになったからである。残念ながら『日本書紀』を取り巻く環境は多様性や寛容な姿勢から徐々に遠ざかっていった。

津田左右吉が『古事記』『日本書紀』を史料批判の対象として扱ったことは、歴史学にとって画期的なことであった。しかし、昭和十五（一九四〇）年、蓑田胸喜は津田左右吉が著した『古事記及日

本書紀の研究』『神代史の研究』『上代日本の社会及思想』『日本上代史研究』の四書を激烈に批判した。この批判を云々するつもりはない。しかし、これが契機となり、昭和十七（一九四二）年、五月二十一日、津田左右吉は東京地方裁判所で禁錮三月執行猶予二年の有罪判決を受ける。その一部を以下に抜粋する。

或ハ崇神・垂仁二朝ノ存在ヲ仮定スト謂フガ如キ、又或ハ帝紀編纂ノ当時ニ於テ仲哀天皇以前ノ御歴代ニ付テハ其ノ御系譜ニ関スル材料ノ存シタル形迹ナク、之ニ関スル歴史的事実モ殆ド全ク伝ヘラレ居ラザリシ旨、畏クモ神武天皇ヨリ仲哀天皇ニ至ル御歴代天皇ノ御存在ニ付疑惑ヲ抱カシムルノ虞アル講説ヲ敢テシ奉リ、以テ皇室ノ尊厳ヲ冒瀆スル文書ヲ著作シ、……

今日、学問の場においては様々な学説が存在する。憲法において学問の自由が認められているのだから、多様な学説が容認されてこそ健全なのだといえる。したがって、検証可能な資料（史料）に基づく批判と反批判の応酬はあって当然である。なかには、度を超えた憶測や妄説により、甚だしく他者の名誉を棄損させるという内容もあるだろう。しかし、そういう類はもはや学説の領域ではなく、倫理さらには刑法の範疇になるのだろう。

いうまでもなく、津田の学説が最終的な結論とされている訳でもない。時代が下った現在でも津田が主張した欠史十三代（綏靖天皇から開化天皇までの八代と崇神天皇から仲哀天皇までの五代と神功皇后の実在を疑問視する説）の解釈は様々であり、崇神、垂仁、景行、成務、仲哀天皇と神功皇后実在の可能性が完全に否定されている訳ではない。

『後漢書』倭伝の建武中元二（五七）年に記された漢委奴国王や、永初元（一〇七）年に記された倭国王帥升、さらに、『魏志』倭人伝の景初三（二三九）年に記された親魏倭王卑弥呼らの人物比定が進めば、諸々の実在が明かされていくのかもしれない。いずれにせよ、その時代に存在する史料を駆使して、歴史学者が史料批判を試みるのは当然の姿勢である。そうした史料批判なしに不可知の問題を賢しらに論われては閉口頓首といわざるを得ない。

すべての史料は未来永劫に完全なものではなく、時間の経過とともに新たな検証材料が現れ、相対的にその価値を上げることも下げることもある。したがって、過去の学説が新たな史料を用いて再検証されることもあり得る。こうした場合、過去の学説の提唱者が自己弁護に終始する必要はない。これらに向けられた批判が検証可能な史料に基づく研究であれば、改めて反論を加えて、訂正を試みる機会は与えられるだろう。

『古事記』『日本書紀』がどのような状況のなかで、どのような過程を経て成立していったのかという津田の業績は貴重な一つの学説であり、権力によって抹殺されるべき業績ではない。本来自由であるはずの学説が法律で有罪にされるとは、この時代の閉塞感は恐るべきものであったろう。

小野祖教は「古典や古記録は有限なもので、いつでも、すべてにわたつて、すべての事を書き記してゐるのではない。だから書かれざる神の名があり、伝へられざる神があつてもよいのである。そこに信仰の事実が伝えられてゐる以上書かれたものに優先してもよいのである」[29]と述べている。

ここで注目すべきは〝信仰の事実〟である。物事は文献至上主義だけでは埒が明かない。仮に歴史学的検証の結果、『日本書紀』に登場する神々の存在になにがしかの誤りがあると指摘された場合、千何百年もの間、信仰を継承し、神々を信じ祀ってきた人々の肝っ魂は、信仰の拠として読み継がれてきた信仰の事実、あるいは信頼や誇りを容易に否定し去ることなどできはしない。客観とはそれほど強固なものではなく、主観はそれほど軟弱なものではない。だからこそ、検証の場においては客観的な姿勢を意識しつつ、多様な事例を寛容に精査していく余裕こそ求められているように思う。意に反する学説を有罪に貶めるなど遺憾千万である。

一三、日本語の表現

加藤周一は、「日本語の語順が、修飾句を名詞のまえにおき、動詞（とその否定の語）を最後におくということ。すなわち日本語の文は部分からはじまって、全体に及ぶので、その逆ではない」[30]と述べ、日本語と中国語の語順に則して、その文化の違いを指摘した。さらに、「中国人は普遍的な原理から出発して具体的な場合に到り、先ず全体をとって部分を包もうとする。日本人は具体的な場合に執してその特殊性を重んじ、部分から始めて全体に到ろうとする。……日本では哲学の役割まで文学が代行し、中国では文学さえも哲学的となったのである」[31]と、普遍性・全体性を重んじる中国と、特殊性・

個別性を重んじる日本文化の特色を挙げ、それぞれが共存してきた歴史的事実に注目した。

また、漢文の影響の強い文語体と、話し言葉としての口語体との混在が日本語の文学表現に可能性を広げたと指摘する。特に、「近代の日本は、漢字の組み合わせによる新造語で、ほとんどすべての西洋語を訳し了えたという点で、西洋語をそのまま採り入れることを余儀なくされた他の多くの非西洋文化と、著しい対照をなしている(32)」という。確かに、日本では高等教育に至るまで日本語でカバーすることができる。おそらく、意図せざる結果として存続してきた日本文化の多様性は、意図せざる結果として多くの恩恵を生みだしてきた。そうした曖昧な姿勢を寛容として問い直す余裕こそ、我々自身が持ち続ける必要があるように思う。

さらに、加藤は日本語と中国語の語順に則して、日本神話の時間について、「日本の神話にあらわれた時間は、始めもなく終わりもない……現在（部分）のかぎりない継起が、自ら時間の全体となる。歴史的時間の全体の構造というものはない。……時間に対する日本式接近法も、全体から部分へではなく、部分から全体への方向をとったということができる。比喩的にいえば、日本語の語順は、日本文化の語順にほかならない(33)」という。

確かに、日本の神話とは始終のない現在の連続であり、これが永遠をなしている。多様な要素を含みながら、一元的合理化を強いられることなく、延々と共生を果たし続けているのだ。日本人も日本語も文字も音楽も歴史書も、その特徴の一端には多様性に対する寛容な姿勢が垣間見える。『日本書紀』もまた、こうした特徴を醸しているアンビバレンスの複合体といえるのかもしれない。それでは悠久不可知な神代巻の伝承に踏み込んでいくことにしたい。そこには万物に宿る八百万の神々の物語が展開している。

註

（1）加藤周一『日本文学史序説　上』筑摩書房、一九七五年、四七、四八頁。
（2）同右、『日本文学史序説　上』四八頁。
（3）同右、『日本文学史序説　上』四八頁。
（4）黒板勝美編輯『改訂増補　国史大系　続日本紀　前編』吉川弘文館。一九八一年、八一頁。
（5）折口信夫『折口信夫全集　古代研究　国文学篇』中央公論社、一九九五年、参照。
（6）坂本太郎、家永三郎、井上光貞、大野晋校注『日本古典文学大系67日本書紀　上』月報、岩波書店、一九六七年、参照。
（7）上田正昭『大王の世紀』小学館、一九七三年、参照。
（8）前掲の『日本文学史序説　上』四六頁。
（9）高田真治、後藤基巳訳『易経　上』岩波書店、一九六九年、二〇四頁。
（10）津田左右吉『津田左右吉全集　第9巻　日本の神道』岩波書店、一九六四年、参照。
（11）黒板勝美編輯『新訂増補　国史大系　日本書紀　後編』吉川弘文館、一九五二年、一一九頁。
（12）同右、『新訂増補　国史大系　日本書紀　後編』二二五頁。
（13）同右、『新訂増補　国史大系　日本書紀　後編』二二五頁。
（14）伊藤聡『神道とは何か』中央公論新社、二〇一二年、二一一頁。
（15）同右、『神道とは何か』二一二頁。
（16）相田泰三『保科正之公伝』保科正之公三百年祭奉賛会、一九七二年、二四四頁。

(17) 河野省三『神道の研究』森江書店、一九三〇年、二八〇頁。
(18) 大野晋・大久保正編集校訂『本居宣長全集　第九巻』筑摩書房、一九六八年、八頁。
(19) 小島憲之『上代日本文学と中国文学　出典論を中心とする比較文学的考察　上』塙書房、一九六二年、三七五、三七六頁。
(20) 平重道校注『神道大系　論説篇十　吉川神道』神道大系編纂会、一九八三年、六頁。
(21) 前掲の『本居宣長全集　第九巻』九、一〇頁。
(22) 大隈和雄校注『日本思想大系19中世神道論』岩波書店、一九七七年、三三二頁。
(23) ヴォルテール著、中川信訳『寛容論』中央公論新社、二〇一一年〈一九七〇年、現代思潮社刊〉、五一頁。
(24) 同右、『寛容論』五二頁。
(25) 同右、『寛容論』四二頁。
(26) 森博達『日本書紀の謎を解く』中央公論新社、一九九九年、参照。
(27) 前掲の『新訂増補　国史大系　日本書紀　後編』二三九頁。
(28) 伊藤博文『憲法義解』岩波書店、一九八九年、参照。
(29) 小野祖教著『神道の基礎知識と基礎問題』神社新報社、一九六三年、一九七頁。
(30) 前掲の『日本文学史序説　上』一三頁。
(31) 同右、『日本文学史序説　上』八頁。
(32) 同右、『日本文学史序説　上』一二頁。
(33) 同右、『日本文学史序説　上』一四頁。

第一章、神代巻第一段（神世七代章）

一、第一段本文の概要

古の昔、天地はいまだ分かれず、陰陽も分かれていなかったとき。その渾沌（混沌）とした様子は、鶏の卵のようであった。そのくぐもった混沌のなかには牙《きざし》が含まれていた。そのなかの澄み清らかなものは棚引いて天となり、重く濁ったものは凝り固まって地となった。精《くわ》しく妙なるものは合わさり易く、重く濁ったものは固まり難かった。それゆえ、天が先になり、地が後に定まった。その後、神がそのなかに生まれた。

こうして、開闢のはじめのとき、洲壌《くにつち》が浮き漂っている様子は、泳ぐ魚が水の上に浮いているようであった。ある時、天地のなかに一物が生まれた。その状は葦牙《あしかび》のようであった。それが神となった。その神を国常立尊《クニノトコタチノミコト》という。次に国狭槌尊《クニノサツチノミコト》、次に豊斟渟尊《トヨクムヌノミコト》。これら三神は乾道の陽気のみを受け、独りで化生して、純粋な男神となった。

二、第一段本文と一書の構成

神代巻第一段は天地のはじめと神々の化生を語る。天地も陰陽もいまだ分かれていなかったとき、混沌として漂うもののなかに、牙《きざし》が含まれていた。その牙が陰陽としての活動をはじめ、葦牙のように化生したのが国常立尊、国狭槌尊、豊斟渟尊の三柱の男神である。この神々は陽の気のみで化生したとされてしている。

化生とは、母胎や卵からではなく、自ら忽然と生まれること、あるいはなることをいう。つまり、主体となる唯一絶対の神によってつくられたり、父や母から生まれたりする類ではない。また、神道では混沌の中に物実《ものざね》となる牙が質量として存在すると考えるため、神々の化生を無から有を生ずる類とは捉えない。

第一段には、本文の他に六つの一書（異伝）が記されており、第四の一書以外は本文の記述とほぼ類似している。第二、第三、第六の一書と『古事記』では、天地のなかに芽吹く葦牙のような一物に、可美葦牙彦舅尊《ウマシアシカビヒコヂノミコト》という神名が冠されている。この可美葦牙彦舅尊は水辺の泥土や湿地帯に繁茂した生成力漲る葦の若芽の神格化であり、これが神様の最初のイメージとなっている。

『古事記』『日本書紀』では人間の起源を明確に語ることはない。ただし、三浦佑之は『古事記講義』で、「このウマシアシカビヒコヂこそ、最初に生まれた人、あるいは人間の元祖となる存在の出現を語っているのだ……」[1]と述べ、この神の化生を人間の起源神話と解釈する。確かに古典において人間はアオヒトクサ（青人草・蒼生）と呼ばれている。葦牙の生成力を人草としての人間個々の起源に結びつけることもできるのだろう。

『日本書紀』本文では、この世界に最初に登場した神（始源神）を国常立尊としている。ここでも国常立尊の状を葦牙と表現している。このため、可美葦牙彦舅尊も国常立尊と同様に始源神の一柱として捉えることができる。本文では「葦牙」としか表現されていない可美葦牙彦舅尊は、一書に神として名を記されたことにより、生成の物語の序幕を飾る意味深い神となっていく。

本来ならば始源神は一神といえようが、『日本書紀』は一書という異伝を持つため、複数の神々が始源神の役割を担っている。ちなみに、異伝を持たない『古事記』の始源神は天御中主神《アメノミナカヌシノカミ》一柱である。

三、『日本書紀』の冒頭

『日本書紀』冒頭は「古天地未剖。陰陽不分。渾沌如鶏子。溟涬而含牙」[2]と、起筆される。天地も陰陽も分かれていなかった古の混沌は卵のように丸い形相としか比喩できない不定形な存在であった。しかし、そこには万物となる一気が牙として含まれていた。ただし、混沌はあくまで混沌とした状態であって、すべてに先んじて何らかの意志を持つような存在ではない。

混沌とは不定形として形を持つ形相である。その混沌に含まれている〝牙《きざし》〟とは万物へとつながる一気を意味し、未活動の質料といえる。その質量とは素材や材料といい換えることもできる。これを東京スカイツリーで例えるならば、形相は鉄塔の構造であり、質料は鉄材といえる。形相が不定形であっても話は同じ。例えば形相が雲であるならば、質量は水（水蒸気）ということになる。

〝陰陽《めを》〟とは気の活動の程度を示す現象であり、陰は静の状態にある気、陽は動の状態にある気をいう。したがって、陰の気とか、陽の気とかいう固定された二種類の気があるのではなく、陰と陽とは常に可変的な関係にある。

中国の五行思想によれば、こうした気の活動の交錯によって、木火土金水の五行が構成される。動的な陽の状態の気が集まって木火となり、静的な陰の状態の気が集まって金水となる。残りの土は木火金水をして、木火金水足らしめる〝にがり〟のような存在だという。[3]『日本書紀』では、この気による陰陽の動静という作用を、混沌の具体化と見て、国常立尊の発現に結びつけていく。

このように日本神話のはじまりは混沌としており、ユダヤ教、キリスト教、イスラム教のような確固とした唯一絶対の神はいない。そうであったからこそ、多様な神話的価値を一元的に合理化させることなく、寛容に包み込むことができたのだろう。

ただし、天地開闢以前を滔々と語るダイナミックな神代巻冒頭の世界観は、日本特有の表現として違和感を持って捉えられている。つまり、気を陰陽の交錯と捉え、そこへ万物を収《しゅう》斂《れん》させる思考は『易経』に見える漢籍の援用である。さらに、現象を本体と作用とに分けて捉える思考には『大乗起信論』などの仏典の影響も窺える。例えば水と波との関係を体と用とで説く思想がこれである。ちなみに因果とは風と波の関係をいう。このように『日本書紀』本文冒頭は、道教、儒教、仏教など、多層に亘り、多様な素材が交錯しながら成立している。

この『日本書紀』本文冒頭の文章こそ、本居宣長が漢籍の引用、潤色として批判の対象とした箇所である。「古天地未剖、陰陽不分」は前漢の思想書『淮南子』（俶真訓）に記された「天地未剖、陰陽不判、四時未分、万物未生」からの援用である。「渾沌如鶏子」は三世紀に呉の太常、徐整が撰した神話集『三五歴記』（唐代初期の芸文類聚引用）に同様の文章がある。「溟涬而含牙」は『三五歴記』（宋代初期の太平御覧引用）に記された「溟涬始牙」と類似している。[4] 前述の通り、『三五歴記』に記された「溟涬始牙」の「牙」は〝牙しはじめた〟という用言であるのに対し、『日本書紀』に記された「牙」は〝牙〟を含むという体言を表しており、混沌に何らかの物実が含まれていることを意味している。これが『日本書紀』の独自性を示す根拠になっている。

こうした個別具体的な事例に焦点を絞って、その特殊性を尊重するならば、混沌のなかに何らかの物実として牙が含まれるという小さな表現の相異も、重要な独自解釈に結びつけることができる。しかし、全体を俯瞰して捉えると、神代巻冒頭の文章は、身近な自然現象の変化を素朴に表現するというより、全宇宙の起源をダイナミックに語る世界観に満ちている。『日本書紀』の書き出しは漢籍の恵を享受して成り立っているのだ。こうした文章は日本初の官撰国史のオープニングを飾るに相応しい名文であるが、その華々しい開幕の言葉に、日本古来の素朴さはなく、対外向けに装われた美文という体裁になっている。

四、日本古来の世界起源神話

『日本書紀』冒頭の文章にオリジナリティが希薄というのであれば、日本古来の世界起源神話はどこに記されたのだろうか。それは冒頭部に続く以下の文章「故曰。開闢之初。洲壌浮漂。譬猶游魚之浮水上也。于時天地之中生一物。状如葦牙。便化為神。号国常立尊[5]」である。この神話は天地がはじめて開けたとき、国土は泳ぐ魚が水面に浮いているような状態と語っている。この浮脂のように漂う混沌のなかに、葦牙のような一物が発現する。この一物は核として中心になる本体のような存在である。この葦牙のような一物を物実として国常立尊が化生し、次いで国狭槌尊と豊斟渟尊が化生する。

前述のように本居宣長によれば、こちらが本来の古伝承というべき、日本古来の世界起源神話である。この展開には天地開闢以前の宇宙の創造を語るというダイナミックな風はない。ここに記された世界はすでに天地の定まった後の与件であり、天地開闢以後の所与の身近な自然の描写といえる。この点は『古事記』冒頭の「天地初発之時。於高天原……[6]」とも類似している。

『日本書紀』冒頭の表現で興味深いのは、こうした二種類の世界起源神話を立て続けに繰り返すという構成である。一つ目は漢籍に依拠する格調高くダイナミックな世界起源神話。二つ目はそれに続く所与の自然から語る身近な日本の世界起源神話といえる。こうした異なった二種類の起源神話の連続も多様性に対する寛容な姿勢の一環といえる。

大野晋は後者の日本古来の世界起源神話を以下の四つに分類した。

（一）混沌浮動。

（二）土台出現。

（三）泥。

（四）具体的生命の発現。

浮脂や雲のように混沌として浮動するもののなかに、大地や土台としての常立《とこたち》が出現し、その泥のなかに、具体的生命としての葦牙《あしかび》が発現するという展開である。(7)

この状態を仮に中世神道思想の気の解釈に基づいて説明すると、気である牙が陰陽として活動をはじめる状態を葦牙の生成力に喩え、その活動の根元を国常立尊の発現に結びつけていく。こうして見てみると、質料としての牙も、形相としての葦牙や国常立尊も生命エネルギーの象徴であることに相違ない。こうした生成力は『古事記』『日本書紀』を通じて、産霊《むすひ》・産巣日《むすひ》として表現された。このムスヒを示す産のムスは〝苔むす〟など、植物が自然に産生する状態をいい、霊のヒは霊力を意味する。したがって、産霊とは生成の霊力という意味になる。

『日本書紀』第一段第四の一書では、天御中主尊《アメノミナカヌシノミコト》に続き、高皇産霊尊《タカミムスヒノミコト》と、神皇産霊尊《カムミムスヒノミコト》という産霊の神々が登場する。これら三神は『古事記』で最初に現れる天御中主神、高皇産巣日神、神皇産巣日神とそれぞれ同一の神々といってよい。

本居宣長の『古事記伝』によれば、所与の天地は産霊の力でなったとされる。これについて、西岡和彦は、「『天地初発』を『あめつちのはじめ』と読み、『ここは必ずしも天と地との成れるを指して云るには非ず』とし、『天と地との成れる初めは、次の文にあ』る、とした。つまり、宣長は、天地が誕生する以前、すなわち、『あめつちのはじめ』に造花三神はすでにいて、この産霊の力で天地が誕生した、と考えたのである(8)」と指摘する。

宣長は産霊の力を他に勝る特別なものとして認識していた。産霊の存在を天地開闢以前に設定する宣長の解釈によれば、産霊には天地を創造するような絶対的超越的な力や意志があるということになる。産霊の力やはたらきの大きさには共感できるが、産霊の力の絶対的超越性には違和感を覚える。『古事記』の高皇産巣日神と神皇産巣日神はともに産霊の神である。これに対して、『古事記』の始源神とされる天御中主神は抽象的存在として、後の伝承に関与することもなく、その事跡も記されない。また、この神を祭神として信仰する古社が極端に少ないという事実は、この神が中国の天の思想に影響を受けた観念神であることを窺わせる。

天御中主神・高皇産巣日神・神皇産巣日神の三神は〝造化三神〟〝別天神三神〟と呼ばれる。大陸の聖数とされる三という数の強調に注視してみると、天御中主神はその形式に則って創作され、添加された神であったと見る向きもある。ただし、役割が曖昧だからといって、現在信仰されている天御中主神をなかったことにしてしまうならば、これほど乱暴な話はないであろう。

天御中主神は無為の神といわれている。河合隼雄はそれぞれ三神の一角をなす神々の内の一神「アメノミナカヌシ、ツクヨミ、ホノスセリ」を「無為」(9)の神と呼んだ。ここで注目できるのが「中空均衡構造」である。この中空均衡構造とは唯一絶対の神を頂くキリスト教のような「中心統合構造」ではなく、中心にほとんど触れられることのない無為の神がいて、その均衡が保たれているという構造である。

河合は『中空構造日本の深層』のなかで、「中空の空性がエネルギーの充満したものとして存在する、いわば無であって有である状態にあるときは、それは有効であるが、中空が文字どおりの無となるときは、その全体のシステムは極めて弱いものとなってしまう(10)」と述べ、日本の中空均衡構造の問題点を指摘した。しかし、その一方で、「日本の中空均衡型モデルでは、相対立するものや矛盾するものを敢えて排除せず、共存しうる可能性をもつのである(11)」と、中空均衡構造を評価した。これは示唆に富む発言であり、これこそが多様性に対して寛容な『日本書紀』解釈の手掛かりになる。

このように謎に満ちた天御中主神は天上で不動の北極星（北辰）を崇めた妙見（菩薩）信仰と結びつき、『古事記』が見直された江戸後期以降、国学者平田篤胤により北極星とともに北斗七星の神として尊ばれた。明治時代になって、大教宣布のために設置された大教院の祭神にもなった。

一方、『日本書紀』本文の始源神は国常立尊である。さらに、国狭槌尊・豊斟渟尊がこれに続く。この三神は男女対偶神ではなく、独神《ひとりがみ》とされ、陽を意味する乾道《あめのみち》の純男《をとこのかぎり》と記されている。つまり、国常立尊・国狭槌尊・豊斟渟尊は陽神（男神）として独り自ら化生した神々とされているのだ。『日本書紀』では、これら三神と、次に展開する四組の男女対偶神とを合わせた七代を神世七代と呼んだ。『日本書紀』の神々には絶対観がなく、天地を造った創造神もいない。それゆえ全知全能で完全無欠の神が世界に先んじて存在し、その唯一絶対の神が他の神々を生んだりつくったりすることはない。神世七代の神々は皆、自ら独り化生している。森と石清水の世界のなかに多くの神々をイメージする感覚と、砂漠の世界のなかに唯一神をイメージする感覚との相異は、信仰を取り巻く環境の違いに関係するのだろう。

苔むし緑深い森と石清水の世界では、湧き立つ命の芽生えをそこかしこに感じることができる。虫が湧き出るといったイメージの方が合っているかもしれない。その対極にあるのが砂漠である。こうした砂漠では、唯一神と我との対話（契約）が緊張状態を保ちながら信仰に結びついていく。

水も干上がる乾燥した大地では、主体の自覚が生命保持に直接影響する。こうした砂漠の世界とは異なり、湿潤な森と岩清水のなかで育まれた日本語は主語を見失うほど多様な命（主体）に溢れている。循環の正しい四季の変化を当然とし、総和のなかに埋没した個々の主体は、いわずもがなの習慣を生み、主語すら略していったのかもしれない。

註

（1）三浦佑之『古事記講義』文芸春秋、二〇〇七年、三三頁。

（2）黒板勝美編輯『新訂増補　国史大系　日本書紀　前篇』吉川弘文館、一九六六年、一頁。
（3）島田虔次『朱子学と陽明学』岩波書店、一九六七年、参照。
（4）小島憲之『上代日本文学と中国文学　出典論を中心とする比較文学的考察　上』塙書房、一九六二年、三七五、三七六頁。
（5）前掲の『新訂増補　国史大系　日本書紀　前篇』一頁。
（6）黒板勝美編輯『新訂増補　国史大系　第七巻　古事記　先代旧事本紀　神道五部書』吉川弘文館、一九六六年、五頁。
（7）大野晋「記紀の創世神話の構成」『文学33―8』」一九六五年・坂本太郎、家永三郎、井上光貞、大野晋校注『日本古典文学大系　日本書紀　上』岩波書店、一九六七年、参照。
（8）西岡和彦「国学者の論じたムスヒ信仰」『悠久・第一二八号』おうふう、二〇一二年、二七頁。
（9）河合隼雄『神話と日本人の心』岩波書店、二〇〇三年、三七頁。
（10）河合隼雄『中空構造日本の深層』中央公論社、一九九九年、五四頁。
（11）同右、『中空構造日本の深層』五二、五三頁。

第二章、神代巻第二段（神代七代章）

一、第二段本文の概要

次に神が生まれた。埿土煮尊《ウヒヂニノミコト》・沙土煮尊《スヒチニノミコト》である。次に神が生まれた。大戸之道尊《オホトノヂノミコト》・大苫辺尊《オホトマベノミコト》である。次に神が生まれた。面足尊《オモダルノミコト》・惶根尊《カシコネノミコト》である。次に神が生まれた。伊奘諾尊《イザナギノミコト》・伊奘冉尊《イザナミノミコト》である。

二、第二段本文と一書の構成

第二段は四組の男女対偶神の化生を語る。この段は男女が互いの性差を認め合い、それを持ち別け、性愛を形成していく過程である。つまり、愛情物語のはじまりといってもよい。ただし、この段は極めて抽象的であり、神名の解釈によってはその意味合いも変わってくる。

第二段は二つの一書を持つ。その第二の一書では、国常立尊→天鏡尊《アメカガミノミコト》→天萬尊《アメヨロヅノミコト》→沫蕩尊《アワナギノミコト》という本文と掛け離れた別系統の系譜を記している。これに類似するものは、孝徳天皇の国風諡号が天萬豊日天皇《アメヨロヅトヨヒノスメラミコト》であること以外、日本の古典や古記録で見ることはできない。

他方、元朝の至正五（一三四五）年に成立した中国の正史『宋史』（日本伝）には、天御中主尊→天村雲尊→天八重雲尊→天彌聞尊→天忍勝尊→膽波尊→萬魂尊→利利魂尊→国狭槌尊→角龔尊→汲健丹尊→面垂尊→国常立尊→天鑑尊→天萬尊→天沫名杵尊→伊奘諾尊→素戔嗚尊→天照大神尊→正哉吾勝速日→天彦尊→炎尊→彦瀲尊と、神代二十三代の系譜（原漢文）が記されている。この系譜は秦氏の出身で、永祚元（九八九）年に東大寺別当に就いた僧奝然《ちょうねん》が、永観元（九八三）年の渡宋後に伝えたものとされている。おそらく、この系譜は『日本書紀』第二段第二の一書の系譜に基づくものであろう。

『日本書紀』成立から数百年後の中国正史に、本文とは掛け離れた一書の異伝が掲載されたということは、平安時代に至っても、朝廷が伝承の一元的合理化を強いることなく、多様な各家伝を寛容な姿勢で尊重（放任）していたという事実を窺わせる。

三、男女対偶神

第二段本文で記された四組の男女対偶神について、大野晋は文脈のままを尊重し、男女の性に特化して理解した。埿土煮尊と沙土煮尊を泥、大戸之道尊と大苫辺尊を男女の性、面足尊と惶根尊を男女の会話、伊奘諾尊と伊奘冉尊を誘いの表象として理解した。[1] ここで語られる男女対偶神は陰陽不分の状態から始まる『日本書紀』冒頭部を受けての展開である。

先ず、埿土煮尊・沙土煮尊の埿土が示すウヒジ・スヒジのヒジはニと同様に泥を意味する。〝植える〟のウウ（植う）、〝据える〟のスウ（据る）もこれに通じるという。[2] また、埿土は潮と泥が分化せず浮脂のように漂う状態を示し、煮のニは根のネと同様に尊称を意味する。[3] この神名は事が始まる以前の泥土のような未形成の状態を表象する。

次に、大戸之道尊・大苫辺尊のオホは大を意味する。道のヂはヲヂ、チチ、ヒコヂと同様に男性を意味し、辺のベは女性を意味する。戸のトについては、従来、トコロ（所）やトノ（殿）と考えられていた。しかし、男女の関係に注視してみると、トは瀬戸・門・喉《のみと》など、狭い水流や通過点を意味するという。これを手掛かりとして、入口（女陰の入口）との関連も指摘される。[4] つまり、トとは男女を象徴する生殖器官と考えられるのだ。

ミトノマグワイは男女の交合を意味するが、同じく交合を意味するミトアタハシのアタハシは当たるを意味する。ミは尊敬の接頭語であるため、ミトアタハシとは、トを当てること。つまり、男女が互いの象徴的な部分を当て合わせることだという。[5] したがって、大戸之道尊・大苫辺尊は大きな性器の男女を象徴する神名と考えられる。〝大きな〟とは単に数量的な見た目をいうのではなく、優位性や根本性を意味する尊称である。

次に、面足尊・惶根尊の面足のオモダルは面が足りるという充足の感であり、美しい顔に気持ちを傾ける称美の心でもある。惶根《かしこね》の惶が示すカシコは畏を意味し、祝詞の「～カシコミカシコミモマオス（畏れ多いことですが申し上げます）」と同様に畏敬の念を表す。つまり、この神名は性差のある伊奘諾尊と伊奘冉尊が後に交わす〝何と面立ちの整った美しい女よ〟〝何と畏れ多い男よ〟との言葉を象徴しており、男女の互いの性差〝らしさ〟を認め、称え合う会話の神名と考えられる。

これを斜に構えていえば、男は女の容姿美に魅かれ、女は男の偉力あるいは地位や境遇に惹かれるという志向の後押しになる。さらに斜に構えれば、現代は性差に囚われず、生き方を自己決定できるジェンダーフリーの時代ともいわれる。それゆえ〝男はこうあるべき〟とか〝女はこうあるべき〟という過度の〝らしさ〟の強要は慎まなければならない。仮に父性（母性）に基づく善意であろうと、強者の立場からするお為ごかしはパターナリズムの責めを負う。

現代社会が抱える問題を思い返してみると、従来の〝男らしさ（ますらおぶり）〟〝女らしさ（たおやめぶり）〟という〝ふつう〟の枠に納まり切れない多様な性の有り様が問われている。その一端として、近年ＬＧＢＴ（レズビアン、ゲイ、バイセクシャル、トランスジェンダー）という言葉で紹介されることが多い。その是非をここで問うつもりはない。

ただし、その多様性のなかには、心と体の間にある違和感を抱えながら、日々の性愛の有り様に悩み生きる人々がいるのだという現実を、自身の問題として引き寄せてみるという想像力が問われているのだ。興味本位に性愛の嗜好を詮索するのではなく、〝らしさ〟〝ふつう〟とは何かという思い込みに対する自身への問いかけでもよい。多様な選択肢をめぐる寛容な姿勢と、それを可能にする普遍的な基準とは何かを問い直すことにも意味はあると思う。ここでは〝生〟という言葉が意味を持ってくる。

この神話は四組の男女対偶神を語り、男女の性差が強く意識され、有性生殖が始まるまでの過程を示した神話ともいえるのだ。人間など大部分の哺乳類の性別は雌のＸＸと雄のＸＹという性染色体によって決められ、その雌雄の交合によって種族保存が保たれている。したがって、本書ではそうした生物が持つ特性を現実として容認した上で、面足尊・惶根尊という神名を性差の賛辞という素朴な解釈、ひいてはパートナーに対する敬意の象徴と解釈した。

ちなみに、独身を選択する人が多い現代社会から見ると、神話が結婚のみを称賛しているようにも見えよう。しかし、『日本書紀』には、男女対偶神以前に、「乾道独化」「純男」など、独神が生成力漲らせ自ら化生する姿が描かれている。これも『日本書紀』の多様性を示す事例の一つであろう。ならば〝純女〟がないのはなぜだという向きもあろう。強弁の責めは免れないが、こうした解釈もある。女と男を表す陰と陽は気の活動の程度を示す現象であるため、陰と陽は交錯を繰り返し変化し続けている。つまり、陰陽は性をも超えるのである。陰は女を意味するが、神道では陽が極まった太陽は女神である天照大神とされている。

余談になるが、現実に性を超えるということは自然界のなかにいくらでもある。体細胞を分裂させて個体を増殖させる無性生殖もある。分かれる二つの個体の大きさが同等の場合を分裂といい、そうでない場合を出芽という。このような場合、ともにＤＮＡは親と同一になり、そこに遺伝的多様性はない。以上は単細胞生物などの話である。

多細胞生物の有性生殖であっても、生物のなかにはカタツムリのように雌雄同体や、一部の魚類のように状況に応じて性転換可能な種も存在するのだ。生物は進化しており、人間の雌雄を決定する性染色体も今後どうなっていくのか。さらに、ｉＰＳ細胞（人工多能性幹細胞）を応用した再生医療の進展も興味深い。

さて、面足尊・惶根尊に次いで化生する神々は、諸神の父母となる伊奘諾尊と伊奘冉尊である。本居宣長の『古事記伝』によれば、二神の名前に共通する伊奘のイザは誘うことを意味している。誘うとは、気持ちをある行為に向かうように働きかけていくこと。つまり、男女が互いに魅かれ合い、愛を育み、結婚して家庭を営んでいくことにつながっていく。また、イザを功のイサと捉え、功徳と解釈することもある。[6]

伊奘諾尊と伊奘冉尊のナギとナミは海面の凪と波を意味する。第二の一書に見える沫蕩尊《アワナギノミコト》は、『宋史』（日本伝）で天沫名杵尊として伊奘諾尊の先代（父神）になっている。また、『古事記』の神生み神話で、二神の子の速秋津日子《ハヤアキツヒコ》と速秋津比売《ハヤアキツヒメ》が生む沫那芸神《アワナギノカミ》と沫那美神《アワナミノカミ》の神名も、イザナギのナギを凪とし、イザナミのナミを波として、それぞれが海洋神であることを窺わせる。

男神の伊奘諾尊と女神の伊奘冉尊を凪と波に充てるという神名は、陰陽の視点から見ても興味深い。ただし、動的な男や陽が波で、静的な女や陰が凪であるならば、男と女に充てるべき波と凪のイメージが逆ではないかとも思われる。得てしてこれも一つの思い込みの証であり、動的な女に対して静的な男というのが本質なのかもしれない。陰と陽とははっきりと二分できる関係ではなく、気の活動の程度を示す現象であるため、陰のなかにも陽があり、陽のなかにも陰が具わっている。多少複雑であるが、そういうところも含めて多様な解釈を許容していることが陰陽あるいは『日本書紀』の面白さなのだといえる。

このように神世七代の最後に登場する伊奘諾尊と伊奘冉尊が互いに誘い合い、愛情を育み協力し合っていく行為から、生成発展の神話はより鮮明になり、第四段では国生み神話を展開させ、第五段では大日孁貴《オホヒルメノムチ》、月神《ツキノカミ》、蛭児《ヒルコ》、素戔嗚尊《スサノヲノミコト》ら尊貴神の出生に至っていく。

註

（1）大野晋「記紀の創世神話の構成」『文学33―8』一九六五年・坂本太郎、家永三郎、井上光貞、大野晋校注『日本古典文学大系67日本書紀　上』岩波書店、一九六七年、参照。
（2）同右、『日本古典文学大系67日本書紀　上』参照。
（3）宮地直一、佐伯有義監修『神道大辞典』初版、平凡社、一九三七年、縮刷版、臨川書店、一九八六年、参照。
（4）前掲の『日本古典文学大系67日本書紀　上』参照。
（5）同右、『日本古典文学大系67日本書紀　上』参照。
（6）白鳥庫吉『神代史の新研究』岩波書店、一九五四年、参照。

第三章、神代巻第三段（神世七代章）

一、第三段本文の概要

すべて八柱（四組の男女対偶神）の神々が生まれた。この神々は乾坤（陽陰）の道により、男女の神々として化生した。国常立尊《クニノトコタチノミコト》から伊奘諾尊《イザナギノミコト》・伊奘冉尊《イザナミノミコト》までの神々を神世七代という。

二、第三段本文と一書の構成

第三段の本文「凡八神矣。乾坤之道相参而化。所以成此男女。自国常立尊。迄伊奘諾尊。伊奘冉尊。是謂神世七代者矣」[1]は僅か漢字四十文字の短い段である。この段は前段を受けて、乾道の陽気のみにより純粋な男神として独りで化生した国常立尊・国狭槌尊・豊斟渟尊の三神と、乾坤（陽陰）の道による埿土煮尊と沙土煮尊、大戸之道尊と大苫辺尊、面足尊と惶根尊、伊奘諾尊と伊奘冉尊など男女対偶四組八神の神々とを神世七代と称することのみを説明する段である。つまり、独神三神＋男女対偶神四組＝七という構成を語っている。短い第三段の一書は一つのみである。

三、乾坤（陽陰）の道

乾は八卦の一つで陽の卦を表し、天を意味する。方角は北西の戌亥《いぬい》とされる。一方、坤は八卦の一つで陰の卦を表し、地を意味する。方角は西南の未申《ひつじさる》とされる。つまり、乾と坤は、天と地であり、陽と陰である。したがって、乾坤《あめつち》の道とは陽と陰を表す陰陽の道をいう。

陰陽は『日本書紀』第一段冒頭から「陰陽不分」として語られ、『日本書紀』解釈において最も重要なキーワードといえる。この第三段においても、〝乾坤の道〟による男女の神々の化生が強調される。前述のように、陰陽とは気の活動の程度を示す現象である。したがって、この現象自体に陰だとか陽だとかいう固定された状態はなく、その活動が静であれば陰、動であれば陽という具合に相対的に認識される。

陰陽を視点として、『日本書紀』冒頭から第三段までの流れをまとめてみる。一気としての牙《きざし》は陰陽も分化していない混沌のなかに物実として含まれていた。やがて気の活動がはじまり、陰陽の交錯が起こり、天地も定まっていく。そこに葦牙のような一物が発現し、それが神となり、国常立尊となる。国常立尊と国狭槌尊と豊斟渟尊の三神はそれぞれ乾（陽）の独神（純男）として化生する。その後に乾坤（陽陰）の道によって、男女対偶の四組八神の神々が化生し、この独神三神と男女四組の対偶神を合わせて神世七代と称した。

それでは、陰陽の道とは何か。これについて少し考えてみることにしたい。四書五経の一つである『易経』繫辞上伝には「一陰一陽之謂道」[2]と記されている。これは〝一陰一陽コレヲ道ト謂ウ〟と読む。「道」＝「一陰一陽」、つまり、気がその時々により、陰としてあるいは陽として活動し、交錯する現象を道という。

しかし、十一世紀北宋の儒者程伊川《ていいせん》は『易経』繫辞上伝に記された「形而上者謂之道、形而下者謂之器」[3]を手掛かりとして、道と陰陽とは別のものだと主張した。これは〝形而上《けいじじょう》ナルモノ、コレヲ道ト謂イ、形而下《けいじか》ナルモノ、コレヲ器《うつわ》ト謂ウ〟と読む。ちなみに、形而上（metaphysical）とは形式を超えた抽象的で超自然的なものであり、感覚的現象として存在せず、理性的思惟によってのみ捉えられるものをいう。一方の形而下（physical）とは形を具えた感覚的現象をいう。

伊川によれば、陰陽は気である。気は物質である。物質は形而下である。形而下は器である。これにより、陰陽は道ではないとした。つまり、形而上の道は形而下の気とは関係がない。したがって、陰陽は道ではないというのだ。

このように『易経』で記された〝「道」＝「一陰一陽」〟とは〝「道」＝「陰陽」〟ではなく〝「道」＝「陰陽する所以」〟ということになる。これについて、島田虔次は「陰陽という現象の背後にあって陰陽の根拠となるところのもの、それがすなわち道」と説いた。ちなみに兄の程明道《ていめいどう》は「器即道、道即器」と述べ、弟の伊川より寛容な姿勢を見せる。(4)

四、万物一体の仁

中世以降の神道思想では、神代巻冒頭に記された「渾沌（混沌）」と太極とを結びつけ、そこへ万物を収斂させた。ここで〝太極《たいきょく》〟の考え方から万物一体の仁についても触れておきたい。

『易経』繫辞上伝には「易有太極。是生両儀。両儀生四象、四象生八卦。八卦定吉凶、吉凶生大業」(5)との言葉が記されている。これは〝易ニ太極アリ、コレ両儀ヲ生ズ。両儀ハ四象ヲ生ジ、四象ハ八卦ヲ生ズ。八卦ハ吉凶ヲ定メ、吉凶ハ大業ヲ生ズ〟と読む。十一世紀の北宋に生まれた儒者周濂渓《しゅうれんけい》はこの言葉に基づいて『太極図説』を作成したとされている。

『太極図説』には、「無極而太極」という言葉が記されている。これは〝無極ニシテ太極〟と読むのだが、この太極と無極とを同一視する解釈をめぐって、十二世紀の南宋の儒者朱子と陸象山《りくしょうざん》との間で激烈な論争が巻き起こった。朱子は自身の思想形成に『太極図説』を活用したが、無極の解釈をめぐって〝無から有を生ずる〟という仏教や道教の説を激しく論難した。

『易経』を基にして『太極図説』の考え方を遡及するならば、万物は五行に還元され、五行は陰陽に還元され、陰陽は太極に還元される。つまり、万物は太極の気を共有し、気によってつながっていると考えられる。これは宋学を通して伝えられた漢籍の思考傾向といえる。しかし、自分自身を起点として、親の親、その親の親と起源となるルーツを遡及していく考え方は、人間が経験する普遍的な思惟であろう。この点において、陰陽不分の昔、一気としての牙《きざし》を含む混沌を理解するために、中世以来の神道家が太極の理念を援用したことは『日本書紀』理解の導きにもなった。

『太極図説』の視点から、自分自身と万物とのつながりについて、もう少し考えてみたい。『易経』繋辞下伝に記された「天地絪縕、万物化醇」[6]。つまり〝天地絪縕《いんうん》シテ、万物化醇《かじゅん》ス〟について、島田虔次は「天地陰陽の気は一瞬の断絶もなく、絪縕として集散し、万物は化醇、すなわち生生してやむことがない」[7]という。

さらに、『易経』繋辞下伝には「生生之謂易」[8]「天地之大徳曰生」[9]と記されている。これらは〝生生コレヲ易ト謂ウ〟〝天地ノ大徳ヲ生ト曰ウ〟と読む。生生の「生」は生きること（生命）と、生むこと（生産）との二つの意味を持つ。「生」「生生」は道として後代に受け継がれ、止まることなく連なっていく。気は空気のようにガス状の物質と考えられる。その凝集や結合する状態によって万物は生成される。繰り返しになるが、万物は太極の気を共有し、気によって後代へとつながっている。この点に注目したい。

程明道は特に「万物一体の仁」を強調するが、この仁とは天地生生の徳を示す儒教の中心概念である。これについて島田は「同じ天地の生意が自己と万物とを貫通していること、すなわち万物一体の謂いである」[10]という。

紀元前四世紀から三世紀に生きた荘子は「天地與我並生、而万物與我為一(11)」と斉物論《せいぶつろん》を語り、四世紀から五世紀に生きた僧肇《そうじょう》法師も禅の言葉「天地與我同根、万物與我一体」を残している。荘子の言葉〝天地ト我ト並ビ生キ、万物ト我ト一タリ〟も、僧肇法師の言葉〝天地ト我ト同根、万物ト我ト一体〟も語ることは同じである。

ただし、荘子（道教）や僧肇（仏教）のいう万物一体の仁には、「人を責任と行動へとかりたてるよりは、瞑想と諦念へと退かしめる(12)」と道教や仏教と儒教との差異が認められる。それでは、瞑想と諦念から責任と行動へと向かわせる万物一体の仁とは何なのか。それをここで逆説的に捉えてみたい。

「不仁」について、島田は「自分と一体のものでありながら、しかもその痛痒にたいして風馬牛(13)」であること。さらに、「生の連帯感が断絶していること、しかもその事態に無自覚であること(14)」という。つまり、人には皆万物と同じ気が通っているという事実に対する無関心を不仁というのだ。島田は仁の効用について、「本来的には自己自身にほかならぬところの万物、それにおける痛痒をまさしく自己の痛痒として感覚し、ふたたびそこに生意を回復せしめること、それが『仁』にほかならない(15)」と述べている。

漢籍の効能を借りていうならば、『日本書紀』を読むときに、陰陽未分の混沌の一気にまで遡及してものを捉えてみると、気を通して万物がつながっているという考え方に至る。こうなると、その背後にある生の連帯に対する自覚が見えてくる。

人類の歴史は見ず知らずの人々の自己犠牲によって幾度となく救われている。伝説上の聖人から戦

料金受取人払郵便

本郷局承認

1973

差出有効期間
平成31年8月
31日まで

郵便はがき

113-8790

408

（受取人）
東京都文京区本郷1・28・36

株式会社 ぺりかん社

営業部行

購入申込書

※当社刊行物のご注文にご利用ください。

書名		定価［　　円＋税］ 部数［　　部］
書名		定価［　　円＋税］ 部数［　　部］
書名		定価［　　円＋税］ 部数［　　部］

●購入方法をお選び下さい（□にチェック）	□直接購入（代金引き換えとなります。送料＋代引手数料で600円＋税が別途かかります） □書店経由（本状を書店にお渡し下さるか、下欄に書店ご指定の上、ご投函下さい）	番線印（書店使用欄）
書店名		
書　店 所在地		

書店各位：本状でお申込みがございましたら、番線印を押印の上ご投函下さい。

愛読者カード

※ご購読ありがとうございました。今後、出版のご案内をさせていただきますので、各欄にご記入の上、お送り下さい。

書名

●本書を何によってお知りになりましたか

□書店で見て　□広告を見て [媒体　]　□書評を見て [媒体　]
□人に勧められて　□DMで　□テキスト・参考書で　□インターネットで
□その他 [　]

●ご購読の新聞 [　]
雑誌 [　]

●図書目録をお送りします　□要　□不要

●関心のある分野・テーマ

[　]

●本書へのご意見および、今後の出版希望（テーマ・著者名）など、お聞かせ下さい

お名前	ふりがな	性別	□男　□女	年齢	歳
		所属学会など			
ご職業 学校名		部署 学部			
Eメール		電話	(　　)		
ご住所	〒 [　－　]				
お買上書店名	市・区 町・村　書店				

お客さまの個人情報を、出版案内及び商品開発以外の目的で使用することはございません。

新刊案内

2017-I　No.53

●

ぺりかん社

〒113-0033　東京都文京区本郷1-28-36
☎03(3814)8515／振替・00100-1-48881
URL http://www.perikansha.co.jp/

●

［ご案内］　ご注文はなるべくお近くの書店をご利用下さい。書店遠隔などのため、直接小社からの購入を希望される場合は、その旨ご指定のうえ、郵便または電話でご注文下さい。お支払いは代金引き換えのみとなります。また、ご注文の金額にかかわらず、送料＋代引手数料で一律600円＋税が別途かかります。なお図書目録をご希望の方は、ご請求下さい。

仁斎論語　上・下

『論語古義』現代語訳と評釈

子安宣邦＝著［大阪大学名誉教授］

伊藤仁斎が生涯にわたり修訂を重ねた古義学的注釈学の成果『論語古義』。その現代語訳に著者の評釈を加えた本書は、「仁斎とともに『論語』を読む」ことを志した市民講座「『論語古義』講読」の全記録である。現代の読者に『論語』の思想体験を促す書として、また『論語』テキストの新たな基準として提示する。

■上巻［主要目次］

伊藤仁斎と『論語』
『論語古義』現代語訳と評釈(上)
学而第一　為政第二
八佾第三　里仁第四
公冶長第五　雍也第六
述而第七　泰伯第八
子罕第九　郷党第十

◉四六判／三九二頁／二五〇〇円

■下巻［主要目次］

『論語古義』現代語釈と評釈(下)
先進第十一　顔淵第十二
子路第十三　憲問第十四
衛霊公第十五　李氏第十六
陽貨第十七　微子第十八
子張第十九　堯白第二十
論語古義総論 綱領

◉四六判／四二四頁／二五〇〇円

＊本案内の表示価格は税別です。

会沢正志斎の晩年と水戸藩

国立国会図書館所蔵『会沢正志斎書簡』解題と翻字

井坂清信＝著〔元国立国会図書館司書〕

江戸末期の水戸藩儒であり、幕末屈指の思想家であった会沢正志斎の書簡180通を翻字紹介。当時の政治状況と晩年の私事について分析した詳細な解題を併録し、幕末政治思想史の重要な一面を明らかにする。

〔主要目次〕

●A5判／四四〇頁／八〇〇〇円

〈憧憬〉の明治精神史

高山樗牛・姉崎嘲風の時代

長尾宗典＝著〔国立国会図書館司書〕

高山樗牛と姉崎嘲風が共同して編み出した〈憧憬〉という造語から、明治維新以後に生を享けた青年達の新しい思考様式を探るとともに、高山と姉崎の思想形成を検証し、「誌友交際」という同時代のメディアの実態を解明することで、日清・日露戦争期の新しい思想史像を提起する。

〔主要目次〕

●A5判／三六八頁／六〇〇〇円

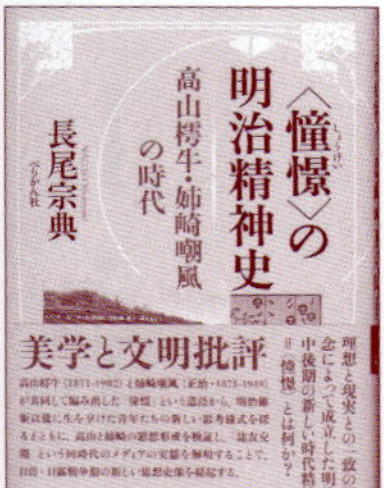

〈孝子《こうし》〉という表象

近世日本道徳文化史の試み

ニールス・ファンステーンパール＝著［京都大学准教授］

近世日本社会で広く行われた「孝子顕彰」において、為政者から庶民まで、多様な主体によって競合的に意味づけられた「孝子」創作のプロセスを解明し、「孝」の思想と実践をつなぐ「表象」に着目することで、道徳文化史の可能性を探る。

［主要目次］

問題としての「孝子」—課題・資料・構成／**由緒としての「孝子」**—在村における「孝子顕彰」／**文芸としての「孝子」**—道中における顕彰と「孝子万吉伝」／**国風としての「孝子」**—藩における顕彰と『孝婦鳴盛編』／**競争としての「孝子」**—藩国家における顕彰と「孝子伝集」／**公儀としての「孝子」**—国家における顕彰と『官刻孝義録』／**主体としての「孝子」**—異国における顕彰と『近世蝦夷人物誌』

附録・近世出版「孝子伝」一覧

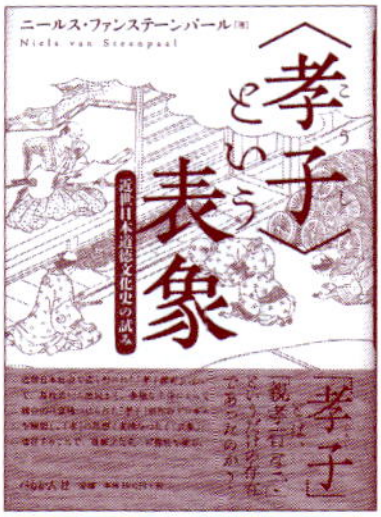

●A5判／二一六頁／三八〇〇円

啓蒙の江戸

江戸思想がよびおこすもの

西田耕三＝著［元近畿大学教授］

江戸の思想・学問をひもとき、運命、先入見・固定観念、迷信・因習、偏見・偏執、虚栄・虚偽、自己欺瞞といったものから自由になるための思考＝「啓蒙」の精神について、西洋思想と対比し考察する。

［主要目次］

啓蒙の江戸とは何か
啓蒙と江戸／理／日用現実／みずからの人生を切り開く／公論に非ざるの公論

格物の喜び
『大学』／貝原益軒とスピノザの喜び／格物と近世随筆

甚解を求めず
読書の方法／受容の本意／疑わしきは闕く／古文献の扱い／無為に至る道／葛藤を打す

他を欺かんや
「物語」は欺く／欺きの場／欺きの拒否

事もと無心
見出された「事もと無心」／世に棄材なし／無思善無思悪／定法を打破する／妙と咎／景と情／加上説とその周辺

個の根拠
嬰児に託された意味／復性復初／仁斎の転回／未成熟な幼児／自然から社会へ／統治と個

●四六判／二九四頁／三五〇〇円

改訂増補

絵本と浮世絵

江戸出版文化の考察

鈴木重三＝著［元国立国会図書館司書監］
木村八重子＝編［元金城学院大学教授・図書館長］

江戸後期の文芸を理解するには、浮世絵と草双紙と歌舞伎が必須である——文学・美術・芸能に渉る博識をもって江戸時代の絵入版本と、浮世絵について先駆的な研究を重ねた鈴木重三（一九一九—二〇一〇）。文学と絵画との有機的関連と提携の面に主眼を置き、江戸時代の文物を考察した書誌学的論集『絵本と浮世絵—江戸出版文化の考察』（一九七九・美術出版社）を生前の著者の意向を反映し改訂増補。

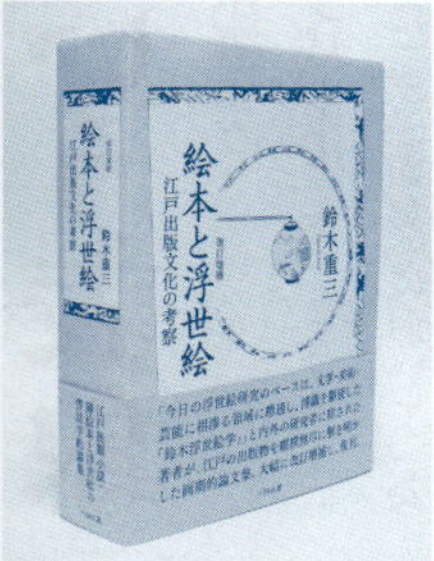

［主要目次］

カラー口絵（八頁）

第一部　絵本

バランス／合巻について（大東急記念文庫講演）／合巻の美術—都立中央図書館所蔵本を中心に／合巻の趣向／草双紙『しらぬひ譚』の世界／近世小説の造本美術とその性格—読本・合巻の挿絵・表紙絵を中心に／京伝と絵画／春色梅児誉美異版の謎—四編の序など／『仮名文章娘節用』初版本の発見／『浮世形六枚屏風』の欧訳書／お化けいろいろ／校合本は語る—「おきく」と「おさく」／馬琴読本の挿絵と画家—北斎の問題など／馬琴読本諸版書誌ノート—挿絵を中心に／国芳画『日本奇人伝』の素姓—嵐雪変じて馬琴と化す／北斎絵本の題材検討—『北斎漫画』の場合／萍水奇画と劇場画史との関連／『春雨譚』と『宿直文』『宿直譚』／江戸後期の絵入版本／『児雷也豪傑譚』書誌考—第五編の微妙な改題刊行事情を中心に

第二部　浮世絵

浮絵の展開と変貌／浮世絵風景版画小史／冨嶽三十六景私見／富嶽百景／「千絵の海」をめぐって／役者絵の性格／役者絵本の効用／江戸歌舞伎と小説挿絵—不破・名古屋をめぐって／「象引」古図発見始末記／役者大首絵の展開と三世豊国作品の問題点／七代目市川団十郎と芸妓たち／春信芸術の基調／歌麿絵本の分析的考察／資料にたどる歌麿の画業と生涯／広重の生涯と画業／広重魚づくし／歌川国貞の画歴と業績／国芳の奇想／江戸狂歌摺物の解釈と鑑賞

所収論文・自選主要著作発表順一覧／索引

●A5判／上製貼函入クロス装／七六〇頁／一八〇〇〇円

士、軍人、自衛官、海上保安官、消防士、警察官、当然そこには無名の民も含まれる。それにも拘らず、人は顔の見える身近な人々にのみ献身的になり、他人に対しては実に冷淡になれる。ここに生の連帯に対する自覚は薄い。

儒教の〝孝〟も自身の親や祖先のみを特別視する等差愛へと導いていく。しかし、田尻祐一郎は、「等差愛が起点となり、それが無限に拡大して、愛の広がりが獲得されるのが儒教の理想である。その極点を、朱子学や陽明学は『万物一体の仁』（あらゆる生命体を自己一身と繫がったものとする同胞的共感）などと呼んだ[16]」と述べ、儒教の面目を保った。見ず知らずの他人に献身的になり、生の連帯を培っていくことなど、常人にとって決して容易なことではない。しかし、等差愛が広がって、無自覚のうちに、万物一体の仁に至るというのであれば、なるほど分かりやすい。

陰陽の交錯を経て男女の道に展開していく神代巻冒頭から神世七代に至る神話には、こうした万物一体の仁という思想が見えてくる。これを漢籍の潤色として非難するのか、人間の普遍的価値として吸収するのかは、それぞれの人の立場によって変わってくる。

島田は「『万物一体の仁』とは、ニル・アドミラリたることの、正に正反対[17]」と述べている。ニル・アドミラリ（ニヒル・アドミラリ）とは、何事にも動じないこと、あるいは無感動ということである。『新約聖書』マタイによる福音書第二十二章には、「心をつくし、精神をつくし、思いをつくして、主なるあなたの神を愛せよ」「自分を愛するようにあなたの隣り人を愛せよ[18]」という言葉がある。これもまたノーベル平和賞を受賞したマザー・テレサやエリ・ヴィーゼルが語ったという〝愛の反対は憎しみではなく無関心〟という言葉に継がれている。

註

（1）黒板勝美編輯『新訂増補　国史大系　日本書紀　前篇』吉川弘文館、一九六六年、四頁。
（2）高田真治、後藤基巳訳『易経　下』岩波書店、一九六九年、二二〇頁。
（3）同右、『易経　下』二四六頁。
（4）島田虔次『朱子学と陽明学』岩波書店、一九六七年、五九頁。
（5）前掲の『易経　下』二四一頁。
（6）同右、『易経　下』二六四頁。
（7）前掲の『朱子学と陽明学』四一頁。
（8）前掲の『易経　下』二二〇頁。
（9）同右、『易経　下』二五一頁。
（10）前掲の『朱子学と陽明学』四五頁。
（11）荘子著、金谷治訳注『荘子　第一冊　内篇』岩波書店、一九七一年、六七頁。
（12）前掲の『朱子学と陽明学』四六頁。
（13）同右、『朱子学と陽明学』四七頁。
（14）同右、『朱子学と陽明学』四七頁。
（15）同右、『朱子学と陽明学』四七頁。
（16）田尻祐一郎『江戸の思想史』中央公論新社、二〇一一年、六七頁。
（17）前掲の『朱子学と陽明学』四七頁。
（18）『新約聖書』日本聖書協会、一九五四年改訳、参照。

第四章、神代巻第四段（大八洲生成章）

一、第四段本文の概要

伊奘諾尊《イザナギノミコト》と伊奘冉尊《イザナミノミコト》は天浮橋の上に立ち、ともに相談し「底の一番下にどうして国がないのか、いやあるはずだ」といった。そして、天之瓊矛《あまのぬほこ》を差し下して探ってみると、そこに滄溟《あをうなはら》が現われた。その矛の先からは潮が滴り落ち、それが凝り固まって島になった。これを磤馭慮島《おのごろしま》という。二神は磤馭慮島に降り、そこに居住し、夫婦となり、洲国《くにつち》を生もうと試みた。そこで磤馭慮島を国中の柱とし、陽神（伊奘諾尊）は左に回り、陰神（伊奘冉尊）は右に回り、出会ったところで、陰神が先に「ああ嬉しい何て素晴らしい男に会うことができたのでしょう」と唱えた。しかし、陽神は悦ばず、「私は男だ。理としては男が先に唱えるべきだ。どうして、女が先に言葉を唱えたのだ。これは不祥なことだ。改めて回り直そう」といった。二神はやり直し、今度は陽神が先に「ああ嬉しい何て素晴らしい女に会うことができた」と唱えた。陽神は陰神に「あなたの身はどのようになっているのか」と問うた。陰神は「自分の身には一つの雌の元といふ所があります」と答えた。陽神は「自分の身にも雄の元というところがあるので、互いの雌の元と雄の元を合わせよう」といった。二神は遘合《みとのまぐわい》して夫婦となった。

国生みをするに至って、二神は先ず淡路洲《あはぢのしま》を胞とした。しかし、これを快とせず不満足とした。このため、淡路（吾恥）洲という。そこで大日本豊秋津洲《おほやまととよあきづしま》を生む。次に伊予二名洲《いよのふたなのしま》を生む。次に筑紫洲《つくしのしま》を生む。次に双生の隠岐洲《おきのしま》と佐渡洲《さどのしま》を生む。次に越洲《こしのしま》を生む。次に大洲《おほしま》を生む。次に吉備子洲《きびのこしま》を生む。これを大八洲国《おほやしまのくに》という。対馬《つしま》島、壱岐島《いきのしま》、処処の小島は潮の沫が凝り固まってなったものという。また水の沫が凝り固まってなったものともいう。

二、第四段本文と一書の構成

第四段は伊奘諾尊と伊奘冉尊の国生み神話を中心に語る。二神は互いに相談して天浮橋から天之瓊矛を差し下ろして海水を掻き回す。このとき、引き上げた矛から潮が滴り落ち、これが凝り固まってできたのが磤馭慮島である。二神はその島に降り夫婦となって、その島を国中の柱に見立て左右に分かれて回り、出会ったところで互いに言葉を唱え、遘合（交合）する。二神の関係は決して順風満帆という訳にはいかず、試行錯誤を繰り返し、失敗を乗り越えながら、大八洲国（島々）を生んでいく。

第四段には本文の他に十種の一書がある。

第四段で展開させる伊奘諾尊と伊奘冉尊の国生み神話は概ね三つの話で構成されている。

（一）伊奘諾尊と伊奘冉尊が磤馭慮島に降って夫婦になる話。
（二）伊奘諾尊と伊奘冉尊が国中の柱を回り、交合《みとのまぐわい》する話。
（三）伊奘諾尊と伊奘冉尊が大八洲国を生む話。

第四段本文、第一の一書、『古事記』の記述内容に大きな違いはない。ただし、本文との相違点は二神の国生みが自らの意志ではなく、天神の命令によってなされたことである。それゆえ、二神は国生み失敗の理由を確かめるため、天神のいる天上を訪問する。

天上で二神を迎えた天神は太占《ふとまに》によって国生み不首尾の原因を占う。その結果、伊奘冉尊が伊奘諾尊より先に言葉を唱えたことが問題とされる。二神はこれに従い再び国生みを仕切り直す。

天神が行った太占とは鹿の肩甲骨を焼き、その割れ目で吉凶を見立てる卜占の一種である。国生み失敗の原因究明をめぐって、二神は天神を頼りにし、頼られた天神は占いを頼りにしている。この伝承は神の全知全能を否定するものであるが、こうした神々の不完全な様子が神々をより身近に感じさせてくれる。

本文との相違点をさらに挙げるならば、蛭児《ヒルコ》が不具の子として生まれ、その蛭児を葦船に乗せて流してしまうという展開である。『日本書紀』本文では、蛭児の話は第五段で触れられている。その他の一書は包括的な物語ではなく、断片的に展開する。第二、第三、第四の一書は（一）で示した伊奘諾尊・伊奘冉尊が磤馭慮島に降る伝承の異伝のみを記す。第五、第十の一書は（二）で示された国中の柱を巡り、遘合を行なった伝承の異伝のみを記す。第六、第七、第八、第九の一書は（三）で示された大八洲国を生む伝承の異伝のみを記している。

三、左上右下と陰陽と遘合《みとのまぐわい》

第四段本文、第一、第五、第十の一書では、伊奘諾尊を陽神と記し、伊奘冉尊を陰神と記している。こうした表記は『日本書紀』における陰陽の差し響きの裏づけになる。陰陽とは一切を超越するような固定的原理ではなく、動的な陽と静的な陰という気の活動の程度を示す可変的な現象をいう。そうした意味では、陰陽は止まることなく変化し続ける無常の現象ともいえるのだ。

陰陽が交錯する無常の現象は永遠に進化し続ける生成発展をも意味する。したがって、男を陽と表現できても、陽が極まれば太陽の女神大日孁貴（天照大神）となるのが神道の神様なのである。

神話に描かれる伊奘諾尊（陽神）と伊奘冉尊（陰神）も完全無欠な存在ではない。二神は遘合（交合）に至る以前に、解決すべき幾多の問題を抱えていた。このため、互いに相談を重ね、経験を共有し、様々な問題の克服を試みた。こうして、二神の愛情はより深く育まれ、国生み神話と神生み神話に至っていく。

ならば、その乗り越えるべき問題とは何であったのか。二神は磤馭慮島に降り、その島を国中の柱と見立てて左右に分かれて回り、出会ったところで言葉を掛け合い夫婦になる。このときに、柱をめぐる左右の方向（左上右下）と、掛け合う言葉の順番（夫唱婦随）が問題とされたのだ。

先ずは左上右下である。柱を回る方向は伊奘諾尊が左回り、伊奘冉尊が右回りとされている。本文では当初より、この方向で回っていたため問題とされていない。しかし、第一の一書ではこれと逆回転であったため、国生みが不首尾とされた。天神の太占の結果を受けた後（天神は左右の問題には言及していない）、二神は本文と同様の方向に改めている。

激しい気の活動を表す陽が男性の優位性を示し、伊奘諾尊が回った左の方向を上位の方向と考えたのだろうか。その理由については明記されていない。ただし、現在の神社でも左右を対比すると、神前から見て左側（参拝者から見て右側）を左面と呼び、こちらを上位とする。こうした点は神事との関連が深い芸能の舞台でも同様であり、舞台から見て左側（観客から見て右側）を上手と呼ぶ。左大臣と右大臣も上位に位置するのは左大臣である。

唐代の故事によれば、〝天帝は北辰に座して南面す〟という。つまり、皇帝は不動の北極星を背にして、南側を向いて座る。すると皇帝の左側が太陽の昇る東側になるため、左を上位として左上右下になったとも考えられる。

左右のどちらが上下かどうかは、地域や時代によって千差万別であり、左上右下に真偽はない。インドでは便の処理に用いる左手を不浄とし、食事は右手を用いる。英語では右をrightという。rightは正義や正当をも意味する。オリンピックの表彰式では中央の金メダリストを挟んで右（向かって左）が銀、左が銅メダリストの定位置になっている。

現在の国際儀礼（プロトコル）では、西洋の右上左下を採っている。このため、天皇皇后両陛下も式典においては天皇陛下が皇后陛下の右側（向かって左側）にお立ちになる。これに倣ってか、雛人形もお内裏様が右側になった。ただし、京の都の雛人形は現代の国際儀礼に左右されることはない。京都近辺は古来の姿を踏襲し、今でも左側（向かって右側）を上座とし、左の上座をお内裏様の定位置としている。

左右という概念は向かい合った他者と自分の立ち位置によって真逆になる。さらに、台風の場合、左右の回転も上から見るのと下から見るのとでは向きが逆さまになる。したがって、東西南北や天地など、基準となる前提条件が整わなければ、左右という概念は覚束ない。とりあえず、現在では時計回りが右回りで、反時計回りが左回りだとされている。

陸上競技のトラック、スピードスケートのリンク、野球のベースライン、競輪のバンクなど、アスリートは左回り（反時計回り）で勝負する。この理由は人間が左回りに安らぎを感じるとか、心臓を防御するためとか様々な説ある。北半球で発生する台風も左回りとされる。くどい様であるが、これは気象衛星から見下ろした場合である。地上から見上げれば、台風は右回りになる。やはり、左右にどれ程の意味があるのかと疑問も残る。

ただし、左右対称に見える人間の体も、心臓が左寄りで肝臓が右寄りにあるとか、肺の構造が左右で違うとか、脳の機能が論理や思考を司る左脳と知覚や感性を司る右脳で異なっているとか、その役割の違いも指摘されている。

アスリートたちの左回りとは逆に、右回りには生命に関わる自然界の回転が多いという。ＤＮＡの螺旋構造は主に右巻きである。つまり、上から見ると反時計回り、下から見ると時計回り、外から見ると右肩上がり、内から見ると右肩下がりになる。右巻き螺旋構造は人工物のネジやキャップになると、左回転で開かれて、右回転で閉じられる。度を過ぎれば強弁になるが、陰神の定められた右回りは、生から死に至る生命の閉鎖を象徴し、陽神の定められた左回りは、死に抗う生命の開放を象徴している。

こうした解釈は二神による泉津平坂《よもつひらさか》での絶妻之誓《ことど》の話でそれぞれの立場がより鮮明になる。陰神の伊奘冉尊は死をもたらす神になり、陽神の伊奘諾尊は死を上回る生を宣言する。これについては第五章で詳述するが、人間の死の起源神話といわれている。

四、夫唱婦随と遘合《みとのまぐわい》

次に夫唱婦随という問題がある。第四段本文では、伊奘諾尊と伊奘冉尊は国生みの前に、それぞれ左右に分かれて柱を回り、出会ったところで、先ず伊奘冉尊が「憙哉。遇可美少年焉」(1)と唱える。

可美《うまし》とは素晴らしいという意味である。つまり、女神は〝アナウレシエヤウマシヲトコニアヒヌルコト（ああ嬉しい何て素晴らしい男に会うことができた）〟といっているのだ。すると伊奘諾尊は男が先に言葉を発するべきだと異を唱え、はじめから仕切り直すことになる。

今度は伊奘諾尊が先に「憙哉。遇可美少女焉」(2)〝アナウレシエヤウマシヲトメニアヒヌルコト（ああ嬉しい何て素晴らしい女に会うことができた）〟と唱え、次いで伊奘冉尊がこれに従った。前述のように第一の一書では、天神による太占の結果、伊奘冉尊が伊奘諾尊より先に言葉を唱えたことを国生み失敗の問題とされた。この指摘によって、二神は方法を改め、伊奘諾尊が柱を左回転し、伊奘冉尊が右回転して、伊奘諾尊から先に言葉を唱え、次いで伊奘冉尊が言葉を唱えている。

ここに記された夫唱婦随あるいは男先女後を単純に男尊女卑と受けとるべきではない。神道では女神である天照大神が特別に尊貴な神として崇められ、皇祖神として神宮（伊勢神宮）内宮の御祭神とされている。ちなみに外宮御祭神の豊受大神も女神である。これにより、神道が男尊女卑の宗教でないことは明らかであろう。ここでいう夫唱婦随は互いの性差を尊重し、支え合う伊奘諾尊と伊奘冉尊の姿勢に注目すべきである。

第四段で二神が互いに讃え合う言葉こそ、第二段で述べた面足尊と惶根尊を象徴する言葉なのである。『古今和歌集』仮名序で、紀貫之はこの二神の言葉を歌として捉え、「この歌、天地の開けはじまりける時より、いで来にけり。天の浮橋のしたにて、女神男神となりたまへることを言へる歌なり」(3)と述べている。この二神の言葉は『日本書紀』で最初に語られる直接的な神の言葉である。貫之はこれを単なる言葉ではなく、歌として捉えたのだ。

ただし、三十一文字とされる和歌（短歌）の起源は、八段に記された素戔嗚尊の神詠歌〝八雲たつ出雲八重垣妻ごめに八重垣作るその八重垣を〟とされている。したがって、貫之はこの伊奘諾尊と伊奘冉尊二神が掛け合う言葉を和歌というより、歌そのものの起源として尊重したのであろう。

ちなみに〝アナニヱヤエヲトメヲ〟〝アナニヱヤエヲトコヲ〟との言葉は一書で共通しており、『古事記』の〝アナニヤシエヲトコヲ〟「阿那迩夜志愛上袁登古袁[4]」と、〝アナニヤシエヲトメヲ〟「阿那迩夜志愛上袁登売袁[5]」とも五音と五音の十音のリズムで類似している。一方、『日本書紀』本文の言葉〝アナウレシヱヤウマシヲトメニアヒヌルコト〟〝アナウレシヱヤウマシヲトコニアヒヌルコト〟は七音七音六音の二十音で構成された歌である。

伊奘諾尊と伊奘冉尊はここで言葉を交わし、遘合《みとのまぐわい》に至る。陽神は「汝身有何成耶[6]」と陰神に問う。ここでは〝汝が身に何の成れるところか有る〟と男女の体の違いについて侃々《かんかん》と尋ねている。陰神は「吾身有一雌元之処[7]」と答える。つまり伊奘冉尊は〝吾が身に一の雌の元《はじめ》といふ処有り〟と自らの性について率直に答えている。

これに対し陽神は「吾身亦有雄元之処。思欲以吾身元処合汝身之元処[8]」と提案する。ようするに、伊奘諾尊は〝吾が身に亦雄の元といふ処有り。吾が身の元の処を以て、汝が身の元の処に合せむと思欲ふ〟と伊奘冉尊を交合（遘合）へと誘っている。

随分とあからさまな表現であるが、ここでいう交合とは単なる性交ではなく、男女二神の結婚を意味する。互いに言葉を掛け合い、いとおしみ、男女の象徴を合わせて、命を継いでいく。つまり、交合とは生成発展の営みのはじまりという重要な段階を語っている。

二神の営みは未完成から少しでも完成に向かって歩んでいこうとする夫婦の営みそのものを象徴している。ちなみに、第五の一書によれば、伊奘諾尊と伊奘冉尊の二神は鶺鴒《にはくなぶり》が首尾を上下に振る動作を見て交合の術を学んだと記されている。人間の時代なら交合図や春画の類は古より存在したであろうし、現代のようにマニュアル本やネットなど情報が氾濫する状況とは大違いなのだ。二神の弛みない健気な努力の積み重ねは夫婦の鏡といえよう。

五、国生み神話と名前

国生み神話は国土を創造するのではなく、国を生むという独特な発想に基づいている。『日本書紀』第四段本文によれば、伊奘諾尊と伊奘冉尊が生みなした大八洲国とは、以下の（一）から（八）までの島々をいう。それ以外の〝淡路洲〟は胞とされた。胞とは胞衣《えな》ともいい、胎児を包んだ膜と胎盤をいう。さらに〝対馬島〟〝壱岐島〟〝処処の小島〟は潮の沫や水の沫が凝り固まって出来た島とされ、これらも大八洲国とは区別された。

（胞）淡路洲＝胞。

（一）大日本豊秋津洲。
（二）伊予二名洲。
（三）筑紫洲。
（四）隠岐洲（佐度洲と双生）。
（五）佐度洲（隠岐洲と双生）。
（六）越洲。
（七）大洲。
（八）吉備子洲。
（沫）対馬島、壱岐島、処処の小島＝潮の沫（水の沫）の凝り固まって成れるもの。

本文、一書に関わらず、『日本書紀』では大八洲国の洲々（島々）に一切神名を冠していない。八百万の神々に名を冠し、自然を尊ぶ日本神話の姿勢からすると、『日本書紀』は『古事記』と比べ、どこか淡白で無味乾燥な印象を残してしまう。『古事記』では、島名に加え、神名も冠されている。『古事記』の食物起原神話に登場する大宜都比売神（大気津比売神）は、伊予二名洲（四国）の粟国の神名とされている。したがって、島に名づけをしない『日本書紀』には、この神話の主人公大宜都比売神は登場しない。

名前の背後には何かしらの意味がある。神名であれば、その名がその神徳にも大きく関わってくる。

それならば、『日本書紀』ではなぜ島々に神名を冠していないのか。その理由は一切明かされていない。おそらく国生み神話は単に島々が生成されたという自然神話に加え、大八洲国が国土統一後の大和の領土を示す政治的意味合いが含まれているのだろう。

確かに、第一の一書や『古事記』によれば、伊奘諾尊と伊奘冉尊は天神からの神勅に従って、国生みをなしている。特に、『古事記』に見える天神の神勅「修理固成是多陀用弊流之国」[9]から窺える理念は、国生みが島々の自然発生の経過を語るものではなく、〝このただよへる国を修め理り固め成せ〟とする国家経営をめぐる政治的な指示であったと解釈できる。

このように『古事記』も『日本書紀』も国土統一というイメージを強調することにより、政治的意図をより明確に編集された書物なのだということが分かる。ただし、これでは『日本書紀』にのみ神名が冠されていないという説明にはなり得ない。

ちなみに、夢枕獏の小説『陰陽師』のなかで、安倍清明は「うむ。この世で一番短い呪とは、名だ」「呪とはな、ようするに、ものを縛ることよ」「ものの根本的な在様を縛るというのは、名だぞ」[10]と源博雅に語り、たとえ目に見えぬことであっても「名という呪で縛ることができる」[11]と、名前が呪術と直結するものといい表している。

ウンベルト・エーコが著した『薔薇の名前』の主人公アドソが師事するフランチェスコ会修道士のバスカヴィルのウィリアムは、唯名論者のオッカムのウィリアムの友人とされている。[12]中世ヨーロッパのスコラ哲学で起こった普遍の存在を問う普遍論争では、普遍は〝個〟より先に実在するという実在論と、普遍は〝個〟の後に人間によってつくられた名前に過ぎないとする唯名論とが対立した。

勝手に解釈を進めると、私という〝個〟は人間という〝類〟に属している。つまり、個である私は類である人間といえるのだ。したがって、個は類でもある。この論争では類の実存を普遍として注目する実在論の立場と、個の後に名づけられた類などの普遍は実存せず、個のみが実存するという唯名論の立場とがある。つまり、唯名論によれば人間や薔薇という類の概念は形相として実在するのではなく、名前としてのみ実在する。したがって、実在するのは個別具体的な個々ということになる。

確かに、人間や薔薇といった目に見える普通名詞はその普遍的な概念を形相として認識した気になれる。しかし、善や愛といった抽象名詞ではすべてに共通する普遍的概念を客観的に捉えるのは難しい。

しかし、薔薇という類が持つ薔薇という概念は、薔薇の種子のなかにも客観的に実在している。さらに、人間という概念も人間の精子や卵子や受精卵のなかに客観的に実在している。したがって、個々のなかには類の概念が内在すると考えることもできるのだ。『日本書紀』でいえば、混沌のなかには名もない万物が牙として含まれるということと同様である。

『日本書紀』では、施政の及ぶ国土（島々）への名づけを忌避し、その国土の名に掛けられる呪縛を回避させたのかと邪推することもできよう。とはいえ、神名が冠されなくても島名が付されているのだから、名が呪で縛られるリスクに変わりはない。このように、編集意図や呪術や信仰をもってしても、『日本書紀』の島々に神名を冠さなかった理由はよく解らない。参考として、以下に『古事記』

に記された大八島国の神名を記しておく。

『古事記』の大八島国

(一) 淡路之穂之狭別島《アハヂノホノサワケノシマ**》 島名のほか神名なし

(二) 伊予之二名島《イヨノフタナノシマ》 一身に四面あり

伊予国《イヨノクニ》 愛比売《エヒメ》

讃岐国《サヌキノクニ》 飯依比古《イヒヨリヒコ》

粟　国《アハノクニ》 大宜都比売《オホゲツヒメ》

土左国《トサノクニ》 建依別《タケヨリワケ》

(三) 隠伎之三子島《オキノミツゴノシマ》 天之忍許呂別《アマノオシコロワケ》

(四) 筑紫島《ツクシノシマ》 一身に四面あり

筑紫国《ツクシノクニ》 白日別《シラヒワケ》

豊　国《トヨノクニ》 豊日別《トヨヒワケ》

肥国《ヒノクニ》 建日向日豊久士比根別《タケヒムカヒトヨクジヒネワケ》

熊曾国《クマソノクニ》 建日別《タケヒワケ》

(五) 伊伎島《イキノシマ》 天比登都柱《アメヒトツバシラ》

(六) 津島《ツシマ》 天之狭手依比売《アマノサデヨリヒメ》

（七）佐度島《サドノシマ》　島名のほか神名なし
（八）大倭豊秋津島《オホヤマトトヨアキツシマ》　天御虚空豊秋津根別《アマツミソラトヨアキツネワケ》
大八島国を生んだ後に生んだ島々六島
（一）吉備児島《キビノコジマ》　建日方別《タケヒカタワケ》
（二）小豆島《アヅキシマ》　大野手比売《オホヌデヒメ》
（三）大島《オホシマ》　大多麻流別《オホタマルワケ》
（四）女島《ヒメジマ》　天一根《アメヒトツネ》
（五）知訶島《チカノシマ》　天之忍男《アメノオシヲ》
（六）両児島《フタゴノシマ》　天両屋《アメフタヤ》

大八洲生成における『古事記』と『日本書紀』の相異は神名の有無のみではない。『日本書紀』で胞とされた淡路洲は、『古事記』では大八島国の一番目とされている。『日本書紀』で大八島国の第一番目とされた大日本豊秋津洲は、『古事記』では大八島国の第八番目とされている。『日本書紀』で大八島国とされていた大洲と吉備子洲は、『古事記』では大八島国ではなく、その後に生んだ六島の島々のなかに数えられた。『日本書紀』で大八島国とされていた越洲は、『古事記』では記述されない。『日本書紀』で潮（水）の沫の凝り固まりとされた対馬島と壱岐島は、『古事記』では大八島国に数えられている。こうした相異の数々を単純に不統一と見ることもできれば、多様性の許容と見ることもできる。些細な差異を大勢に影響なしとする姿勢が多様性を許容する『日本書紀』の素地といえる。

註

(1) 黒板勝美編輯『新訂増補　国史大系　日本書紀　前篇』吉川弘文館、一九六六年、五頁。
(2) 同右、『新訂増補　国史大系　日本書紀　前篇』五頁。
(3) 佐伯梅友校注『古今和歌集』岩波書店、一九八一年、一〇頁。
(4) 黒板勝美編輯『新訂増補　国史大系　第七巻　古事記　先代旧事本紀　神道五部書』吉川弘文館、一九六六年、六頁。
(5) 同右『新訂増補　国史大系　第七巻　古事記　先代旧事本紀　神道五部書』七頁。
(6) 前掲の『新訂増補　国史大系　日本書紀　前篇』五頁。
(7) 同右、『新訂増補　国史大系　日本書紀　前篇』五頁。
(8) 同右、『新訂増補　国史大系　日本書紀　前篇』五頁。
(9) 前掲の『新訂増補　国史大系　第七巻　古事記　先代旧事本紀　神道五部書』六頁。
(10) 夢枕獏『陰陽師』文芸春秋、一九八八年、二六頁。
(11) 同右、『陰陽師』二七頁。
(12) ウンベルト・エーコ著、河島英昭訳『薔薇の名前　上下』東京創元社、一九九〇年、参照。

第五章、神代巻第五段（四神出生章）

一、第五段本文の概要

次に海を生む。次に川を生む。次に山を生む。次に木の祖句句廼馳《ククノチ》を生む。次に草の祖草野姫《カヤヌヒメ》または野槌《ノツチ》を生む。伊奘諾尊と伊奘冉尊は相談し「我らは既に大八洲国と海川山木を生んだ。それなのにどうして、天下の主者を生んでいないのだ」といい、ともに日神の大日孁貴《オホヒルメノムチ》、一書にいう天照大神《アマテラスオホミカミ》、一書にいう天照大日孁尊《アマテラスオホヒルメノミコト》を生む。この御子は光華明彩で六合《くに》（天・地・東・西・南・北）の内に照り輝いていた。二神は喜び「我子は数多あると雖もこのように霊威のある子はいない。久しくこの国に留めまつるべきではない。早く天上に送り上げ、天上を統治させよう」といった。このとき、天地は遠く離れていなかった。このため、天柱《あめのみはしら》によってこの神を天上に送り上げた。次に月神《ツキノカミ》、一書にいう月弓尊《ツクユミノミコト》、月夜見尊《ツクヨミノミコト》、月読尊《ツクヨミノミコト》を生む。月神の光彩も日神に次ぐものであり、日とともに天に配して統治させようとした。こうして、この神も天に送られた。次に蛭児《ヒルコ》を生む。しかし、この神は三歳になるまで脚で立つことができなかった。これにより、天磐櫲樟船《アメノイハクスブネ》に載せて放ち棄てられた。次に素戔鳴尊《スサノヲノミコト》、一書にいう神素戔鳴尊《カムスサノヲノミコト》、速素戔鳴尊《ハヤスサノヲノミコト》を生む。この神は荒々しく、常に大声を上げて泣くばかりで、人民《ひとくさ》を早死にさせ、青山を枯山にした。このため、父母の二神は素戔鳴尊に「おまえは甚だ無道非情なため、宇宙《あめのした》（天下）に君臨すべきではない。遠い根の国を適地として頼って行け」と勅《みことのり》して、ついに素戔鳴尊を放逐した。

二、第五段本文と一書の構成

第五段は伊奘諾尊と伊奘冉尊による日神や月神など様々な神々の出生を語る。この段は本文や一書で記された異伝が同時進行して交錯するような複雑な展開を見せる。したがって、神話の筋を追いつつ、系譜的に全体を把握することが難しい。このため、第五段は話柄ごとに理解していくことにしたい。

先ずは本文と一書の関係から整理する。第五段本文と十一種の一書、そして『古事記』の記述には、三つの形態がある。[1] 以下に、それぞれをＡＢＣで分類してみた。

Ａは『日本書紀』本文の形態である。ここでは伊奘諾尊と伊奘冉尊による海川山木の出生から、四神（大日孁貴・月読尊・蛭児・素戔鳴尊）の出生を経て、素戔鳴尊の根国への放逐に至る。第一の一書では蛭児の話が割愛されており、これが本文との相違点といえる。

Bは第二の一書の形態である。ここでは四神の出生に加え、伊奘冉尊の死を語る。伊奘冉尊は火神の軻遇突智《カグツチ》出産に際して、火傷を負い死に至る。ただし、死の間際に土神の埴山姫《ハニヤマヒメ》と水神の罔象女《ミツハノメ》を生む。『古事記』では、伊奘冉尊の死の原因を陰《ほと》を焼かれてのことだと具体的に表現している。

火神の猛威の後に土神と水神が生まれるという展開は、火の災いを防ぐ火伏神事と関連している。『延喜式』巻第八祝詞には、陰暦六月と十二月の晦日の夜、宮城の四方の隅で火災防止を祈念した「鎮火祭」の祝詞が記されている。そこには火を鎮める術として「水神　瓢　埴山姫　川菜」を挙げている。水や土が消火作業に有効であることは想像できる。このため、水神の罔象女、水を入れる瓢《ひさご》、土神の埴山姫、そして川に生える水草の力を尊び、火難除けの祝詞に記されたのだろう。

さらに、軻遇突智と埴山姫が結婚して稚産霊《ワクムスヒ》を生んでいる。火神と土神の子として生まれた稚産霊は養蚕や穀物神として食物起原に関連する神であり、焼畑農法との関連を窺わせる。これについては食物起源神話で後述する。その他、第三、第四、第五の一書はBの形態の異伝といえる。

Cは第六の一書の形態である。この一書の特徴は黄泉の記述である。伊奘諾尊は軻遇突智の出生による伊奘冉尊の死を嘆き、やり場のない怒りを軻遇突智にぶつけ、火神を剣で切り殺してしまう。このとき、三つに斬られた火神の体や、剣の刃や鍔や剣先を通って垂れ落ちた血から神々が化生する。

その後、伊奘諾尊は伊奘冉尊を追って黄泉の国を訪問し、黄泉からの逃亡を経て女神との別離（絶妻之誓）に至る。さらに、黄泉の穢れを祓う禊の話を経て、海神《ワタツミノカミ》や天照大神・月読尊・素戔嗚尊

（三貴子）の誕生の話に至る。

『古事記』の内容もこの第六の一書に類似している。この他、第七、第八の一書は第六の一書の一部分であり、火神から雷神を化生する話の異伝を語る。第九、第十の一書は黄泉逃走を経て、伊奘冉尊との別離から、禊の話に至る。こうした点は第六の一書と主題が共通している。第十一の一書は三貴子誕生と食物起原神話を語る。ここで問題になるのが本文で記された根の国と、一書でのみ触れられる黄泉の国との違いであろう。

三、根の国（『古事記』『日本書紀』の世界観）

第五段本文の文末で、素戔嗚尊が放逐された根の国とは、どのようなところなのだろうか。『日本書紀』本文の世界観は天上の高天原、地上の葦原中国、海中の根の国というイメージで構成されている。高天原は天照大神。葦原中国は瓊瓊杵尊（皇孫）。根の国は素戔嗚尊がそれぞれ統治することとされている。

『延喜式』巻第八祝詞「大祓（大祓詞）」によれば、現世の罪や穢や禍事はすべて川から海へと押し流され、最終的に〝根の国底の国にます速佐須良比咩《ハヤサスラヒメ》〟が寄る辺ない海の彼方へ失わせてくれる。したがって、根の国とは黄泉の国のような地底の世界というよりも、海中の世界と考えるほうが自然であろう。

これについて、柳田国男は根の国の〝ネ〟を〝ニラ〟〝ニイル〟〝ニライカナイ〟という沖縄の他界信仰と結びつけ、根の国を海の彼方にあり、人々に豊穣と幸福をもたらすニライカナイと同系の他界あるいは霊地と考えた。(2) つまり、海中の〝根の国〟と、暗く穢れた地底の〝黄泉の国〟とはイメージが異なるのである。

山幸が訪れた〝海神宮《わたつみのみや》〟や、浦島太郎が訪れた〝竜宮城〟など、日本の神話や昔話で語られる海のイメージは明るく美しい場所として描かれている。平家の悲劇を語る『平家物語』でさえも、海中の極楽浄土を窺わせている。壇ノ浦で源氏方に追い詰められた二位の尼（平時子）は、悪縁により命運尽きた境遇を孫の安徳天皇に諭し慰める。すると幼い天皇は東（伊勢の神宮）を向いて手を合わせ、西（極楽浄土）を向いて念仏を唱えたという。

その後、二位の尼は「浪のしたにも都のさぶらふぞ」(3) と語り掛け、幼い安徳天皇を抱き千尋の海の底へと消えていく。天皇も尼も無念の只中にありながら、波の下、海中に開かれた都に降り、西方浄土の阿弥陀の来迎を慰めとした。このように、日本文化のなかに見える他界を考えるとき、根の国を陰鬱に描かれた黄泉の国と同一に論じることには無理がある。

海（根の国）の明るく美しい異境のイメージは、仏教の極楽浄土や道教の桃源郷の影響も否めない。桃源郷は陶淵明の『桃花源記』に依拠する理想郷といわれている。(4) ただし、桃源郷の解釈も単純ではない。日本神話で描かれた異界は現実の世界と断絶しておらず、往来可能な場所とされている。しかし、桃源郷とは再訪不能な場所とされる。それは桃源郷が外界に存在する場所ではなく、心のなかに内在する理想郷のイメージだからだといわれている。

ちなみに伊藤直哉は、宮崎駿監督映画『千と千尋の神隠し』の主題歌「いつも何度でも」の歌詞（作詞覚和歌子）が桃源郷のニュアンスをよく表しているという。[5] それは大切なものが自分のなかに見つけられたので、海の彼方に求めることはしないという歌意である。

『古事記』『日本書紀』に記された天上の世界は、地上の現実世界と区別し難く描かれている。天上での神々は地上の人々の日常と同様に喜怒哀楽に満ちた生活を送り、泣いたり、笑ったり、妬んだり、善いこともするが、悪いこともする。高天原とは完全無欠な神々の住む場所ではなく、自らとつながる祖先の過去を投影した世界ともいえるのだ。

これについて、加藤周一は「おそらくは大陸の世界観に啓発されて、その場所を天上にもとめたのが、『記』・『紀』的な天界である。天上と地上との間に断絶がなく、神代が何らかの区切りもなく人代の支配者の系譜へそのままつづくことに、不思議はない……」[6] と述べている。確かに、『古事記』『日本書紀』には、各地の説話、特に中国の天の思想の影響が随所に窺える。その一方で、土着の世界観も根強く息づいている。このため、日本の神話世界では、その世界内に超越神や唯一絶対の価値世界を認めず、私たちが生きている現実世界に対しても徹底的に此岸的な姿勢を貫いたのである。

上田賢治は『神道神学』で、神道の存在論的思惟として「絶対観の不在」「現存在の受容」「存在即機能」「存在即関係性」[7] という四つの特色を挙げた。つまり、神道では神々の実存を機能というはたらきで捉える。このため、世界を超越する唯一絶対の神ではなく、自然や生活のなかから感受できる八百万の神々のはたらきに信頼を寄せてきた。世界の認識についても、彼岸のような完成された理想世界ではなく、現存在世界を容認する。したがって、その現実世界と神々の世界を隔絶することなく、親子や祖先を遡って結びつく神々との関係性を重視したのである。神々と人々との関係は、一見緩いようでいて、実は祭りの場において固い絆で結ばれている。

儒教や神道が此岸的であるのに対し仏教は彼岸的である。涅槃経で唱えられる「一切衆生悉有仏性《いっさいしゅじょうしつうぶっしょう》」との言葉は、生きとし生けるものはすべて仏陀となって悟りを開く仏性（可能性）を持つことを意味している。これは万人に対して超越的な原理であり、普遍的な価値といえる。

この仏性が超越的であればこそ、菩薩の慈悲が等しく万人に施される。超越的な価値を持つ点においては、儒教の天や理も同様の性格を持つ。天命が君主の統治に超越すればこそ、革命が許されるからである。このように、日常生活のなかで親しまれた仏教や儒教のなかにも、日本の土着文化との根本的相違を見ることができる。その一方で、一見矛盾あるいは相反する思考が、特に意識されることもなく多様な価値の一つとして共生しているのも日本文化の特色といえよう。

四、黄泉の国（死後の世界）

黄泉の国の話は『日本書紀』本文には記されず、第五段第六の一書を中心に展開する。黄泉とは中国でいう地下の泉であり、地下にある死者の世界を意味する。日本語でいうヨミの語源は夜見《よみ》、闇《やみ》、四方《よも》、山《やま》、夢《ゆめ》、さらに、閻魔大王をいう預弥《よみ》、月読のヨミ、月の運行を読むことのヨミなど様々ある。

伊奘諾尊は伊奘冉尊を慕い、その後を追って黄泉の国を訪ねる。その黄泉の様子とは「凶目汚穢之国(8)」と記されている。これは〝シコメキキタナキクニ〟と読む。暗く醜く汚く穢れた地下世界のイメージは横穴式石室古墳の石棺を納める玄室《げんしつ》や、そこへと続く羨道《せんどう》に由来するともいう。死後、人間が地下へ帰っていくという発想は決して特異なことではない。屍を地中に埋葬する風習に触れていれば、死者と地下との関係は容易に結びつくだろう。

『古事記伝』には、本居宣長の黄泉の国観が「唯死人の往て住国と意得べし、……貴きも賤きも善も悪も死ぬればみな此夜見国に往ことぞ(9)」と記されている。宣長は典拠となる文献の記述に忠実であろうとし、死後の世界に余計な解釈を加え、読み手に無駄な期待を持たせたりはしない。とはいえ、死への恐怖は誰しもが持つものであろう。仮に慰めであっても、死後の安心（救い）くらい与えてくれてもよかろうと思う。しかし、「南無阿弥陀仏」を唱えても、善人であっても、悪人であっても、裕福であっても、貧乏であっても、ダメなものはダメ。死んだら皆、黄泉の国に行くと宣長はいう。宣長という人は強かな男である。ならば、当の宣長は自らの死に対し、どう臨んだのだろうか。

宣長の桜好きは有名な話である。桜の花に限りがあることを知るからこそ、今を限りと咲き乱れ、儚く散り果てる花の命を愛しみ、心の底から感嘆の吐息を洩らしたのだろう。「しき島のやまとこころを人とはば朝日ににほふ山ざくら花」「めづらしきこまもろこしの花よりもあかぬ色香は桜なりけり」。これらの歌には、日本に咲く桜に対する宣長の特別な思いが込められている。

宣長は生前に遺言書を残し、自らの奥墓（奥津城《おくつき》）について詳細な指示を出している。その遺言書には、松坂城近くにある本居家の菩提寺樹敬寺ではなく、山室山の妙楽寺裏に自らを埋葬し、そこに山桜を植えるように望んでいるのである。

墓が二つというのは決して特異なことではない。日本には遺体を埋葬する墓と、墓参りのための墓をそれぞれ設ける習俗があった。これを両墓制という(10)。ただし、宣長の遺言書には、奥墓と山桜の関係や、なぜ宣長が桜とともに山室山に埋葬されることを望むのか、こうした肝心な点は記されていない。

小林秀雄の名著『本居宣長』(11)も、冒頭から紙幅を割いてこの件について触れている。この難解な名著の助け船になってくれたのが、橋本治の『小林秀雄の恵み』であった。橋本はこういっている。

本居宣長の桜への愛着とはなにか。そんなにむずかしいことはない。「本居宣長は桜に恋していた」と考えればいいのである。宣長の二つの墓の内の「私的な墓」は、その「愛しい桜」と共に暮らす《千代のすみか》なのである。だから、その墓にはしかるべき「山桜」が植えられ、そこに彼の妻がいてはならないのである。死ぬと同時に、本居宣長は、いわば「愛人の桜という少女」とこっそり同居を始めるつもりだったのだ(12)。

妙に合点がいく話である。やはり宣長は凄い。恐れ入ってしまう。人には善悪貴賤の関係なく、死ねば皆、黄泉の国に行くと説きながら、自分は妻を遠ざけて桜と逢瀬を遂げている。確かに、不可知な死後に恐れ戦き絶望するよりも、そんな不安は自分自身で呑み込んでしまった方がよい。死後は不可知と割り切ってしまえれば楽になる。それゆえ、死に臨む宣長の姿勢には暗く醜く汚く穢れた地下世界に対する絶望感はない。

五、食泉之竈・泉津平坂・絶妻之誓・岐神

黄泉の国で食事することを食泉之竈《よもつへぐい》という。黄泉の国で黄泉のものを食べてしまうと、元の世界に戻れなくなる。つまり、その世界の火で調理したものを食べると、その世界の人になると考えられていたのだ。『日本霊異記』には、僧智光が閻魔大王から「慎黄竈火物莫食、今者忽還（ゆめ、黄竈火物を食ふこと莫かれ、今はたちまちに還れ）[13]」と戒められる。つまり、智光は黄泉の釜の火を用いたて炊いた食事を控えたため、この世界に蘇る（黄泉がえる）ことができたというのだ。

火はすべてを焼き尽くし無化するものと恐れられ、穢の媒介として忌まれることもあった。このため、神々に供える神饌の煮炊きは、神々が穢に触れることのないよう、新たに火鑽を行い、清浄な火を用いてつくられた。これを忌火という。祭に奉仕する祭員の食事についても、同様な措置が施された。これを別火という。また、神への供え物を皆で食し、神との一体化を強める儀式を共食という。この共食は神と人との関係に限らず、〝同じ釜の飯を食う〟などともいい、同じ界のなかでの団結力

や仲間意識を強める行為とされた。

このように忌火や別火あるいは共食を視点にすると黄泉での食事の意味も見えてくる。伊奘諾尊と伊奘冉尊が黄泉で再会を果たしたのは、伊奘冉尊が黄泉での食事を済ませた後であった。伊奘冉尊はすでに元の世界に戻れなくなっていたのである。

伊奘冉尊は迎えが遅かったと伊奘諾尊を責め、自分の寝姿を見ることを固く禁じた上で、そのまま寝入ってしまう。禁止をされるとやってしまうのが性であろうか。伊奘諾尊は自らの櫛に火を灯し、伊奘冉尊の寝姿を覗き見てしまう。そこには膿が湧き、虫が集る伊奘冉尊の変わり果てた姿があった。伊奘諾尊は禁忌を破り、見てはいけないものを見てしまったのだ。

これに気づいた伊奘冉尊は、「何不用要言。令吾恥辱[14]」と怒る。これは〝何ぞ要《ちぎ》りし言を用いずして、吾に恥辱《はじ》みせます〟と読む。つまり、なぜ約束した言葉を守らず、恥辱をかかせたのかと恨みの言葉を投げ掛けるのである。こうして二神は死別をも超える本当の別離へと向かっていく。覗き見によって夫婦別れに至る神話は、後に語られる彦火火出見尊《ヒコホホデミノミコト》と豊玉姫《トヨタマヒメ》の話にも見ることができる。

泉津平坂《よもつひらさか》とは黄泉の国との境界をいう。第六の一書には「或所謂泉津平坂者。不復別有処所。但臨死気絶之際、是之謂歟[15]」と記されている。これは〝あるいはいふ、泉津平坂といふは、復別に処所あらじ、ただ死るに臨みて気絶ゆる際、是を謂ふか〟と読む。

つまり、泉津平坂とは具体的な場所ではなく、生死の境界あるいは臨終の瞬間を地名に譬えたものであり、死別した配偶者への未練や想いを断ち切った瞬間を意味する。その意志の強さは、愛しい妻が追ってくる坂道を、千人所引磐石《ちびきいわ》で塞いでしまうほどであった。これ以降、伊奘諾尊と伊奘冉尊は激しく敵対していく。

この泉津平坂で、伊奘諾尊は伊奘冉尊に絶妻之誓《ことど》を建《わた》す。この絶妻之誓は夫婦の離婚を語るに止まらず、死と生の対立型神話として語り継がれている。人間の死の起源はここではじめて触れられるのである。

この第六の一書には、二神の激しい言葉の応酬が記されている。伊奘冉尊は「吾当縊殺汝所治国民日将千頭」[16]といい、国民を一日に千人を縊《くび》り殺すと呪言する。これに抗い、伊奘諾尊は「吾則当産日将千五百頭」[17]といい、一日に千五百人を生むと祝言した。

この神話は『日本書紀』のなかで、人間を所与の青人草《あおひとくさ》（蒼生）ではなく、「国民」として最初に語った伝承でもある。しかし、国民は記念すべき初登場の場面で伊奘冉尊から縊り殺すと宣言されてしまうのだ。これを覆したのが伊奘諾尊である。伊奘諾尊の言葉は死をも上回る命の継承を約束し、人間の生成力を祝福する。こうして、縊死《いし》を宣告された国民の物語は生成発展の物語へと転化していく。

この後、伊奘諾尊は黄泉の神々が泉津平坂を通過して、この世界に立ち入ることを防ぐため、杖を投げ「自此莫過」[18]と唱える。〝此よりな過ぎそ〟とは、ここから先に来てはいけないという意味である。このときの杖《つえ》を岐神《フナトノカミ》という。また、投げた帯《おび》を長道磐神《ナガチハノカミ》といい、投げた衣を煩神《ワヅラヒノカミ》といい、投げた褌《はかま》を開囓神《アキクヒノカミ》といい、投げた履《くつ》を道敷神《ミチシキノカミ》という。これらの五神は黄泉の穢を祓い禊をするときに、伊奘諾尊が投げ捨てた着衣などから化生した神々である。これら神々は道の分岐点で邪神の侵入を防ぐ道祖神や疫病神との関連を指摘されている(19)。

『日本書紀』によれば、以上の神々は杖、帯、衣、褌、履の五種から化生している。ところが『古事記』では、杖、帯、裳《も》、衣、褌、冠の六種となっている。これらの神々は何れも陸上の神々である。さらに、海界の六神（奥疎神、奥津那芸佐毗古神、奥津甲斐弁羅神、辺疎神、辺那芸佐毗古神、辺甲斐弁羅神）が加えられ、陸海ともに防塞神が完備されている。

六、禊・八十枉津日神

禊《みそぎ》は読んで字の如く〝身濯《みすす》ぎ・身滌《みすす》ぎ〟の意味であり、水に入って自身の穢を清浄にすることをいう。あるいは身を削ぐ〝身削《みそ》ぎ〟とする説(20)もある。祓《はらえ》は抜と同源の言葉であり、悪しきものの穢を払い除ける祓除を意味する。しかし、古典において禊と祓は混同して用いられていることが多く、厳格に峻別されていない。

第六の一書でも、黄泉の穢れを祓うため、伊奘諾尊が筑紫の日向の小戸の橘の檍原で祓除した旨が記されている。これは明らかに禊を意味するが、ここでは、この禊を「禊」とは記さず、「而祓除焉」と記して〝ミソギハラヘタマフ〟と読ませている(21)。このとき伊奘諾尊は上瀬が急流であり、下瀬が緩流であったため、中間の中瀬で〝禊〟をした。つまり、禊をするには中庸が肝要ということである。

中庸は儒教でも、ギリシャ哲学でも、また、中道として仏教でも説かれている。

伊奘諾尊が禊をしたときに生まれたのが八十枉津日神《ヤソマガツヒノカミ》である。そして、この神の〝枉（禍）〟を矯そうとして生んだのが神直日神《カムナホヒノカミ》と大直日神《オホナホヒノカミ》である。

続いて、伊奘諾尊が海の底に沈んで穢を濯ぐときに生まれたのが底津少童命《ソコツワタツミノミコト》と底筒男命《ソコツツノヲノミコト》。潮のなかに潜って穢を濯ぐときに生まれたのが中津少童命《ナカツワタツミノミコト》と中筒男命《ナカツツノヲノミコト》。潮の上に浮いて穢を濯ぐときに生まれたのが表津少童命《ウワツワタツミノミコト》と表筒男命《ウワツツノヲノミコト》であり、合わせて九柱の神々が生まれた。底筒男命・中筒男命・表筒男命の三神は住吉大神《スミノエノオホカミ》といい、底津少童命・中津少童命・表津少童命は阿曇連《あづみのむらじ》らが奉斎する神々とされる。

神道神学では、禊のときに生まれた八十枉津日神が善神か悪神かという点で大きな論争になった。枉のマガは禍事の禍。津のツは助詞のノ。日のヒは霊力を表す。つまり、八十枉津日神（禍津日神）とは禍の霊力を持つ神を意味する。したがって、この神を善か悪かで分類すれば、悪神ということになる。そもそも『日本書紀』では、八十枉津日神の枉（禍）を矯そうとして生んだのが神直日神と大直日神だと明記されている。神道古典の文脈や神名に即して考える限り、禍の霊力を有する八十枉津日神は悪神であり、その禍を矯正すべく生まれた神直日神と大直日神は善神と理解するのが自然であろう。

国学者の本居宣長もこの神を悪神と捉え、「直毘霊」で「禍津日神の御心あらびはしも、せんすべなく、いとも悲しきわざにぞありける」[22]と述べている。宣長は禍津日神が根源となる避けようのない悪（禍）をも、なす術のないこととして受け入れ、現実を容認する姿勢を示している。

宣長は祓戸の神の一柱である瀬織津比売神《セオリツヒメノカミ》と、禍津日神とを同一神と指摘する。確かに、『中臣祓訓解』や『倭姫命世記』など伊勢神道書には、荒祭宮の祭神の別名として〝瀬織津媛〟と〝八十禍津日神〟の神名を挙げているのだ。ただし、「大祓」に登場する〝瀬織津比咩〟は人々の罪穢や災禍を大海原に押し流してくれる善神である。こうなると善神と悪神が同一神ということになってしまうのだ。

宣長の没後門人平田篤胤は「霊能真柱」で、「人として。穢事悪事を悪み怒らぬものなく。怒ては荒ぶる事をも為ぞかし。これ禍津日の神の御霊を賜有ればなり。然在に。その悪み怒る心を和め忍びて思ひ直すは。これ直毘神の御霊を賜有ればなり[23]」と述べ、禍津日神を穢や悪を憎む心からなった善神として理解した。神道ではこうした多様な解釈が許されている。

篤胤のように神道の神々が悪神であることに抵抗を感じる向きもあるのだろうが、何が善で何が悪かという基準は主観によって様々であり、切り口によっても変幻自在である。ただし、神道古典の文脈や神名を基準とすれば、八十枉津日神は悪神なのである。神話には善神も悪神も多様な神々が記され、多様な捉え方が許されている。

七、祓戸大神と速秋津日命

第十の一書は第六の一書に記された伊奘諾尊の黄泉の国訪問の話から、黄泉の国逃走、族《うから》離れ（絶妻之誓）、禊の話に対応し、三貴子の出生へと展開していく。

この一書に記された禊の話では、禊の場所について独自の見解が示される。伊奘諾尊は粟門《あわのみと》及び速吸名門《はやすいなと》で禊を試みる。しかし、潮が急流であることを理由に断念し、橘《たちばな》の小門《おど》に向う。水の流れの緩急を見て程よい中庸の場所を見極めたのは第六の一書と同じであるが、第十の一書では〝筑紫《ちくし》の日《ひ》向《むか》の橘《たちばな》の小戸《おど》の阿波岐原《あはぎはら》〟で禊をすることになっている。第六の一書では〝オドノタチバナ〟であったが、第十の一書では〝タチバナノオド〟である。こちらの方が現在も奏上されている「祓詞」と同様の禊の場所である。

『延喜式』巻八祝詞「大祓（六月晦大祓）」には、祓いに関わる四柱の神々が登場する。速川の瀬にます瀬織津比咩《セオリツヒメ》が人々の罪や穢や禍事を大海原に押し出し、荒塩（潮）の潮の八百道の八潮道の潮の八百会にます速開都比咩《ハヤアキツヒメ》が人々の罪や穢や禍事を呑み込み、気吹戸にます気吹戸主《イブキドヌシ》が人々の罪や穢や禍事を根の国底の国に吹き放ち、根の国底の国にます速佐須良比咩《ハヤサスラヒメ》が人々の罪や穢や禍事を寄る辺ない遥か彼方へ失わせてくれる。罪や穢や禍事は川から海へ押し流され、徹底的に浄化される。ここで注目すべきは穢れの浄化に水と塩（海水）が大きな意味を持つことである。

神道ではこれら四柱の神々を祓戸大神と呼び尊んでいる。神道祭祀で行われるお祓い（修祓の儀）はこの祓戸の神々に祝詞（祓詞）を奏上し、大幣で、あるいは塩湯に浸した榊の葉を振り、祓い清められる。ちなみに、四柱の祓戸大神の内、気吹戸主以外の神々はいずれも女神である。また、速開都比咩以外の神々は『古事記』『日本書紀』に記載されていない。『日本書紀』で、速開都比咩に対応する神は伊奘諾尊と伊奘冉尊の子の速秋津日命《ハヤアキツヒノミコト》と考えられる。

ただし、この速秋津日命は女神ではなく、速開都比咩との対偶神でもない。『日本書紀』第五段第六の一書には、「水門神等号速秋津日命」(24)と記されている。これは〝水門神等を速秋津日命と号す〟と読む。この記述は河川の水の出入口や水流の狭まった水門《みなと》の神々を〝等《たち》〟と複数で表現している。つまり、〝水門神等〟のなかに、他の祓戸大神たち（禊祓に関わる水の神々）が含まれるという解釈を導いている。

八、桃の実

第五段第九の一書は第六、第十の一書と『古事記』に記された黄泉の話の異伝を語る。その特徴は伊奘諾尊が黄泉の国から逃走するとき、追い掛けてくる雷《イカヅチ》たちに向けて桃の実を投げつけたことであろう。桃の実は神仙に力を与え、邪気を祓う食物として、古来中国で嗜好されてきた。『古事記』でも、伊奘諾尊は三つの桃の実を豫母都志許売《ヨモツシコメ》や鬼女らに投げつけ、醜女らがそれを食べている間に、難を逃れている。

このとき、伊奘諾尊は桃の実に対して、人間（うつしき青人草）が苦しみ悩むときに助けになるように頼んでいる。これは人間に向けられた伊奘諾尊の慈しみが『古事記』のなかで最初に触れられた話であろう。

こうして、桃の実は意富加牟豆美命・大神実命《オホカムズミノミコト》という神名を冠された。弥生時代末期から古墳時代前期の集落遺跡とされる奈良県桜井市の纏向遺跡では、大量の桃の種が出土しており、古代における桃の信仰との関連を窺わせる。桃太郎の説話や桃の節句の風習から見ても、桃は身近で縁起のよい果物として嗜好されていたのだろう。

伊奘諾尊の配慮が受け継がれたのだろうか、桃の美味は今もなお人々の心の苦しみや悩みを和らげてくれている。ちなみに、モモ属の桃が分類されるバラ目バラ科の果物は、他に杏や梅（アンズ属）、苺（オランダイチゴ属）、花梨（カリン属）、桜桃（サクラ属）、李（スモモ属）、梨（ナシ属）、枇杷（ビワ属）、林檎（リンゴ属）を挙げることができる。

九、族離れと菊理媛

第十の一書に記された族離《うから》れとは、前述の絶妻之誓と同様に離婚を意味する。ここで伊奘諾尊は妻の死について「始為族悲及思哀者。是吾之怯矣」(25)と語っている。これは〝はじめ族の為に悲び、思哀《しの》びけることは、是吾が怯《つたな》きなりけり〞と読み、伊奘冉尊に向けられたとても切ない言葉である。当初、伊奘諾尊は伊奘冉尊の死を悲しみ、伊奘冉尊を思い偲んでいたが、これは自分の想いの拙さだと、過去の自分に見切りをつける。愛妻家であった伊奘諾尊はともに国つくりに勤しみ励んできた妻に対する想いを断ち切るのである。つまり、伊奘諾尊はここに至ってようやく伊奘冉尊の死を乗り越え、キッパリと別離する決心をつけたのだ。

これ以後、二神の直接的交流はない。伝達事項は泉守道者《ヨモツチモリビト》と菊理媛《ククリヒメ》の取り次ぎで行なわれる。ここで伊奘諾尊は菊理媛の発した言葉を誉めそやしている。しかし、菊理媛が何を語ったのか、その言葉についてはまったく触れられていない。さらに、この菊理媛が登場するのは、この第十の一書のみであり、本文や他の一書にも、『古事記』ですらこの女神を語ることはない。

おそらく菊理媛は異界の御霊との取り次ぎをするシャーマンと考えられる。また、ククリヒメの神名を括《くく》りと転化して、縁結びの女神とする信仰もある。つまり、菊理媛は伊奘諾尊と伊奘冉尊を復縁させた愛のキューピットと解釈されているのだ。こうして、菊理媛は白山比咩《シラヤマヒメ》と同一視され、伊奘諾尊と伊奘冉尊とともに白山比咩神社の祭神として祀られている。このように文献に書かれざる信仰の事実は古典の欠落部を補うカギになる。

ただし、ここで多少気になることもある。伊奘諾尊と伊奘冉尊は生死を跨ぎ、苦しみ抜いた末に、やっとの思いで別れる決心をしたのだ。話の筋からして、ここで唐突に縁結びの神が登場し、二神の復縁を成就させたのでは、あの断腸の思いは何だったのかと問いたくなる。〝夫婦喧嘩は犬も食わない〟といってしまえばそれまでだが、生に対する価値を共有できなくなった伊奘諾尊と伊奘冉尊の交流は、その後、どこにも記されることはなく、菊理媛が発した謎の言葉の真相もいまだ藪のなかである。

一〇、四神（三貴子）

東西南北の四方を司る神々、青竜《せいりゅう》・白虎《びゃっこ》・朱雀《すざく》・玄武《げんぶ》。これを四神《しじん》という。しかし、第五段本文で登場する四神《ししん》とは、神生みの最後に生まれた最も尊貴な神々をいう。その神々とは大日孁貴・月神・蛭児・素戔嗚尊の四神である。『古事記』では、蛭児以外の三神を三貴子（天照御大神、月読命、建速須佐之男命）と呼ぶ。

『日本書紀』本文に記された四神は伊奘諾尊と伊奘冉尊を両親として生まれている。いうまでもなく、日本の神話においては当たり前のようにそう解釈されている。しかし、『古事記』の記述によれば、三貴子の母神は伊邪那美命（伊奘冉尊）ではない。

『古事記』の神生み神話では、伊邪那美命は火神を生むことにより陰を焼かれて死んでしまう。つまり、伊邪那岐命と伊邪那美命の神生みは未完に終ってしまうのだ。妻を失った伊邪那岐命は怒りのままに火神を殺し、伊邪那美命を追って黄泉の国を訪れ、女神との再会を果たす。しかし、伊邪那岐命は伊邪那美命との約束を破り、その屍を覗き見してしまう。これにより、伊邪那岐命は伊邪那美命の怒りに触れ、豫母都志許売《ヨモツシコメ》に追われて黄泉の国から逃走する。

伊邪那岐命は黄泉の国との境界で伊邪那美命と別離した後、筑紫の日向の橘の小門の阿波岐原で禊をし、黄泉の穢を祓う。禊も終盤に至れば清浄も極まり、伊邪那岐命が川の水で左目を洗うと天照御大神が出生し、右目を洗うと月読命が出生し、鼻を洗うと建速須佐之男命が出生した。天照御大神は天上の高天原を、月読命（この神は後にほとんど登場しない）は夜の食国を、建速須佐之男命は海原（根の国、海底や地下の国）を治めることになる。

お気づきの通り、『古事記』の記述によれば、三貴子は伊邪那岐命が黄泉の穢を祓うため、禊をしているときに出生した神々なのである。つまり、この三貴子の誕生は伊邪那美命の死後ということになる。『日本書紀』のように異伝（一書）を持たない『古事記』は、ストーリーが一貫しているため、伊邪那美命は明らかに三貴子の母神ではない。それにも拘らず、『古事記』においても伊邪那美命を三貴子の〝御祖（母神）〟としている。

こうした『古事記』の矛盾を補うのが『日本書紀』本文の記述である。前述の通り、『日本書紀』本文には、伊奘諾尊と伊奘冉尊による大日孁貴、月神、蛭児、素戔嗚尊の出生が明記されている。このため、四神が伊奘冉尊を母神と呼ぶことにまったく問題はない。系譜的親子関係の記述に基づき、簡潔に全体をまとめた『日本書紀』の本文あってこそ、神々の系譜は明確になり、神話の欠落は補われる。

一一、大日孁貴（天照大神）

日神として登場する大日孁貴は高天原を治める太陽の女神であり、別名を天照大神という。この神は光華明彩であり、その霊威も尋常ではなかった。このため、伊奘諾尊と伊奘冉尊は大日孁貴を葦原中国に留めることなく天上に昇られた。

大のオホは美称。日のヒは太陽を意味する。ルは助詞のノ。孁のメは女（妻）。貴のムチは尊貴なものを意味する。つまり、大日孁貴は尊貴な太陽の女神をいう。折口信夫は「孁」の文字から、女神である大日孁貴を日に仕える巫女だと指摘した。雑誌「青鞜」発刊に寄せた平塚らいてうの言葉〝元始、女性は太陽であった〟もこの伝承を拠としている。

太陽という天体を象徴する神は人々にどう認識されたのだろうか。人々は太陽そのものを本体として信仰したというより、太陽のはたらきを機能として認識し、それを畏怖した。つまり、人々は太陽の光や熱というはたらきを感受し、太陽の機能がもたらす強大な影響力に対して感謝や畏敬の念を持つようになったのだ。

いうまでもなく、人は農耕漁撈で食の糧を得て、自らの命を支えている。農業における太陽のはたらきは我々の生活や社会集団の維持存続にまで影響する。太陽神天照大神は後述する斎庭の稲穂の神勅や保食神の食物起原神話にも深く関わりを持ち、神話の随所で農業を奨励する。こうした伝承を見ていくと、食の糧の安定的な供給。つまり、民の安寧を願う天照大神の意思を窺うことができる。第九段では、天皇による葦原中国（日本）統治の意義もこうした天下の太平や国民の安寧の視点において語られる。

天照大神は太陽神とともに、天皇の血統上の起原を遡及して求められる皇祖神として、そして、前述の通り巫女としての役割をも果たしている。三世紀の日本の様子を記した『魏志』倭人伝には、邪馬台国の女王卑弥呼について、「事鬼道能惑衆」(26)と記されている。これは〝鬼道につかえよく衆を惑わす〟と読む。この倭人伝の記述は女王の持つ祭祀者としての宗教性を表現している。つまり、天皇が政治的君主であると同時に最高の巫祝（祭祀王）であったという性格を了解させる。

太陽崇拝は農耕儀礼と結びつき、その文化的社会集団存続の意義にまで深く関わりを持つ。作物の出来具合を左右する長雨や日照りは単なる気象の変化では済まされない。食の糧の確保は生命維持や社会生活の安定に直接関わる問題である。このため、人間の生活に直接影響する太陽信仰やその神格化は世界各地で見ることができる。

太陽神のみを挙げてみても、エジプトのラーやホルス、インドのスーリア、メソポタミアのシャマシュ、ギリシャのヘリオス、アステカのウィツィロポチトリ、インカのインティ、そして、仏教の大日如来など、枚挙に暇がない。

仏教（真言密教）の大日如来は神仏習合によって天照大神（大日孁貴）と同一視されていた。この密教では修法のために本尊を中心に円輪が描かれた。これを曼荼羅という。特に、胎蔵界曼荼羅と金剛界曼荼羅で表現された両界曼荼羅の世界観は両部神道に引き継がれ、反本地垂迹説の伊勢神道の形成要因にも深く関わっていく。このように、我々の生活は時代や地域を問わず、太陽という存在に大きな影響を与えられてきた。

陽の状態が極まった太陽という天体は、水素原子の核融合によって光り輝いている。原子とは陽子と中性子からできている原子核の周りを電子が回っている状態である。もう少し細かくいうと、二つのアップクオークと一つのダウンクオークという三つの素粒子からなるプラス電荷の陽子と、一つのアップクオークと二つのダウンクオークという三つの素粒子からなる無電荷の中性子とが結びつき原子核をなしている。この原子核の周りを、マイナス電荷の電子という素粒子が回っている状態。これが原子なのだという。

ちなみに、素粒子はこれ以上分割できない極小の粒子ではなく、振動するひも（弦・ストリングス）なのだという。このひもが振動あるいは回転して素粒子を性格づけているらしい。これを超弦理論という。

水素は最も単純な原子といわれているが、その水素原子は三種類ある。原子核が一つの陽子でできている水素を軽水素。原子核が一つの陽子と一つの中性子でできている水素を重水素。原子核が一つの陽子と二つの中性子でできている水素を三重水素という。これらは陽子が一つという点でそれぞれ共通している。中性子が無電荷であるため、プラスの電荷を持つ陽子一つと、マイナスの電荷を持つ電子一つのバランスが取れているのだ。

原子番号とは原子核のなかにある陽子の数で決まる。したがって、水素の原子番号は一である。水素の次に軽いヘリウムの原子は二つの陽子と二つの中性子からなる原子核の周りを、二つの電子が回っている状態であり、陽子が二つだからヘリウムの原子番号は二ということになる。

水素など軽い元素同士が融合して重い元素に変化していく反応を核融合という。太陽のような星はこうした核融合を起こして莫大なエネルギーを生み出している。核融合は水素からはじまり、ヘリウム、炭素、窒素、酸素、ケイ素へと変わっていき、最後は原子番号二十六の鉄に至る。鉄の原子核は結合のエネルギーが最も大きいため、核融合はこれで止まるのだという。ただし、そこに至るには膨大な時間を必要とする。

約六十億年後、太陽中心部の内部構造は水素からヘリウムに変わり、中心温度が上昇し、そのヘリウムも炭素に変わる。すると、太陽は膨大なエネルギーを放出しながら、現在の二百倍まで膨張しはじめる。こうなると太陽は水星や金星を呑み込み、地球の軌道まで迫ってくるという。こういう星を赤色巨星と呼ぶ。

ここに救いがない訳ではない。太陽は膨張していく過程で、膨大なガスを放出し、質量を減少させるため、重力を弱め、地球の軌道を外側へと広げていく。こうなれば、地球が太陽に呑み込まれることはない。とはいえ、地球の表面は灼熱地獄となり、現存の動植物はほぼ生存不能な環境となるだろう。やがて太陽は縮小し白色矮星になる。

太陽のような恒星はその重さによって様々な運命を辿る。我々太陽系の太陽は前述の通り赤色巨星から白色矮星になるという。しかし、太陽の八倍位の星は、核融合を終えてエネルギーを放出できなくなると、重い鉄を支え切れなくなり、自らの重力で一気に収縮しはじめる。すると重い鉄の原子核同士が重なり合い、その圧力で陽子と電子が結合し中性子に変化する。こうして、星の中心部は中性子の核で満たされるというのだ。そして、核にある中性子の縮退圧と重力の均衡が破れ、激しい重力崩壊によって、核に集まってくる物質をことごとく外側へ跳ね返す。これが超新星爆発とされる。

さらに太陽の三十倍もある星の場合は、核の縮退圧よりも自己重力の方が強いため、中心の核にある中性子が潰れてしまう。こうなると超新星爆発を起こしても、残された核が自己重力による永遠の収縮を続け、高質量高密度のブラックホールになるという。いずれにせよ、遥か後の話であり、状況も研究も解釈も進歩し変化していく。人間の存在に比すれば、太陽の存在は永遠と考えても差支えないだろう。

一二、月神

月神（月弓尊、月夜見尊、月読尊）は日神に対する高貴な神である。この神の光彩も日神に次ぐものであった。このため、伊奘諾尊と伊奘冉尊により、日神とともに天上に送られた。月読のツクヨミあるいはツキヨミは月の運行を読む力を意味する。暦には太陰暦と太陽暦がある。天上での日月の運行は陰陽や日月一組のセットで扱われることが多い。日月の運行に基づく暦は年月日時の数え方のみならず、農耕、漁労、航海、そして、占いに至るまで、広く人間生活の導きになってきた。

月神は農神・植物神・食物神・地母神・航海神と関連つけられ、夜のイメージから冥界の神とさえいわれた。月食や新月の闇以外、月は昼夜天空に輝いている。このため、畏敬の念を通り過ぎ、お月様と呼ばれ親しまれてきた。

日本の暦は明治初期まで、月の運行を中心とした太陰暦を用い年月を定めていた。月の満ち欠けの一周期を朔望月といい、これを一月間とする。この一月間の平均朔望月は約29・5日とされている。これにより、一月間は二十九日の月と三十日の月とに六月間ずつ振り分けることになる。

ただし、これでは一年間が三五四（29.53×12＝354.36）日になってしまう。地球が太陽の周りを公転するのが一年間であり、これが約三六五（365.242194）日。したがって、太陰暦によると約十一日間の誤差が生じてしまう。このため、十九年に七度〝閏月〟を設け調整を行った。

つまり、十九年間の月数は二三五（12×19＋7＝235）月である。朔望月の場合は六九三九日（29.530589日×235月＝6939.688415日）であり、太陽年の場合は六九三九日（365.242194日×19年＝6939.601686日）となる。例えば、閏月のある年は四月の後に〝閏四月〟が丸ごと追加されたのだ。どの月が閏月になるかはその年によって異なるが、その年だけは十三カ月になる。

現代の太陽暦でも、四年に一度の閏年に、二月の日数を一日増やし、一年を三六六日としている。さらに、暦は閏秒などで適宜調整されている。こうして考えてみると、一秒や一日で端数を調整する現在の太陽暦とは違い、丸ごと一カ月入れ込んでくる太陰暦では、月が示す存在は今以上に大きなものであったに違いない。

第十一の一書では、月夜見尊は食物神の保食神を殺害することにより、一転して悪役になる。月夜見尊は保食神が口から出した食物によってもてなされたことを汚く穢らわしいと憤慨する。そして、保食神を殺してしまうのだ。これを知った天照大神は、「汝是悪神。不須相見」[27]と怒り、月夜見尊を悪神として、一日一夜を別にして、離れて住むようになる。お月様にもよからぬ顔があるのだ。

残念なことに、月は少しずつ地球から遠ざかっている。一年で約四センチ弱だという。原因は地球と月との潮汐力だといわれている。潮汐とは他の天体（太陽や月）の引力によって天体（地球）の表面が昇降（上下）する現象をいう。地球の場合、流動体である海面の水位変化、つまり、一日二回の潮の干満として現れる。潮汐の〝潮〟は朝方の満潮とされ、〝汐〟は夕方の満潮をいう。

地球は月の潮汐力によって海水や地殻に影響を受け、徐々に自転速度を落としている。当然、小さな月は大きな地球から強い影響を受けている。月の自転速度は公転周期と等しくなるまでに速度を落としているのだ。現在、月が地球に同じ面を向けて自転しているということは、これ以上自転周期を減速できないというバランスなのだ。したがって、月が公転周期を長くするには、地球から遠ざからざるを得ないのである。

月が地球に落ちてくるより幾分ましだと思うのだが、離れ去っていかれるのはとても寂しい。月はかつて地球のもっと近くにあり、大きく見えていたはずだ。現在、太陽と月の見た目の大きさが同じだというのも奇跡的な偶然なのだ。太陽は徐々に膨張し、月は遠行していく。したがって、将来、皆既日食は見られなくなり、日食といえば金冠日食や部分日食だけになってしまうのだろう。昨今、国際法に反して、月の資源開発を目論む国もあるという。欲に塗れた貧しき人間の性《さが》は〝足るを知る〟に止められず、月にさえ毛嫌いされてしまうのか。

一三、蛭児

蛭児のヒは太陽の日である。ルは助詞のノ。コは子。つまり、蛭児とは日の御子を意味しており、姉の大日孁貴のヒルメ（日の女）と対をなす神名なのである。『日本書紀』本文によれば、蛭児は伊奘諾尊と伊奘冉尊の四神出生の三番目に生まれた御子である。しかし、三年たっても脚で立つことができず、天磐櫲樟船の載せられて放ち棄てられてしまう。やはり〝放棄〟という言葉のニュアンスには厳しさ以上の違和感を覚える。

『古事記』では、二神のはじめての子として生まれているが、不具の子であったため、葦船に乗せられて流されてしまう。あるいは両親が流産した我子を海へ流して葬り、新たな世界を与えたとする解釈も成り立つ。しかし、こうした強弁を重ねても、蛭児が悲哀に満ちた御子であったことに違いはない。

『古事記』『日本書紀』ともに、蛭児のその後について一切触れられることはない。三貴子の兄弟でありながら、不遇の運命をたどり、さらに、その後の消息が不明ということであれば、世の常として、蛭児に同情が集まってくる。源義経張りの判官贔屓《ほうがんびいき》があっても不思議はない。本来高貴な血筋の子どもや若者が苦労を重ね、各地を漂泊しながら立派に成長するという物語は、折口学的な〝貴種流離譚〟を彷彿させる。現実に蛭児漂着の伝説を伴う蛭児信仰は恵比寿神と結びつき、日本各地に残されている。

恵比寿（恵比須・夷・戎・蛭子）信仰は海から寄り来る漂着物を、福をもたらす賜物として崇め奉った風習につながる。漁師たちは海上で水死体を見つけると〝エビス〟〝ナガレボトケ〟として丁重に葬ったという[28]。また、魚群を寄りつかせるクジラやイルカを〝エビス〟と尊ぶこともあった。

七福神の恵比寿神と蛭児とを結びつけたのは兵庫県の西宮神社である。鎌倉期の『神皇正統録』には「蛭児トハ西宮ノ大明神夷三郎殿是也此御神ハ海ヲ領シ給フ[29]」と記されている。つまり、天磐櫲樟船に乗せられた蛭児は摂津の国に流れ着き、戎三郎殿《エビスサブロウドノ》として西宮神社に祀られ、海を領する神となったという。

ちなみに、大己貴神《オホナムチノカミ》の別名は大国主神《オホクニヌシノカミ》である。この〝大国〟が〝ダイコク〟と読めるため、大国主神は七福神の大黒天と同一視されている。この大黒天とは破壊と創造を司るインドのシヴァ神に由来する。同じく七福神の恵比寿神は大国主神の子の事代主神《コトシロヌシノカミ》や、大国主神とともに国作りに励んだ少名彦名命《スクナヒコナノミコト》と同一視されている。この事代主神を祭神とするのが三島大社や今宮戎神社である。

蛭児も恵比寿も事代主神も海や漁との関わりが強い神である。鯛を釣る恵比寿神の姿が三穂（美穂）で魚釣りをする事代主神の姿に重なったのだろう。事代主神は国譲りの後、八重蒼柴籬《やえあおふしがき》に乗って海へと流れ去り、平和（福徳）をもたらす神となる。こうした情景もどこか蛭児の悲哀を彷彿させる。

一四、素戔嗚尊

素戔嗚尊のスサは〝荒《すさ》ぶ〟のスサ。素戔嗚尊とは日月の輝く晴天時と対照をなす気象の荒天時を意味する。この神が荒ぶと、光華明彩な日月の光さえ地上に達しない。素戔嗚尊の荒々しい力が引き起こす災害は暴風雨を伴う嵐であり、人民《ひとくさ》を年若くして死なせ、青山を枯山にするほどの犠牲を強いた。『日本書紀』第五段本文で犠牲となる人民はその起源を語られることなく、すでにこの世に存在する人草として唐突に現れる。そして、素戔嗚尊の荒び（嵐）によって儚く淡々と死んでゆく。

神々の化生は水辺に生える葦牙の生成力からイメージされた。人間を人草（蒼生）とする表現もこれに類する。とはいえ、『日本書紀』に登場する所与の人草は、伊奘冉尊に縊殺を呪言され、素戔嗚尊に夭折させられるなど辛い目に遭わされる。人間は素戔嗚尊が象徴する自然の脅威に曝されながらも、それを乗り越え、代を重ねて強かに生き抜いてきたといえる。

天照大神の弟である素戔嗚尊は、本来自分が治めるべき根の国には赴かず、天照大神の治める天上で暴挙（天津罪については後述する）に及び、高天原から放逐される。しかし、高天原で悪役を演じた素戔嗚尊は高天原から出雲に追放された後、一転して英雄になる。大和と出雲では、素戔嗚尊の性格がまったく異なり、出雲に降った素戔嗚尊は荒天が好天に変わるように、悪神から善神へと変容を遂げている。

地上（出雲）での素戔嗚尊の善行とは、奇稲田姫《クシイナダヒメ》を八岐大蛇から救い、姫と結婚して須賀の地で幸せに暮らすという生活の安寧である。その子孫も善神の大己貴神（大国主神）として出雲の国で大活躍し、後に国譲りの主人公になるなど、重要な役割を果たす。

『古事記』『日本書紀』に残された素戔嗚尊伝承の地方的な素材には、大和（高天原）系と出雲系の二つの系統が認められる。大和系は高皇産霊や天照大神とその子孫（瓊瓊杵尊）を中心に展開する系統であり、出雲系は神皇産霊や素戔嗚尊とその子孫（大己貴神＝大国主）を中心に展開する系統といえる。『古事記』と『日本書紀』神代巻は大和側の立場で編纂されている。このため、出雲で編纂された『出雲風土記』との相違が顕著に認められる。

天上の悪神から地上の善神へと極端なイメージチェンジを果たした素戔嗚尊の特性は、第七段で高天原から〝逐（神やらひ）〟されたことにより、悪から善に浄化されたと解釈することもできる。しかし、編纂の背後事情を考慮すると、出雲系と大和系の神々との血統の統合を担った素戔嗚尊の役割が見えてくる。

加藤周一は『日本文学序説　上』で、「大和系の悪神と出雲系の善神をスサノオが一身に代表せざるをえなくなったのは、まさに、出雲系の神々が大和系の血統に天上で組みこまれねばならなかったにちがいない(30)」と述べている。つまり、大和系の皇祖神天照大神の弟素戔嗚尊が出雲に降り、出雲系の祖神となる。その子孫である大己貴神（大国主神）が出雲を統治し、やがて、大和側への出雲の国譲りがなされる。こうして大和と出雲の系統の統合は果たされる。

しかし、こうした辻褄合わせの皺寄せは第九段の国譲り神話で、大和系の『古事記』『日本書紀』と、出雲系の『出雲風土記』との内容の相違に表れてくる。『出雲風土記』によれば、大穴持命（大己貴神）は天照大神の子孫に自分が平定してきた国の統治権を自発的に譲る。しかし、八雲立つ出雲の国の自治だけは主張している。

一方、『古事記』や『日本書紀』第九段第二の一書では、大己貴神は天照大神の使者経津主神と武甕槌神に無条件で葦原中国すべてを捧げている。これにより、高天原の神々は大己貴神が住むべき宮（出雲大社）を建て、そこに幽冥界に身を隠した大己貴神の霊を祭る。こうして、大己貴神は顕露（現世の政治）を皇孫に譲り、神事（幽界の祭祀）を治め、皇孫のために祈ることを誓うのである。

『出雲風土記』は和同六（七一三）年に、大和朝廷の命令で編纂がはじまり、天平五（七三三）年に完成した地誌である。編纂の号令をかけたのは朝廷であっても、出雲地域の風土、物産、伝承を採集調査したのは現地出雲の人々であった。このため、出雲の尊厳を傷つける記述には、信仰の上からもある程度の配慮が示されたのだろう。しかし、『古事記』『日本書紀』を編纂した大和朝廷側の編者には、出雲側に配慮する必要がなかった。このため、大己貴神の完全帰服という記述が躊躇なくなされたと考えられる。

一五、稚産霊

第五段第二の一書は養蚕あるいは穀物神の稚産霊《ワクムスヒ》の出生を語る。伊奘冉尊は火神の軻遇突智を生むときに陰《ほと》を焼かれてしまう。それでも、伊奘冉尊は死の間際まで神々を生み続け、土神の埴山姫と水神の罔象女を生みなす。その後、軻遇突智が埴山姫と結婚して生まれたのが稚産霊である。五穀はこの神の臍から、蚕と桑は頭からなったとされる。

稚のワクとは若いという意味である。したがって、ワクはワカとも読む。ワカは第六の一書に登場する倉稲魂《ウカノミタマ》のウカに通じる。この神は稲荷神社の祭神である。ウカとは食料を意味し、第十一の一書に登場する保食神《ウケモチノカミ》のウケもウカの転である。ちなみに、御食・御饌のミケとは神々の食事を意味する。ミは尊称の御であり、ケが食である。『古事記』に登場する豊宇気毘売神《トヨウケビメノカミ》は稚産霊の子とされており、この神名に見えるウケもまた保食神のウケ、ケと同様に、この神が食の神であることを明らかにしている。伊勢神宮外宮の御祭神豊受大神はこの豊宇気毘売神のことである。

産霊のムスヒとは生成のエネルギーや霊力を意味する。したがって、稚産霊とは若い生産力や食の生産力を象徴する神なのである。火神を父神とし、土神を母神する稚産霊は焼畑農業との関連を窺わせる。

火と農業でイメージできるのが焼畑農業である。焼畑農業とは諸説あるが、耕耘や施肥をせず一定期間農地を放置あるいは焼畑を行い、休閑期間を設け地力を回復させ、切り替え地を移動する農法である。焼畑には切断したイモを種イモとして栽培する農法がある。また、火と女陰との関係はニューギニアを中心とするメラネシアや南米に伝承され神話形態に散見される。火鑽杵と火鑽臼とを使用する発火法が男女の交合を連想させるとも指摘されている(31)。

一六、保食神

屍と食物にも深い関係がある。神の屍から穀類、豆類、イモ類などの食物がなるという死体化生のモチーフは東南アジア、メラネシア、南米など各地で見られるという。焼畑耕作を背景として死体化生を捉えてみると、古代における火と生産との関係が説明できる。

第二の一書には稚産霊が殺されるという記述はない。ただし、第十一の一書の保食神や『古事記』の大宜都比売神（大気津比売神）の伝承によれば、神々の死体化生と農業との関係を窺うことができる。

ドイツの文化人類学者アードルフ・E・イェイゼンは、インドネシア・セラム島のヴェマーレ族に伝わる神話を背景として、殺された女神の屍から食物がなるという食物起原神話をハイヌウェレ型神話と呼んだ(32)。

ココヤシから生まれたハイヌウェレは大便として陶磁器や銅器を排泄し、人々に分け与えた。しかし、この能力を妬み恐れた人々は、ハイヌウェレを生き埋めにして殺してしまう。後にハイヌウェレの父親は屍を掘り起こし、バラバラにして、広場に埋め直した。するとそこから種々のイモ類が生え、人々はそれを主食にして代を重ねて暮らしてきたという。

ハイヌウェレの屍からなった食物はイモ類とされている。これにより、五穀、特に水稲耕作に特化した日本の神話と比べると、ハイヌウェレの神話形態の方が古い時代の伝承だということが分かる。焼畑農業の時代、切断されたイモは種イモとして植えられ、その生育を待って収穫された。これとバラバラにされて土に埋め直されたハイヌウェレとが無関係であったとは考え難い。

食物起源神話で注目されるのが、第十一の一書に記された月夜見尊（月読尊）による保食神殺害と、保食神の屍から種々の食物が生まれる食物起原神話である。この一書は『古事記』の大宜都比売神の話とも類似している。ちなみに、ここで大宜都比売神を殺すのは月夜見尊ではなく、速須佐之男命（素戔嗚尊）とされている。

前述のように、月夜見尊は口から食物を供した保食神を、汚らわしいと怒り殺してしまう。これを知った天照大神（日神）は激怒して、月夜見尊と一日一夜を別にし、離れて住むようになる。実はこの話には続きがある。天照大神は天熊人を遣して保食神の様子を見に行かせているのだ。すると保食神の屍から牛馬、粟、蚕、稗、稲、麦、大小豆がなっていた。天熊人は直にこれらを天照大神に献上する。

「天照大神喜之曰是物者則顕見蒼生可食而活之也(33)」とあるように、天照大神は保食神から出生した五穀（稲・粟・稗・麦・豆）の献上を顕見蒼生《うつしきあおひとくさ》の食の糧。つまり、人々が食して活きていく糧の確保と大いに喜び、続けて「乃以粟稗麦豆為陸田種子。以稲為水田種子」[34]と、さらなる食の安定のために陸田・水田の充実を奨励している。当然、牛馬は農耕の助けとなり、蚕は養蚕を通して生活の支えとなる。天照大神の喜びとは民の生活の安寧である。天照大神は民が飢えることのない太平の世のなかを国家統治の根本とする神意を示したのである。

作物を成長させる日の光や熱の作用は天照大神の神威や神徳として人々に受け止められる。人々は日神のはたらきによって得られた恵みを喜びとし、日神は人々の生活の安定を喜びとした。人の生きる喜びを喜びとした天照大神の神話は、『日本書紀』のなかで、人間を意味する顕見蒼生の生活を慮った最初の話である。天照大神から続く日嗣の大命（皇統の守護）の意義は、人々の生活の安寧に基づいている。だからこそ、天照大神は人々と喜びを共有することができたのであろう（終章の仁徳天皇の仁政を参照）。

一七、神代巻に記された鼓吹と葬送

『日本書紀』第五段第五の一書には、楽器を表す〝鼓吹《つづみふえ》〟の表記がある。この鼓吹は日本の古典籍に記された器楽の初見といえる。さらに、この記述は葬祭音楽の起源を意味すると同時に、日本の葬祭の祖型ということもできる。

第五の一書には、「伊奘冉尊生火神時。被灼而神退去矣。故葬於紀伊国熊野之有馬村焉。土俗祭此

神之魂者。花時亦以花祭。又用鼓吹幡旗歌舞而祭矣[35]」と記されている。火神の軻遇突智を生み、火傷によって死に至った伊奘冉尊は紀伊国熊野の有馬村に葬り祀られる。土俗《くにひと》は、花の咲く季節には花をもって、鼓を打ち、笛を吹き、幡旗を飾り立て、歌い舞って伊奘冉尊の御魂を祭ったとされている。「花時」が意味するものは、この祭祀が花を必須とするのではなく、花の咲く時期であるならば、咲く花をもって祭るという祭祀の不定期性を示している。つまり、「土俗」以下の文章は葬儀とは不連続、かつ時間を隔てた墓前での御霊祭と考えることもできる。

日本古来の葬祭の様子は、『魏志』倭人伝にも残されている。そこには、「其死有棺無槨封土作冢始死停喪十余日当時不食肉喪主哭泣他人就歌舞飲酒已葬挙家詣水中澡浴以如練沐[36]」とある。これは〝その死には棺あるも槨なく、土を封じて冢を作る。はじめ死するや停喪十余日、時に当て肉を食らわず、喪主哭泣し、他人就いて歌舞飲酒す。已に葬れば、挙家水中に詣りて澡浴し、以て練沐の如くす〟と読む。

国としては魏に先立つが、『魏志』よりも編纂の遅れた『後漢書』倭伝にも、「其死停喪十余日家人哭泣不進酒食而等類就歌舞為楽灼骨以卜用決吉凶[37]」と記されている。これは〝その死には停喪すること十余日、家人哭泣し、酒食を進めず。而して等類就いて歌舞し楽をなす。骨を灼いて以て卜し、用て吉凶を決す〟と読む。

さらに、『隋書』倭国伝には、「死者斂以棺槨親賓就屍歌舞妻子兄弟以白布製服貴人三年殯於外庶人卜日而瘞及葬置屍船上陸地牽之或以小輿[38]」と記されている。これは〝死者は斂《おさ》むるに棺槨を以てし、親賓、屍に就いて歌舞し、妻子兄弟は白布を以て服を製す。貴人は三年外に殯し、庶人は日を卜して瘞《うず》む。葬に及んで屍を船上に置き、陸地これを牽《ひ》くに、あるいは以て小輿とす〟と読む。

これら倭人伝に見える葬祭音楽には、「歌舞」の表記が見えるのみで、「鼓吹」など楽器を特定できる表記はない。ちなみに『古事記』にも、「鼓吹」の表記はない。一方、『日本書紀』や『続日本紀』には、「鼓吹」の表記を数多見ることができる。しかし、神代巻以外に記された「鼓吹」の表記は、すべて中国の三国時代から盛んに行われた軍楽の〝鼓吹楽《くすいがく》〟を意味し、その多くが組織化された音楽として葬送にも深く関与していた。こうした中国伝来の鼓吹楽は律令に規定されることにより、律令社会に定着していった。

これに反して、神代巻に記された「鼓吹」のみが日本の葬送音楽の祖型を示している。この鼓吹は大陸伝来の軍楽の鼓吹楽とは似ても似つかぬ土着的で素朴な器楽としての歌舞を意味する。ただし、中国正史の文献と比較すると、神代巻に記された鼓吹の実態を検証していくことは非常に困難である。

確かに埴輪や土器の線刻画から当時の楽器を部分的に推測することはできる。埴輪や線刻画に筒状のものがあれば大小に関わらず太鼓を示す可能性はある。細長いものであれば太鼓の撥や木製の横笛。円錐状のものであれば角笛の可能性もある。

ただし、温暖多湿で火山性の酸性土壌に覆われた日本において、木製や革を主とする鼓も木製や角製の笛も腐食分解される確率が高く、楽器そのものが考古学上の遺物として発掘されるという期待は薄い。発見済遺物のなかで、素朴という点に注目すれば、鼓吹の吹（笛）は旋律や音階を度外視した石笛や土笛の類という可能性もある。いずれにせよ、これらは推測の域を出るものではない。

神話伝承と歴史的事実を混同することは慎むべきである。しかし、神話の記述には古来受け継がれてきた信仰心意が残されている。少なくとも、それが書かれた時代の生活様式や価値基準がなにがしかの手掛かりを残してくれている。

第五段第五の一書に記された伝承には、葬祭を執行する土俗が専従の祭祀者ではなく、その土地で生業を営む人々として描かれている。彼らは祭の場で、花を愛で楽に興じ、神々と共有する時間に心を和ませた。つまり、この場には古代の神祭に対する姿勢が描かれている。

この一書の葬祭で注目すべきは、死穢に対する否定的な見解が何一つ見出せないことである。この葬祭の記述には墓祭としての性格も含まれるが、ここには、あれをしてはダメ、これをしてはダメというネガティブな禁忌を示すものはない。祭の場で土俗らは神々との時間の共有を喜びとしている。ここで奏でられる土俗の音楽は神々の御霊に向けられた気持ちを表現する素朴な器楽の鼓吹としかいい表しようがなく、礼楽に縛られ複雑に組織化された後来の鼓吹楽とは明らかに異なっている。

第六段本文には〝日之少宮《ひのわかみや》〟という異界の記述がある。この日之少宮と第五段第五の一書の葬祭の記述を考慮してみると、神道でいう「魂は日之少宮に留まって、子孫縁者の祭によって来格し、生者と共に酒を飲み、花々を愛で、音曲を楽しむことが許されている(39)」と解釈することができる。

一八、第五段四神出生章その他の一書

第五段第六の一書は伊奘諾尊と伊奘冉尊が風神の級長戸辺命《シナトベノミコト》または級長津彦命《シナツヒコノミコト》、食物神の倉稲魂命《ウカノミタマノミコト》、海神の少童命《ワタツミノミコト》、山神の山祇《ヤマツミ》、水門神の速秋津日命《ハヤアキツヒノミコト》、木神の句句廼馳《ククノチ》、土神の埴安神《ハニヤスノカミ》、火神の軻遇突智《カグツチ》を生みなす話を語る。

第五段本文冒頭では伊奘諾尊と伊奘冉尊が海川山木の神々を出生するところから始まるが、木の祖神の句句廼馳以外の神名は記されていなかった。ところが、この一書では、海神の少童命、山神の山祇の名が見え、川神も水門神として速秋津日命（第二の一書では水神の罔象女の名も見える）の名が冠されている。

また、第六の一書によれば、風神の級長戸辺命（級長津彦命）は伊奘諾尊と伊奘冉尊二神を両親とするのではなく、伊奘諾尊が朝霧を吹き払ったときに化生した神とされている。級長のシナは息が長いこと。べは女性。ヒコは男性を意味している。したがって、女神の級長戸辺命と男神の級長津彦命は男女対偶神とも思えるが、級長津彦命は級長戸辺命の別名、つまり、同一神として扱われているため、男女対偶の神ではないのである。

そもそも男女対偶神を記す場合は男女の順で記されるのが通例である。それにも拘らず、この一書では、女神の名が優先して挙げられている。一方、『古事記』では、男神の志那都比古《シナツヒコ》のみが伊奘諾

尊と伊奘冉尊二神を両親として登場している。これにより、風神は男女対偶神でないことが明らかになる。

さらに、第六の一書では、軻遇突智出産による伊奘冉尊の死を経て、伊奘諾尊が軻遇突智を三段に切り、その剣の刃から垂れた血により五百箇磐石《イホツイハムラ》が化生する話へと続いていく。この血から化生した神は武神の経津主神の親神にあたる。次に剣の鐔《つば》から垂れた血により甕速日命《ミカハヤヒノカミ》、熯速日命《ヒハヤヒノカミ》、武甕槌神《タケミカヅチノカミ》が化生する。剣の鋒から垂れた血により磐裂神《イハサクノカミ》、根裂神《ネサクニカミ》、磐筒男命《イワツツノヲノミコト》が化生する。その後、伊奘諾尊の黄泉の国訪問と黄泉の国逃走を経て、穢を祓除（禊）して、三貴子出生の話に展開していく。

ここに見える火神と剣の関係は刀鍛冶の作業工程を彷彿させる。この一書では、火神から剣神が生まれ、その剣神から武神が生まれる。この武神たちが第九段の出雲の国譲り神話で活躍することになる。

第六の一書と『日本書紀』本文との相違は、三貴子誕生が伊奘冉尊の死後に行われた禊の後の事象とされたこと。したがって、この一書では伊奘冉尊は三貴子の母神（御祖）ではない。この点は『古事記』の内容に類似している。ちなみに、第七の一書は第六の一書の異伝として考えられる。

註

（1）坂本太郎、家永三郎、井上光貞、大野晋校注『日本古典文学大系67日本書紀　上』岩波書店、一九六七年、参照。
(2) 柳田国男「海神宮考」『海上の道』岩波書店、一九七八年、参照。
(3) 高木市之助、小澤正夫、渥美かをる、金田一春彦校注『日本古典文学大系33平家物語　下』岩波書店、一九六〇年、三三七頁。
(4) 陶淵明著、松枝茂夫・和田武司訳注『陶淵明全集　下』岩波書店、一九九〇年、一五二〜一六二頁。
(5) 伊藤直哉『桃源郷とユートピア――陶淵明の文学』春風社、二〇一〇年、参照。
(6) 加藤周一『日本文学史序説　上』筑摩書房、一九七五年、四九頁。
(7) 上田賢治『神道神学』大明堂、一九八六年、一四三〜一五八頁。
(8) 黒板勝美編輯『新訂増補　国史大系　日本書紀　前篇』吉川弘文館、一九六六年、一五頁。
(9) 大野晋・大久保正編集校訂『本居宣長全集　第九巻』筑摩書房、一九六八年、二三八、二三九頁。
(10) 柳田國男「墓制の沿革について」『人類学雑誌』五〇〇号、日本人類学会、一九二九年、参照。
(11) 小林秀雄『本居宣長』新潮社、一九九二年、参照。
(12) 橋本治『小林秀雄の恵み』新潮社、二〇〇七年、七七頁。
(13) 出雲路修校注『新日本古典文学大系30日本霊異記』岩波書店、一九九六年、二三四頁。
(14) 黒板勝美編輯『新訂増補　国史大系　日本書紀　前篇』吉川弘文館、一九六六年、一五頁。
(15) 同右、『新訂増補　国史大系　日本書紀　前篇』一六頁。
(16) 同右、『新訂増補　国史大系　日本書紀　前篇』一六頁。
(17) 同右、『新訂増補　国史大系　日本書紀　前篇』一六頁。
(18) 同右、『新訂増補　国史大系　日本書紀　前篇』一六頁。
(19) 松前健『神々の系譜』ＰＨＰ研究所、一九七二年、参照。
(20) 西宮一民「古事記行文注釈二題」『古代文学論集　倉野憲司先生古稀記念』桜楓社、一九七四年、参照。
(21) 前掲の『日本古典文学大系67日本書紀　上』、参照。

(22) 前掲の『本居宣長全集　第九巻』五五頁。
(23) 鎌田純一校注『神道大系　論説篇二十六　復古神道』神道大系編纂会、一九八六年、二二四頁
(24) 前掲の『新訂増補　国史大系　日本書紀　前篇』一三頁。
(25) 同右、『新訂増補　国史大系　日本書紀　前篇』二二頁。
(26) 石原道博編訳『新訂　魏志倭人伝・後漢書倭伝・宋書倭国伝・隋書倭国伝　中国正史日本伝（1）』岩波書店、一九五一年、一一二頁。
(27) 前掲の『新訂増補　国史大系　日本書紀　前篇』二三頁。
(28) 桜田勝徳「漁村におけるエビス神の神体」『漁撈の伝統』岩崎美術社、一九八五年、参照。
(29) 近藤瓶城編『史籍集覧　第二冊』（通記第五　神皇正統録　上）近藤活版所、一九〇〇年、二頁。また、『神皇正統録』と同時代の『源平盛衰記』にも「蛭児ハ……摂津国ニ流寄テ海ヲ領スル神ト成テ、夷三郎殿ト顕レ給テ、西宮ニオハシマス」と記されている。
(30) 前掲の『日本文学史序説　上』四七頁。
(31) 松前健『日本神話の新研究』桜楓社、一九六〇年、参照。
(32) アードルフ・E・イェイゼン著、大林太良訳『殺された女神』弘文堂、一九七七年、参照。
(33) 前掲の『新訂増補　国史大系　日本書紀　前篇』二三頁。
(34) 同右、『新訂増補　国史大系　日本書紀　前篇』二三頁。
(35) 同右、『新訂増補　国史大系　日本書紀　前篇』一三頁
(36) 前掲の『新訂　魏志倭人伝・後漢書倭伝・宋書倭国伝・隋書倭国伝　中国正史日本伝（1）』一一〇頁。
(37) 同右、『新訂　魏志倭人伝・後漢書倭伝・宋書倭国伝・隋書倭国伝　中国正史日本伝（1）』一二〇頁。
(38) 同右、『新訂　魏志倭人伝・後漢書倭伝・宋書倭国伝・隋書倭国伝　中国正史日本伝（1）』一三一、一三二頁。
(39) 徳橋達典『吉川神道思想の研究』ぺりかん社、二〇一三年、二九五頁。

第六章、神代巻第六段（瑞珠盟約章）

一、第六段本文の概要

素戔嗚尊《スサノヲノミコト》は「私は両親の教えに従い、根の国に赴きます。それゆえ、しばらく高天原に参り、姉の天照大神《アマテラスオホミカミ》に別れを告げ、その後、永遠に根の国に赴きたいと思います」と父神に請うた。伊奘諾尊は「許す」と勅した。こうして素戔嗚尊は天に昇っていった。この後、伊奘諾尊は神功を終え、霊運を遷し、淡路に幽宮《かくりのみや》をつくり、静かに長く隠れてしまう。また、伊奘諾尊の徳は大きく、天上の日《ひ》之《の》少宮《わかみや》に留まり住むともいう。

はじめ素戔嗚尊が天に昇るとき、大海は轟き渡り山岳は鳴り響いた。これは素戔嗚尊の雄健さゆえである。粗暴な弟の性格を存知する天照大神は弟が父母の命に背き、赴くべき根の国を棄て置きながら、あえて天上に参上すると聞き、顔色を変るほど驚愕して「私の弟が天上に来るのは、善い意志をもってのことではあるまい。国を奪おうとしているのだ。父母はそれぞれの子に任地を与えたため、その境が保たれてきた。弟は行くべき国を棄て置いて、どうして天上の様子を探りに来るのだ」と、髪を結い上げ髻《みづら》とし、裳を縛って袴とし、八坂《やさか》瓊之五百箇御統《にのいおつみすまる》を髻鬘《みいなだき》と腕《たぶさ》に纏い、背に千箭《ちのり》の靫《ゆき》と五百箭の靫を負い、臂《ただむき》には稜威《いつ》の高鞆を着け、弓弭を振り立て、剣柄を握り、堅い庭を踏み、股で踏み抜いて、沫雪のように蹴散らし、稜威の雄叫びを上げ、素戔嗚尊に対し厳しい口調で詰問した。

素戔嗚尊は「私には元より黒（濁）心などありません。父上母上の厳命に従って永遠に根の国に赴くつもりです。その前に、姉上にお会いすることなく、どうして赴くことができましょうか。こうして姉上にお会いしたくて、雲霧を踏み分けて、遠くから高天原に参上しました。それなのに、なぜこのように厳しくされるのですか」と嘆いた。しかし、天照大神は「それならば、あなたの赤（清）心をどのように証明するのか」と問うた。素戔嗚尊は「どうか姉上とともに誓約《うけい》をしたいと願います。その誓約によって、子を生むことにしましょう。もし私が生む子が女ならば、私に濁心があり。私が生む子が男ならば、私に清心があると思ってください」と答えた。こうして、天照大神は素戔嗚尊の十握剣を物実として受け取り、それを打ち折り三段にして、天真名井で濯ぎ、カリカリと咀嚼して噴き出した。その息吹の狭霧に生まれたのが、田心姫《タゴリヒメ》、湍津姫《タギツヒメ》、市杵島姫《イチキシマヒメ》の三柱の女神である。

素戔嗚尊は天照大神が髻鬘と腕に纏いていた八坂瓊五百箇御統を物実として受け取り、天真名井で濯いで、カリカリと咀嚼して噴き出した。その息吹の狭霧に生まれたのが、正哉吾勝勝速日天忍穂耳尊《マサカアカツカチハヤヒアメノオシホミミノミコト》、天穂日命《アメノホヒノミコト》、天津彦根命《アマツヒコネノミコト》、活津彦根命《イクツヒコネノミコト》、熊野櫲樟日命《クマヌノクスヒノミコト》の五柱の男神である。このとき、天照大神は「その物根（物実）を求めれば、八坂瓊五百箇御統は私の物である。それゆえ五柱の男神はことごとく私の子である」と勅をした。そして五柱の男神を養った。また、「十握剣は素戔嗚尊の物である。それゆえこの三柱の女神はことごとくあなたの子である」と勅をし、女神を素戔嗚尊の子として授けた。これは筑紫の胸肩（宗像）君等が祭る神々である。

二、第六段本文と一書の構成

第六段は功をなし終えた伊奘諾尊の死に触れた後、天照大神と素戔嗚尊の誓約《うけい》を中心に展開する。本文と三つの一書の構成には大きな違いはない。しかし、些細な内容の相異は、伝承の結論に齟齬を来すことにもなる。特に物実《ものざね》の解釈によっては皇統の流れの印象を変えるほどの言辞を孕んでいる。こうした問題点ですら隠蔽することのない『日本書紀』の編纂方針は多様性に対する寛容な姿勢として意義深い。これを可能にするのが基準となる系譜的本文の存在でもある。

三、伊奘諸尊の死（幽宮、日之少宮）

伊奘諸尊の死を連想させる記述は「伊奘諸尊、神功既畢、霊運当遷」(1)と、「功既至矣」(2)であろう。これらは〝伊奘諸尊は神功《かむこと》を既《すで》に畢《お》え、あつしれたまふ〟〝功《こと》既に至りぬ〟と読み、伊奘諸尊が国生みと神生みで立派な功をなし終えたことを意味している。

ここで難解な箇所は「霊運当遷」を〝アッシレ〟と読むことだろう。これについて、吉川惟足は「伊奘諸尊かぐつちにやかれあつしれて崩御し玉ふ。今日の人も熱気にをかされしはあつしれなり」(3)と述べ、伊奘諸尊が軻遇突智の所業よる熱に浮かされて崩御したと解釈している。伊奘諸尊は火神の出産によって妻を失った怒りを爆発させ、火神の軻遇突智を切り殺してしまう。惟足はこれが伊奘諸尊の死の原因になったと考えた。

さらに、惟足は「霊運当遷、さてれいはいちれい、運は運命、遷はうつる」(4)と述べている。つまり、「霊運当遷」を〝一霊の運命、まさに遷すべし〟と解釈している。これを〝御霊遷《みたまうつ》し〟という視点で捉えると、葬祭としての意味合いも強くなる。いずれにせよ、伊奘諸尊は幽宮に「寂然長隠」(5)したとされている。このように伊奘諸尊が〝寂然《しず》かに長くお隠れになった〟とあるのだから、これらの記述は伊奘諸尊の死を意味するものとして捉えることができる。

ただし、この伝承は伊奘諸尊の死ではなく、あくまで功をなし終えた後の隠居（引退）と解釈する余地も残されている。『日本書紀』本文の文章ですら、一元的な合理化を避け、こうした多様な解釈を可能にしている。

この背後には死の捉え方の難しさがある。このため『日本書紀』本文では、死の限定的な解釈を強いることはなく、伊奘諾尊の死後の住処をも特定しない。伊奘諾尊は淡路島の幽宮《かくりのみや》、あるいは天上の日之少宮《ひのわかみや》に留まり住むとされている。

先ず、地上の幽宮について触れてみたい。この場所は淡路島である。『古事記』によれば、淡路島は〝大八島国〟の第一番目とされている。一方、『日本書紀』に記された淡路島は胞（エ・エナ）として扱われ〝大八洲国〟には含まれていない。ただし、いずれも最初に生まれた島（国）であることに変わりなく、淡路島は伊奘諾尊にとって思い入れの深い場所なのだといえる。現在の兵庫県淡路市多賀には伊奘諾尊を祭神とする伊奘諾神宮が鎮座している。ちなみに、『古事記』では、淡路ではなく淡海（近江）とされており、滋賀県犬上郡多賀町には、伊邪那岐命と伊邪那美命を祭神とする多賀大社がある。

次に、天上の日之少宮について触れてみたい。江戸時代の葬儀の様子を示した吉川神道の「葬祭拝之次第」には、「昇天妙化天日之少宮仁留住給陪止称辞竟布」(6)との呪文が残されている。これは〝ショウテン（テンニノボリ）ミョウカシテ、ヒノワカミヤニ、トドマリスミタマヘト、タタヘゴトオフ〟と唱える。つまり、魂は死後、天上の日之少宮に昇るとされている。安蘇谷正彦は「神道家が『死』の問題に真正面から取り組んで体系的な答えを出したのは、惟足が最初ではなかろうか」(7)と述べ、惟足が神道の生死観を説く嚆矢であることを指摘している。

惟足の『生死落着』には、この日之少宮について記されている。これによると、日之少宮とは鬼門を意味する丑寅（北東）の方向にある。子の刻（午前零時）、陰が極まり一陽来復へ向かう頃、朝日が昇る東方の陽気はまだ稚く小さい。それゆえ、ここを日之少宮という。人が死を迎え、その魂が帰っていく天地の一気は無心の境地とされている。しかし、その無心の境地は決して空しいところではない。なぜなら、天命を尽くして死を迎えた者の魂は、天地と徳を合せ、日月と同じ光を放つ存在になるという。つまり、魂は毎日、日月とともに東方から現れ、世界を照らし、万物の造花を助け、功徳を施し、また西方へと入り、静かに落着する。日の少宮に留まり住まうとは、道体、つまり、宇宙の法則や自然の摂理が止まることなく流行して、収ってははじまり、生々が永続するのだと惟足はいう。(8)

以上は近世儒学の影響を受けた日之少宮解釈である。『日本書紀』に記された日之少宮は、天命を尽くすという条件をつけられながらも、後世の神道家によって、人の死後の行き先が暗く汚い黄泉の国のみに限定されず、多様な解釈が提示されていたことを教えてくれる。

四、誓約と物実

姉の天照大神に別れを告げるため、素戔嗚尊は高天原を訪問する。これは父神の伊奘諾尊から許しを得ての行動であった。しかし、天照大神は弟が父母の意に反し、治めるべき根の国を棄置しながら、天上に参上する思惑に強い懸念を示す。それは素戔嗚尊が高天原を簒奪するという疑念である。一方の素戔嗚尊は自らの潔白を晴らすため、誓約《うけい》によって真偽を明らかにしたいと提案する。

誓約とは事前に結果を呪言して、神にその是非を問う行為とされる。この段の誓約は女神が生まれることを濁心（黒心）の証しとし、男神が生まれることを清心（赤心）の証しとした。こうして、二神はそれぞれ子を生むことになる。

先ず、天照大神は素戔嗚尊の十握剣《とつかのつるぎ》を物実《ものざね》として、三柱の女神を生む。次に、素戔嗚尊は天照大神の八坂瓊之五百箇御統《やさかにのいおつおすまる》を物実として、五柱の男神を生む。天照大神は物実に主眼を置き、五柱の男神を我子とする。しかし、次段の第七段で、素戔嗚尊は子を生みなす行為に主眼を置き、自らの清明が証明されたとして、一方的に勝ちさびをした挙句、高天原での暴挙に至る。

この誓約で問題になるのは、物実の解釈である。物実のザネは果物や木の実の実《さね》であり、核として中心になる本体を意味する。二神は子を生むときに互いの物実を交換している。三柱の女神は天照大神が素戔嗚尊の物実である十握剣を咀嚼して噴き出した息吹の狭霧によって生まれる。五柱の男神は素戔嗚尊が天照大神の物実である八坂瓊之五百箇御統を咀嚼して噴き出した息吹の狭霧によって生まれる。

この場合、互いの物実を交換して子を生んでいるのだから、核として中心となる物実を重視するのか、生み出した行為を重視するのかという捉え方によって、誓約の結果は変わってしまう。この伝承では男女を産み分けることによって誓約の結果を決めていた。しかし、本体となる物実の是非を、事前に確認することを怠った。こうして誓約の結果が定まることなく、後に問題を生じることになる。

本文によれば、天照大神は「原其物根、則八坂瓊之五百箇御統者、是吾物也。故彼五男神、悉是吾児[9]」と断じている。これは〝その物根《ものざね》を原《たづ》ぬれば、八坂瓊之五百箇御統は、これ吾が物なり。故、彼の五の男神は、悉にこれ吾が児なり〟と読む。さらに「其十握剣者、是素戔嗚尊物也。故此三女神、悉是爾児[10]」と明言している。これは〝その十握剣は、これ素戔嗚尊の物なり。故、この三の女神は、悉にこれ爾が児なり〟と読む。

ここで注視すべきは、天照大神が物根（物実）を視点として捉え、八坂瓊之五百箇御統が自分（天照大神）の物なので、五柱の男神をことごとく自分の子として捉えた点である。さらに、天照大神は十握剣を素戔嗚尊の物として、三柱の女神をことごとく素戔嗚尊の子として素戔嗚尊に授けた。

このように、天照大神は物実を重視して、自らの正当性を主張するのである。重要なことは、この解釈に基づいて天照大神が皇祖神とされている事実である。ただし、こうした天照大神の発言は誓約の結果が出た後での言葉である。つまり、〝後出しじゃんけん〟ともいえるのだ。もちろん、素戔嗚尊が引き起こした高天原での暴挙を見れば、物実を主体に誓約の結果を考慮する天照大神の主張が本来の神意と考えられる。つまり、誓約に勝ったのは天照大神なのである。

誓約に負けておきながら、勝ちさびを上げ暴挙に至る素戔嗚尊は悪役の汚名を着せられる。ただし、悪役は善や正統を引き立てる重要な役割を担い、天照大神の苦悩を際立たせ、連続して展開する天石窟神話へと勢いづけていく。

一方、第一の一書では、天照大神優位という雲行きが変わってくる。〝心が明浄ならば必ず男神が生まれる〟と、事前に誓約の結果を宣言したのは他ならぬ日神（天照大神）とされているのだ。さらに、天照大神は自身の剣を物実として三柱の女神を生み、素戔嗚尊は自身の瓊を物実として五柱の男神を生んでいる。したがって、第一の一書では、誓約に完全勝利したのは素戔嗚尊ということになる。

第三の一書は男神の数が五柱ではなく六柱とされているものの、第一の一書と同様に素戔嗚尊の清心が明らかにされている。その第三の一書では、日神は誓約に際して「如生男者、予以為子、而令治天原也」(11)と述べている。これは〝如し男を生まば、予以て子として、天原《あまのはら》を治しめむ〟と読む。天照大神は素戔嗚尊が生んだ子が男子であれば、自分の子として天原を統治させると宣言した。つまり、どちらが生んだ子であっても、男子を自らの後継とすることを明言したのである。さらに、男神の正哉吾勝勝速日天忍穂耳尊の命名は素戔嗚尊の勝利に因むものとまで記され、その誕生を言祝いでいる。天忍穂耳尊とは天孫として地上に降臨する瓊瓊杵尊の父神である。この一書によれば、実の皇祖神は天照大神ではなく、素戔嗚尊ということになるのだ。

これは皇統において出雲と大和の対立を反転させるような展開である。『日本書紀』は官撰史書として政治的意味合いが強く、とりわけ皇統の正統性には敏感であるはずだ。それにも拘らず、『日本書紀』は異伝としての一書に対し思いの外懐が深いのである。

第一と第三の一書は素戔嗚尊や出雲の名誉回復が書き残されたことになる。こうした出雲を尊重する記述は、日本全体を俯瞰して、大和と出雲との対立概念を昇華させることを可能にした。これも

『日本書紀』の多様性と異伝に対する寛容な姿勢に基づいている。

ちなみに『古事記』はこの誓約の結果を事前に宣言することすらできていない。したがって、『古事記』には、誓約の雌雄を決する基準がなく、誓約自体が曖昧なものになっている。ただし、『古事記』の曖昧さや『日本書紀』の一書に見る異伝の多様性が、物語の合理化や一つの価値の強要を回避させている。結果として、素戔嗚尊を悪神とする位置づけを忌避させ、素戔嗚尊の名誉回復にまでつなげている。

ちなみに、この第六段を天照大神と素戔嗚尊の姉弟による交合とか兄弟姉妹婚とする指摘もある。(12)日本の神話には伊奘諾尊と伊奘冉尊など、性差を語る性的描写が随所に見え、こうした表現を憚ることはない。兄妹である軻遇突智と埴山姫が結婚して稚産霊を生むなど、神々が結婚（交合）して子をなしている。

仮に天照大神と素戔嗚尊との間に交合があるならば、その旨が明記され、その後胤を系譜に加えることもあっただろう。しかし、『古事記』『日本書紀』には、そうした記述はない。少なくとも直接的には天照大神と素戔嗚尊との交合は記されていない。

確かに素戔嗚尊の物実によって、天照大神が神々を生みなす行為は交合による出産をイメージさせる。しかし、この神話では、天照大神の物実によって素戔嗚尊も神々を生みなしている。つまり、素戔嗚尊の子種によって天照大神が妊娠出産するというイメージは成り立っても、天照大神の子種によって素戔嗚尊が妊娠出産するというイメージは成り立ち難い。したがって、第六段は核となる本体とは何か、誓約《うけい》における物実《ものざね》とは何かという問題を語る段であり、二神の交合を語る段とはいえない。

五、物実をめぐる問題としての代理母出産

物実をめぐる問題は現代社会と無関係ではない。前近代的な封建的家族制度の家父長制は明治民法によって保障されていた。人はあまねく家に属し、その戸主に従わなければならず、家督相続においても男子優位の原則が貫かれていた。このような男尊女卑の時代、家を継ぐ使命を帯びた男性の子種（物実）は何より重んじられる一方、子を生む女性の立場を借り腹として蔑むこともあり、家の事情で母子の絆が引き離されることも稀ではなかった。しかし、産みの母をめぐる悲劇は決して前時代的な不幸ではなく、形を変えて現代に及んでいる。精子や受精卵を物実として重視する考え方が強かに残されているのだ。

代理母出産（代理懐胎）には、夫の精子と妻の卵子による受精卵を代理母の子宮に移植する方法と、夫の精子を代理母の子宮に人工授精する方法がある。前者には代理母との遺伝的つながりは認められないが、後者には代理母に遺伝的つながりがある。したがって、その代理母との間で生じた親権をめぐるトラブルが訴訟に至るケースもあるという。例え契約の上での代理母であろうと、産みの母親が示す母性を否定することはできない。

代理母出産については、国ごとに禁止あるいは非営利などの条件や制限が加えられているため、自

国で施術できない人々が国境を跨いで契約を交わすことも多い。このため、子どもをめぐる国際的なトラブルも発生している。こうした現状の認識とこれに対する法の整備は急務の課題であろう。なにより子どもの権利や女性の尊厳を守るため、代理母出産においては事前に関わる人々の意志確認、ひいては詳細な契約書を取り交わすなどの手続きも重要である。

また、血筋や血統を重んじる風習は、いつの時代にも存在する。物実としての子種、つまり、精子や受精卵を尊重する風潮は現在も歴然と存在し、病気あるいは死亡した配偶者の精子を凍結保存することもある。これとは別に、海外においては凍結保存された優秀な男性の精子を提供する精子バンクもあるという。前者は亡き夫や親族への想いも含まれている。しかし、後者にはDNAを介しての優生学や人種差別に対する違和感も否定できない。人間の本質において、我々は種か大地か品種か産地かなどという成否優劣を標榜すべきではない。

代理懐胎の問題の背後には、その是非に関わらず、個々の人々が抱えている深刻な状況や決断が窺える。多様性を認める社会であるならば、常識という曖昧な枠に留まることができない人々が必ずいるだろう。そこで下される決断には、非婚や同性婚、さらに、不妊に悩む多くの人々の希望も含まれている。こうした現実があることを忘れてはならず、安易に事の是非を問うべきことではない。

昭和二十四(一九四九)年以来、日本においては様々な事情を持ちながら、一万五千人ほどの子どもが精子提供による人工授精で生まれているという。[13] これに携わった個々の人々が置かれた立場や環境、そして、苦悩や希望は、個々が直面した重い現実を乗り越えてのことだといえよう。

日本の民法においては第三者を介した出産を想定していなかったため、こうした親子関係について規定する法律が曖昧であった。このため、平成二十七（二〇一五）年八月五日、自民党の法務部会と厚生労働部会の合同会議は民法の特例として第三者の精子や卵子による生殖補助医療により出産した子どもは、出産した女性を母とし、父は精子提供者ではなく、法律上のその女性の夫とする方針を固め、翌年の三月十六日、同合同部会は民法特例法案を了承した。

これは法律上の親子関係、民法の規定する家族を優先した結果であろう。ＤＮＡ検査などの結果如何によって、不利益を被る子どもたちの立場を守るという姿勢や、曖昧な法律に雌雄を決したという点では意義がある方針だと思われる。

ただし、この結果は物実を重視した第六段本文の価値基準とは相違し、生殖補助医療における血つながりや遺伝子の継承という事実を、民法が定める家族規定の価値観の下に据えたことになる。法律上の父親が実のところ遺伝上の父親とは異なるという出自は、親子＝血のつながりという一般的な家族の認識とは乖離している。したがって、将来、当事者である子どもが、こうした事実を知る権利は確り担保されるべきであろう。

万物一体の仁から見ると、親子関係や血縁のみに固執し、それに奔走するのは、狭量な姿勢といえなくもない。しかし、血のつながりという問題もまた、人それぞれに強い思い入れがあり、生物としての種族保存の本能にも関わってくる。いずれにせよ、代理母出産やそれをめぐる訴訟は、人の命と生まれた子どもたちのその後の人生に深く関わる問題である。

生殖補助医療に加え、iPS細胞による再生医療は日進月歩なのだろう。こうした時代が描く新たな人間の生殖の可能性を模索する上でも、将来の親子や家族関係の有り様に照らして、生まれてくる子どもたちの立場を最大限に尊重し、慎重に対処されるであろうことを願いたい。このためにも、家族愛から輪を広げて、これを支える社会が万物一体の仁という考え方を多少なりとも留意できればと思う。

註

(1) 黒板勝美編輯『新訂増補　国史大系　日本書紀　前篇』吉川弘文館、一九六六年、二四頁。
(2) 同右、『新訂増補　国史大系　日本書紀　前篇』二四頁。
(3) 佐伯有義校訂『吉川神道』大日本文庫刊行会、一九三九年、一一九頁。
(4) 同右、『吉川神道』一一九頁。
(5) 前掲の『新訂増補　国史大系　日本書紀　前篇』二四頁。
(6) 國學院大學日本文化研究所編　安蘇谷正彦・田沼眞弓責任編集『神葬祭資料集成』ぺりかん社、一九九五年、一八四頁。
(7) 安蘇谷正彦著『神道の生死観――神道思想と「死」の問題』ぺりかん社、一九八九年、一五頁。
(8) 徳橋達典『吉川神道思想の研究』ぺりかん社、二〇一三年、一二六頁。
(9) 前掲の『新訂増補　国史大系　日本書紀　前篇』二六頁。
(10) 同右、『新訂増補　国史大系　日本書紀　前篇』二六、二七頁。
(11) 同右、『新訂増補　国史大系　日本書紀　前篇』三〇頁。
(12) 森朝男『恋と禁忌の古代文芸史　日本文芸における美の起源』若草書房、二〇〇二年、参照。三浦佑之は森の説を受け、「おそらく、だれもが感じることでしょうが、剣や玉を嚙んで吹き出して子を生むという発想には、性的なイメージがつきまとっているでしょう。そして、それが姉アマテラスと弟スサノヲとによってなされるというのは、古代文学研究者の森朝男が指摘するとおり、幾重にも『隠蔽してはいるが』、兄妹婚と巫女の犯しという禁忌性を『深く潜在させている』とみるべきだ……」（前掲の『古事記講義』五八頁）と述べている。

（13）由井秀樹「日本初の人工授精成功例に関する歴史的検討：医師の言説を中心に」『コア・エシックス』立命館大学大学院先端総合学術研究科、二〇一二年、参照。

第七章、神代巻第七段（宝鏡開始章）

一、第七段本文の概要

この後、素戔嗚尊《スサノヲノミコト》の行為は甚だ無情であった。天照大神《アマテラスオホミカミ》は天狭田《あまのさなだ》・長田《ながた》を自身の御田《みた》としていた。素戔嗚尊は春になるとその御田に重ねて種を播き、田の畔を壊した。秋になると天斑馬《あまのふちごま》を放って田を荒らし、農耕や収穫の妨害をした。また、天照大神の新嘗宮に糞をし、神衣《かむみそ》を織る忌服殿《いみはだどの》の屋根を穿ち、皮を剝いだ天斑馬を投げ入れた。これに驚いた天照大神は梭《ひ》で身を傷つけてしまう。激怒した天照大神は天石窟に入り、磐戸を閉ざして幽居してしまう。こうして、六合《くに》（天地東西南北）は常闇の世界になり、昼夜の別も分からなくなった。途方に暮れた八十万神々は天安河辺に集い、日神再来のための祈りの方法を協議した。思兼神《オモヒカネノカミ》は深く慮り、常世の長鳴鳥を集めて互いに長鳴きさせ、手力雄神《タチカラヲノカミ》を磐戸の側に立たせた。中臣氏の遠祖の天児屋命《アメノコヤネノミコト》と忌部氏の遠祖の太玉命《フトタマノミコト》は天香山《あまのかぐやま》の五百箇真坂樹《いおつまさかき》を掘り起こして、上の枝には八坂瓊五百箇御統《やさかにのいおつみすまる》を掛け、中の枝には八咫鏡《やたのかがみ》を掛け、下の枝には青和幣《あおにぎて》と白和幣《しろにぎて》を掛けてともに祈禱した。猿女氏の遠祖の天鈿女命《アメノウズメノミコト》は手に茅纏《ちまき》の矟《ほこ》を持って天石窟戸の前に立ち、巧みに俳優《わざをき》をした。また、天香山の真坂樹を頭に巻いて蘰《かづら》とし、蘿《ひかげ》を手繦《たすき》にして、篝火を焼き、覆槽《うけ》を置き伏せて、その上に乗って顕神明之憑談《かむがかり》した。このとき、天照大神は「私がこの石窟に閉じ籠っているのだから、豊葦原中国は常闇のはずであろう。それなのになぜ、天鈿女命は楽しそうに歓喜して笑っているのか」と、少し磐戸を開き外の様子を窺った。そのとき、手力雄神が天照大神の手を取って引き出し、天児屋命と太玉命が端出之縄《しりくめなわ》を張り渡した。そして、「もうこの石窟に戻ってはなりません」と請うた。後に、諸神たちは素戔嗚尊に罪を問い、千座置戸を科し、髪を抜き、罪を購わせた。または、手足の爪を抜いて購わせたともいう。こうして、ついに、素戔嗚尊を高天原から放逐した。

二、第七段本文と一書の構成

第七段は天石窟神話を中心に語る。天照大神は素戔嗚尊による農業や祭祀の妨害行為に怒り、天石窟に身を隠してしまう。日神を失った世界は昼夜の別も分からぬ常闇に包まれた。困惑した高天原の神々は日神再来のための祈りの方法を協議した。先ずは思兼神が思案をめぐらせ、天児屋命と太玉命が祈禱し、天鈿女命が舞踏するなど、神々が一致協力して困難を乗り越え、日神再来を果たすのである。この後、素戔嗚尊は神々から罪を問われ、高天原から放逐される。
第七段は本文と三つの一書で構成されている。それらは以下の四つの話を基本とする。

（一）天上での素戔嗚尊の暴挙。
（二）天照大神の天石窟隠れ。
（三）素戔嗚尊の高天原放逐。
（四）誓約の異伝

第一の一書には、（一）（二）。第二の一書には、（一）（二）（三）。第三の一書には、（一）（二）（三）の次に、（四）が加えられている。これは放逐された素戔嗚尊が再び天上に上り、天照大神と誓約して男子を生み、心の清明を証すという異伝である。（四）は第六段の記述と類似している。その相違点は天照大神が女神を生む話を割愛した点である。

三、素戔嗚尊の罪（天津罪）

『延喜式』巻八祝詞「大祓（六月晦大祓）」では、素戔嗚尊が高天原で行った農耕や祭祀に対する深刻な妨害行為を天津罪としている。つまり、食糧確保に対する阻害や信仰に対する冒涜をも世の安寧を破る重大な罪とされたのだ。『日本書紀』第七段と『古事記』には、この罪に相当する箇所がある。一つ一つの罪の詳細は不明な点もあるが、その概要を以下に示す。

（A）重播種子（頻蒔《しきまき》）。種蒔きの終わった田に、重ねて種蒔きをし、作物の生育を妨害すること。種を蒔くことで耕作権を占有すること。（本文・第三の一書）

（B）放天斑駒便伏田中、生剝《いけはぎ》。生きた馬の皮を剝ぎ、田に放置し、耕作を妨害すること。（本文・第三の一書）

（C）冒以絡縄《ひきわたすにあぜなわをもってす》。田に縄を張り、田の占有を主張したり呪ったりして、耕作を妨害することとすること。（第二の一書）

（D）捶籤（串刺《くしさし》）。田に杭を打ち、田の占有を主張したり呪ったりして、耕作を妨害することとすること。あるいは家畜を串刺しにすること。（第三の一書）

以上、土地の占有・耕作・収益権に対する侵害行為。

（E）畔毀、毀畔（畔放《あはなち》）。畔を破壊することによって灌漑を妨害すること。（本文・第二の一書・第三の一書・『古事記』神代記・仲哀記）

（F）渠塡、埋溝（溝埋《みぞうめ》）。田に水を引く溝を埋めることによって灌漑を妨害すること。（第二・三の一書・『古事記』神代記・仲哀記）

（G）廃渠槽《ひはがち》（樋放《ひはなち》）。田に水を引く管を壊すことによって灌漑を妨害すること。（第三の一書）

以上、灌漑施設の破壊行為。

（H）放屎《くそまり》（糞戸《くそへ》）。天照大神の神聖な新嘗の宮に糞尿を撒き散らし、神事を妨害すること。（本文・第二の一書・『古事記』神代記・仲哀記）

（I）剝、逆剝《さかはぎ》。天照大神の神衣を織る神聖な斎服殿に逆剝の馬を投入し、神事を妨害すること。（本文・第一・第二の一書・『古事記』神代記・仲哀記）

以上、祭祀の妨害行為。

（B）（C）以外は『延喜式』巻八祝詞「大祓（六月晦大祓）」の「天津罪」（高天原においての罪）に記されている。

「大祓」によれば、天津罪とは別に国津罪の罪状が記されている。前述のように天津罪とは素戔嗚尊が高天原で行った農耕や祭祀に対する妨害行為をいう。これに対して、国津罪とは殺傷罪、近親相姦、獣姦、呪詛、白人や胡久美といった病、虫害や鳥害といった災など、人々の犯した罪と同様に、疾病・天災なども併記されている。

『古事記伝』のなかで、本居宣長は「其は必しも悪行のみを云に非ず、穢又禍など心と為るには非で自然にある事にても、凡て厭ひ悪《にく》むべき凶事をば皆都美《つみ》と云うなり（1）」と記している。宣長が理解する罪もまた悪行をのみ指すのではなく、穢や災（禍）など、凶事も含まれている。

現在、神社本庁包括下の神社で奏上される「大祓詞」（大正三年内務省選定）では、天津罪と国津罪の罪状を縷々述べることはなく、「天つ罪　国つ罪　許許太久《ここだく》の罪出でむ」と簡略化されている。これは国津罪の一部に差別的表現や近親相姦など倫理的に誤解を与えかねない表現があり、近代国家に相応しくないと判断されたからであろう。

本来の表現は（概ね）、「天津罪とは　畔放《あはなち》　溝埋《みぞうめ》　樋放《ひはなち》　頻蒔《しきまき》　串刺《くしざし》　生剝《いけはぎ》　逆剝《さかはぎ》　屎戸《くそへ》　許許太久の罪を天津罪と宣り別けて　国津罪とは　生膚断《いきはだだち》　死膚断《しにはだだち》　白人《しらひと》　胡久美《こくみ》　己が母を犯せる罪　己が子を犯せる罪　母と子と犯せる罪　子と母と犯せる罪　畜犯せる罪　昆《は》ふ虫の災　高津神の災　高津鳥の災　畜仆《けものたふ》し蠱物《まじもの》する罪《つみ》　許許太久の罪出でむ」であった。

差別的表現として問題になるのは、『日本書紀』推古天皇紀二十年の記事や『令義解』にも記された「白癩」という病名から、「白人」をハンセン病と解釈できる点や、「胡久美」がくる病ではないかと推論されるなど、特定の病が罪とされた点であろう。

実は大正三（一九一四）年に内務省が選定した「大祓詞」の祝詞から、天津罪と国津罪の罪状が省略された理由は公表されていない。戦後になって、「大祓詞」を引き継いだ神社本庁は近親相姦など倫理的問題に加え、病に苦しみ病と闘う人々に配慮し、特定の病状について差別を助長させる表現を斥けたものとも考えられる。古来伝わる祝詞の表現を切るということには、断腸の思いもあったであろう。しかし、結果として、こうした神社本庁の柔軟な姿勢によって大祓詞は近代国家に相応しい画期的なものになったといえる。

四、天石窟隠れ

『日本書紀』本文に記された天照大神は、当初から素戔嗚尊への怒りを露にしている。これに対し、第二の一書に記された日神尊（天照大神）は、弟の暴挙を咎めることも恨むこともせず、平心をもって許容し続ける。しかし、弟の悪戯は度を超していた。弟は密かに新嘗宮に忍び込み、姉の座の下に糞をしておく。姉は何も知らずに着座してしまい、悪臭まみれとなる。怒り心頭に発した姉は天石窟に隠れてしまう。神聖な新嘗宮を糞で汚すなど祭祀の妨害行為に他ならない。

天照大神は神道で最も尊貴な神とされている。それにもかかわらず、この女神は糞にまみれて激昂するようなある種滑稽な〝ヨゴレ〟の役割も器用にこなしてしまう。ここで見せる女神の表情は慈愛に満ちた観音菩薩のそれとは異なるが、正直で身近な人間味すら窺わせる。こうした異伝をも記述してしまう『日本書紀』の懐の深さには畏れ入ってしまう。

『古事記』の姉神に至ってはさらに手弱女に描かれている。姉は弟の暴挙に耐え忍び、新嘗宮にまき散らした糞を見ては酔余の吐瀉物として弟を許し、壊された畔を見ては田の改良の試みとして弟を庇い続ける。こうして増長した弟は、天照大神が神御衣《かむみそ》を織る神聖な忌服屋《いみはたや》の屋根を穿ち、皮を剝いだ馬を投げ入れる。これに驚いた天衣織女《あまぎおりめ》が梭《ひ》で陰を突いて死んでしまうのだ。姉はこれを見畏《みかしこ》み（自分自身を省察し反省し）、居たたまれずに天石窟に身を隠してしまう。

『日本書紀』本文の賢明な天照大神は素戔嗚尊の悪行を存知しており、端から疑いを持って接している。そして、素戔嗚尊の農業や祭祀の妨害行為に加え、自身が傷つけられたことで怒りが頂点に達し、天石窟隠れに至る。『日本書紀』本文は逡巡する天照大神の心の動きを繊細に描くことはない。

しかし、第二の一書や『古事記』で語られる〝天照大御神〟は弟を信じて、許し、庇い、放任することにより増長させ、果てには天衣織女を死なせてしまう。姉は自身が傷つくことに怒るのではなく、天衣織女の死に際して、優柔不断な自身の態度を顧みて、居たたまれなくなり、岩戸に隠れてしまう。弟のためを思う善意がことごとく裏目に出たのだ。

ただし、親しみ深く崇高な女神に向いているのは後者の〝ダメな姉さん〟なのだと思う。隙がなく完璧な姉がテキパキ切り盛りする話より、優柔で不完全な姉が見せる心の揺らぎに、人は共感できるのであろう。何度も弟を庇っては騙されて、自らを慎み省察しながら、皆に支えられて、また明るさを取り戻していく。こうして信じることや許すことの大切さ、それを裏切ることの悪辣さが際立つ。ダメダメな主人公がイロイロあっての共感が、読み手の自己投影にも結びつくのである。

常に天照大神を支えてきた高天原の神々は、天安河辺に集って相談し、日神の再来を祈るため、祭の準備に奮闘する。作戦参謀の思兼神は常世の長鳴鳥を集めて長鳴きさせ、手力雄神を磐戸の側に立たせた。天児屋命と太玉命は神籬《ひもろぎ》となる常盤樹を準備して、上の枝には勾玉を掛け、中の枝には鏡を掛け、下の枝には麻の布と楮《こうぞ》の布を掛けてともに祈禱した。天鈿女命は矟《ほこ》を持って巧みに舞い、神憑《かんがか》りして祭の場を盛り上げた。

天照大神は常闇のなかで天鈿女命が楽しげに舞い、神々が歓喜する笑い声を気に掛け、磐戸を開いて外の様子を窺った。そのとき、手力雄神が天照大神の手を取って引き出し、天児屋命と太玉命が注連縄を張り、天照大神が再び天石窟に戻れないように「勿復還幸」(2)と諭す。つまり、天児屋命と太玉命の二神は〝復《また》な還幸《かえりい》りましそ〟と、再び闇の世界が到来することのないように、体を張って天照大神を諫めたのである。

思兼神プロデュースによる祭が功を奏し、日神は再来し、世界は光を取り戻すことができた。日神再来の祈りは決して厳粛なものではなく、賑やかな祭の場となっている。とりわけ、天鈿女命の舞は楽しいだけのエンターテインメントに留まらず、魂に活力を与える祭儀でもあった。

五、天鈿女命と鎮魂祭・男根崇拝

太陽神が身を隠すという天石窟神話は日食を連想させるが、この神話は冬至に催行される鎮魂祭との関連が指摘されている。(3)鎮魂祭とは日照時間が最も少なくなる冬至の日、日神の子孫にあたる天皇の霊魂が体から遊離するのを防ぎ体内に鎮める儀礼と考えられている。第七段では鎮魂に関わる芸能の力にも注目される。

神々の笑いを誘う天鈿女命の舞は、弱った太陽に活力を与える芸能行為と結びつく。天鈿女命が茅《ち》纏《まき》の矟《ほこ》を男性性器に見立て滑稽に舞い、神々の笑いを誘ったとする向きもある。『古事記』では、鍛《かぬ》冶《ち》の天津麻羅《あまつまら》が登場する。麻羅《まら》は梵語由来の陰茎の隠語とされる。平安初期の仏教説話『日本霊異記』には、マラを男根とする記述があるため、天鈿女命の茅纏の矟と、刀鍛冶の天津麻羅との関連にも注目される。ただし、『日本書紀』第九段第一の一書には、天津麻羅は登場せず、鍛冶の役割は鏡作りの石凝姥命《イシコリドメノミコト》のみが務めている。したがって、鍛冶の役割が『古事記』『日本書紀』の間で統一されていた訳ではない。

男性性器を活力の象徴として信仰する事例は決して珍しいことではない。ヒンドゥー教で崇拝される男根形の石柱をリンガと呼ぶ。これは女性性器のなかから男性性器を見た様子を示し、シヴァ神の象徴とされている。また、千葉市若葉区桜木にある縄文時代の加曽利貝塚からは男根の形と思しき石棒が発見されている。これらはみな子孫繁栄や豊饒を意味している。

神奈川県川崎市の金山神社は鉱山や鍛冶の神とされる金山彦神（金山比古神）と金山姫神（金山比売神）を祭神とする。この神社には〝かなまら〟の信仰があり、子宝、安産に加え、近年では性病除けに御利益があるとされている。毎年四月に催行される〝かなまら祭〟では男根の形態をした神輿が登場し、多くの人で賑わう。この祭りの由来は近世以降のものとされるが、こうした男根崇拝の祭祀は愛知県小牧市の田懸神社など、日本のみならず、世界中で見ることができる。

また、司馬遼太郎は『街道をゆく　第十三巻　壱岐・対馬の道』で、長崎県壱岐市石田町池田東触の〝唐人神〟について「壱岐には、唐人—漂流朝鮮人であろう—を祀った古址が多い。海のむこうから来た客人《まろうど》を神に近いものとして崇敬する民俗が西日本の島々や海浜にあった[4]」と述べている。さらに、境内の〝たてふだ〟に記された「……唐人神の由緒についてはその年代はさだかではないが、中世の頃、若い唐人の下半身が流れつき、それを土地の漁師が祀ったという(5)」との文言を示し、以下のように説く。

典型的な漂着神である上に、縁者不明の海難者ということでエビス神であることの神秘的濃度高く、さらに唐人であることでいっそう濃くなっている。

土地の漁師たちはこの塚をあがめて大漁を祈ったのであろうが、ただ下半身であるということで、のちべつな御利益が付加され、次第にそれのみになった。たてふだに言う、「その後、腰より下の病に霊験あらたかなるところから、土地の人々はこれを性神とあがめ、明治初期」までは参詣者が絶えることなく、ついには、夫婦和合、良縁、安産の神になった。(6)

第五段の蛭児の解説でも触れたが、恵比寿信仰は海の彼方から寄り来る福利を神として崇めるものであった。壱岐の唐人神信仰は恵比寿信仰に加え、下半身の力が強調され、その御利益が「夫婦和合、良縁、安産」へと変遷していった。今でも石造りの祠の脇には、一メートル程度の立派な男根像など、石や木でつくられた様々な陰陽像が祀られている。このように、生きる、生むという生成力へ向けられた想いは、人間が生きていく上で根幹となる信仰形態の一つである。

天石窟神話で記された天鈿女命の舞は茅纏の矟を男根に見立て、それを滑稽の対象とし盛り上げたなどと古典に明記されている訳ではない。いずれにせよ、石窟に籠っている天照大神にはそれを見ることができないのである。ただ、天鈿女命の舞に盛り上がる神々の笑い声が響き渡り、天照大神の耳に達していた。

天照大神は暗闇の世界であるにも拘らず、こんなにも神々を歓喜させ、笑いを誘う天鈿女命の舞に心惹かれた。天照大神は逸る気持ちを抑え切れず、石屋戸を少し開いて外の世界を窺ってしまう。こうして、閉ざした心は開かれる。神々の一連の祭祀は日の再来を果たし、状況を好転させていく。

さらに、『古事記』の天石窟神話においては、芸能の力に加え、天照大神と鏡との関係がより強調される。〝天照大御神（天照大神）〟は〝天宇受売（天鈿女命）〟に神々の歓喜の理由を問う。これに対し天宇受売は〝天照大御神に増して尊貴な神がいる〟と答える。透かさず、天兒屋命と布刀玉命は天照大御神に向けて鏡を指し出す。天照大御神はその鏡に気づかず、鏡に映る自らの姿を不思議に思い、天之石屋戸を少し開くと、天手力男神に手を取られ引き出されてしまう。『日本書紀』第七段第二の一書によれば、このとき鏡についた小さな瑕が伊勢の神宮に奉斎されている鏡に残されているという。

大同二（八〇七）年、斎部広成が執筆した『古語拾遺』には、「鎮魂之儀者、天鈿女命之遺跡」(7)と記されている。これは〝鎮魂の儀は、天鈿女命の遺跡なり〟と読む。つまり、天鈿女命の神懸りが宮廷鎮魂祭の神楽舞の起源とされているのだ。

その詳細については、「令天鈿女命以真辟葛為鬘、以蘿葛為手繦、以竹葉・飫憩木葉為手草、手持着鐸之矛、而於石窟戸前覆誓槽、挙庭燎、巧作俳優、相与歌舞(8)」と記されている。これは〝天鈿女命をして、真辟《まさき》の葛を以て鬘《かづら》と為し、蘿葛《ひかげ》を以て手繦《たすき》と為し、竹葉《ささば》と飫憩《おけ》の木の葉を以て手草《たくさ》と為し、手に鐸《さなぎ》着けたる矛を持ちて、石窟の戸の前に誓槽《うけふね》覆《ふ》せ、庭燎《にわび》を挙《とも》して、巧に俳優《わざおぎ》を作し、相与《あいとも》に歌ひ舞はしむといふ〟と読む。天鈿女命は神憑りしてトランス状態となり、情熱的に舞い踊る。『古語拾遺』に記された天鈿女命の姿は『古事記』や『日本書紀』に増して豊かに描写されている。

石窟に籠った天照大神は天鈿女命の舞を見ることができなかった。しかし、天鈿女命の歌舞の力は天照大神に音として伝わっていた。それゆえ天照大神は、「比吾幽居、天下悉闇、群神何由如此之歌楽」[9]と語る。これは〝比吾幽《このごろあれこも》り居《お》て、天下悉に闇けむを、群神何の由にか如此歌楽《えらぎあそ》ぶ〟と読む。

この記述では〝歌舞〟ではなく〝歌楽〟と表現されている。天鈿女命の歌舞は音のみであっても、歌楽として天照大神の心を動かし、石窟戸を開かせた。これが芸能の持つ力なのだといえる。〝笑う門には福来る〟ともいう。皆が笑い楽しむ場には神々が寄り来る。歌舞音曲もさることながら、この芸能とは〝お笑い文化〟にも深い意味を残している。

六、素戔嗚尊への制裁

天照大神（太陽）が再来し、世界が光を取り戻した後、素戔嗚尊は諸神たちから暴挙の罪を問われ、高天原から放逐される。素戔嗚尊に対する制裁は第六段と『古事記』に相当箇所がある。

素戔嗚尊が科された千座置戸《ちくらのおきど》とは、罰金あるいは贖罪金を科す財産刑を意味する。千は数が多いこと。座《くら》は祓のときに購いものとして差し出す祓具《はらへつもの》を置く台であり、置戸《おきど》と同様に贖罪の品物をも意味する。つまり、千座置戸とは贖罪の祓具がうず高く積み上げられている様子を示している。祝詞の「大祓詞」には「千座置座爾置足波志弖」と記されている。これは〝チクラノオキクラニオキタラワシテ〟と唱えられている。

第二の一書では、手端の吉棄物《よしきらひもの》、足端の凶棄物《あしきらひもの》、唾《つばき》、洟《よだり》をも取り上げられる。素戔嗚尊は放逐に先立ち、祓具として髪と手足の爪を抜かれ贖わされた。

神逐《かむやら》ひとは、高天原からの追放刑を意味する。こうして、素戔嗚尊は解除（祓）を終え放逐される。ちなみに、『古事記』では、千座置戸を科され、髭と手足の爪を切り祓われて、高天原から放逐されている。

ジェームズ・フレイザーは呪術の性質を類似の法則に基づく類感呪術と、接触の法則に基づく感染呪術に分類し、これらを合わせて共感呪術と呼んだ(10)。類感呪術は丑の刻参りで藁人形の胸に釘を打つ行為など、呪いの対象と類似させたものを傷つけ、その対象に危害を加えること。感染呪術は人の髪や爪、愛用品、足跡など、呪いの対象が一度接触あるいは所有したものを傷つけ、その対象に危害を加えることとされる。素戔嗚尊が祓具を天神に差し出すということは、後者の感染呪術に該当する。

天神は素戔嗚尊から手足の爪、髭、唾、洟を取り上げることにより、いつでもどこからでも、その祓具を素戔嗚尊の体の一部として、素戔嗚尊に危害を加える自由を獲得したことになる。爪を剝ぐなどの行為は単なる刑罰に止まらず、感染呪術によって祓具を有する方が優位に立ち支配するという背後事情が窺える。

註

（1）大野晋・大久保正編集校訂『本居宣長全集　第十一巻』筑摩書房、一九六九年、三六四頁。
（2）黒板勝美編輯『新訂増補　国史大系　日本書紀　前篇』吉川弘文館、一九六六年、三三頁。
（3）松本信宏『日本神話の研究』平凡社、一九七一年、参照。
（4）司馬遼太郎『街道をゆく13　壱岐・対馬の道』朝日新聞出版、二〇〇八年〈本書は一九八五年刊の新装版〉、三五頁。
（5）平成二十九（二〇一七）年九月現在、唐人神前の〝たてふだ〟（立て看板）は、「中世のころ、若い唐人の下半身が流れつき土地の漁師が祀ったとされる。腰の下の病気に霊験あらたかなことから性神とあがめられ、夫婦和合、良縁、安産等に神通力があるといわれている。また男女の下の病の神様として丑満参りをする人が多い」となっている。
（6）同右、『街道をゆく13　壱岐・対馬の道』三五頁。
（7）斎部広成撰、西宮一民校注『古語拾遺』岩波書店、一九八五年、一四三頁。
（8）同右、『古語拾遺』一二三、一二四頁。
（9）同右、『古語拾遺』一二三、一二四頁。
（10）ジェイムズ・ジョージ　フレーザー著、古川信訳『金枝篇　上下』筑摩書房、二〇〇三年、参照。

第八章、神代巻第八段（宝剣出現章）

一、第八段本文の概要

素戔嗚尊《スサノヲノミコト》は天上から出雲の簸の川上に降り立った。このとき、泣き声が聞こえてきた。その声を捜し尋ねて行くと、老人と老婆が一人の少女を間にして、その子を撫でながら泣いていた。素戔嗚尊は「あなたは誰だ。なぜ泣いているのだ」と問うた。老人は「私は国神です。名は脚摩乳《アシナヅチ》と申します。妻は手摩乳《テナヅチ》と申します。この童女は我々の子です。名は奇稲田姫《クシイナダヒメ》と申します。我々には八人の娘がおりましたが、年毎に八岐大蛇《ヤマタノオロチ》に呑み込まれ、今年も奇稲田姫が大蛇に呑まれようとしています。逃れる術もなく泣いておりました」と訴えた。素戔嗚尊は「ならば、あなたの娘の奇稲田姫を私と結婚させてくれないか」といった。脚摩乳は「仰せのままに」と受け入れた。

こうして素戔嗚尊は奇稲田姫を湯津爪櫛《ゆつつまぐし》に化身させ、御髻《みづら》に挿した。それから、脚摩乳と手摩乳に八度も重ねて醸した酒を造らせ、間隔を開けて八面の仮棚をつくり、それぞれに酒槽を置き、そこに酒を盛って八岐大蛇を待ち伏せた。すると、案の定、八岐大蛇が現われた。大蛇は頭と尾が八つに分れ、目は酸漿《ほおずき》のように真っ赤に染まっていた。背中には松や柏の常緑樹が生い茂り、八丘と八谷にも及ぶ長さで這い回っていた。大蛇は酒を見つけると、それぞれの頭を酒槽に落し入れ酒を飲んだ。大蛇が酔い潰れて眠ってしまうと、素戔嗚尊は即座に十握剣で大蛇を八つ裂きにした。その尻尾を切ったとき、剣の刃が少し欠けた。このため、尻尾を割いてみると、中から剣が出てきた。これが草薙剣《くさなぎのつるぎ》（天叢雲剣《あめのむらくものつるぎ》）である。素戔嗚尊は「これは神々しい剣だ。どうして私のものにできようか」といい、この剣を天神に献上した。

その後、素戔嗚尊は奇稲田姫との結婚生活に相応しい場所を探し求め、出雲の清地《すがち》に至った。素戔嗚尊は「私の心は清々しい」といい、この地に宮を建て、「八雲立つ出雲八重垣妻籠に八重垣作るその八重垣を」の歌を詠む。二神は遘合《みとのまぐわい》をし、大己貴神《オホナムチノカミ》を生む。そして、「我子の宮首（宮主）は脚摩乳と手摩乳である」とした。二神は稲田宮主神《イナダノミヤヌシノカミ》という名を下賜された。こうして後、素戔嗚尊はついに根の国へと赴いていった。

二、第八段本文と一書の構成

第八段は素戔嗚尊の八岐大蛇退治と、その後の奇稲田姫との安寧な生活を語る。英雄が怪物と戦い女神を救うという神話形態は世界各地に残されている。こうした神話はペルセウスがアンドロメダを救ったギリシャ神話の英雄譚から、ペルセウス・アンドロメダ型神話と呼ばれる。(1)

第八段本文と六つの一書の構成は以下の三つに分類できる。

（一）素戔嗚尊が出雲の簸の川上に降り、奇稲田姫と出会う話。

（二）素戔嗚尊が八岐大蛇を退治し、草薙の剣を得て、天上に献上する話。

（三）素戔嗚尊が出雲の清地で奇稲田姫と結婚する話。

第八段の本文と一書は概ね類似した内容といえる。ただし、第一の一書は（二）を欠いている。第二の一書は素戔嗚尊が降った地を安芸の可愛の川上としている。第三の一書は（三）を欠いている。第四、第五、第六の一書は素戔嗚尊の子孫が韓地から樹種を持ち帰り、植樹や畜産など、国土経営に努めた話が加えられる。

第四と第五の一書は朝鮮半島の新羅との関係を強調している。第四の一書では、素戔嗚尊は最初に新羅に降り、その後、出雲に渡ったと記されている。第五の一書では、先に出雲、次に新羅に渡り、最後に根の国に入る。『三国史記』「新羅本記」には、「瓠公者未詳其族姓本倭人初以瓠繋腰渡海而来故称瓠公[2]」との記述がある。これは〝瓠公《ここう》は、いまだその族姓を詳《つまび》らかにせず。本《もと》は倭人にして、はじめ瓠を以ちて腰に繋《か》け、海を渡り来る。故に瓠公と称す〟と読む。この伝承に基づき、紀元前後の倭人瓠公と初代新羅王赫居世居西干《かくきょせいきょせいかん》を同一人物と比定する説もある。[3]赫居世は朴《パク》姓の祖とされる。朴の音は辰韓の言葉で瓠を意味するという。

第六の一書は『古事記』の少名毘古那神（少名彦名命）と大国主神の国つくりの話に類似している。しかし、『古事記』に記された少名毘古那神は高皇産霊尊ではなく、出雲系の神皇産霊の御子とされ、出雲の伝承が尊重されている。

三、八岐大蛇と草薙の剣

八岐大蛇は背に松や柏の常緑樹を生い茂らせ、長さ八丘八谷にも及ぶ。荒天により氾濫した簸の川は、河原に広がった砂州の上を這う幾筋もの流れをつくり、荒れ狂う大蛇の姿に変貌する。八岐大蛇のイメージとは荒々しい大自然の山河の表象なのである。つまり、素戔嗚尊が八岐大蛇を退治して奇稲田姫を救うという神話は、大自然の猛威から農地（稲田）を守る戦いを象徴している。

人々はそれに抗いながら灌漑を施し、開拓を進め、稲田を慈しみ守り続けてきた。こうした努力の積み重ねによって、人々は稲の恵みを受け、安らかな生活を獲得していく。八岐大蛇の神話は大自然の克服と人間生活の安寧の物語を端的に語っている。

八岐大蛇の尾から取り出された草薙剣《くさなぎのつるぎ》は草を薙ぐ剣である。第八段本文の分注（割注）によれば、この剣の本名は天叢雲剣《あめのむらくものつるぎ》とされている。草薙剣とは日本武尊の時代に改名されたという。遠征中の日本武尊は焼津の野原で、土地の豪族から火攻めにされる。このとき、この剣で草を薙ぎ払い、火打石で〝向火《むかいび》〟を放って難を逃れた。これが剣の命名の由来とされる。

　また、草薙のクサは臭気を意味する。ナミヘビ科のアオダイショウには、臭腺があって、危険を感じると総排出口から臭気を放つという。偶然の一致なのだろうか。草薙のナギとは蛇を意味するのだ。つまり、〝クサナギ〟は臭いヘビということなのだろうか。

沖縄ではアオダイショウをオーナギといった。ヒンドゥー教でもひょろ長い蛇神をナーガと呼ぶ。この呼名は南アジア、東南アジアに広く分布している。したがって、草薙剣は臭い大蛇から出た剣というよりも。アオダイショウの剣といえるのかもしれない。

　草薙剣は第九段第一の一書や『古事記』で、三種神宝の一つとされている。この剣は素戔嗚尊から天神に献上された後、皇孫に授けられ、後に地上に降ろされた。『古事記』『日本書紀』の景行天皇紀（記）によれば、剣は叔母であり神宮斎王の倭姫命から東征途中の日本武尊に授けられる。日本武尊は死の直前、剣を尾張の国造の祖である宮簀姫に託し、これが熱田神宮の御神体として祀られた。剣の変遷は八岐大蛇→素戔嗚尊→高天原→皇孫（天皇）→倭姫命（伊勢）→日本武尊→宮簀姫→熱田神宮ということなる。

一方、形代として歴代天皇に所持された剣は平家滅亡に際し、壇ノ浦の海中に沈むなど、幾多の災難を経て、新たな形代が用意され、現在、皇居の剣璽の間に奉安されているという。三種神宝については第九段で改めて触れたい。

四、八雲神詠

八雲神詠とは、『日本書紀』第八段本文に記された素戔嗚尊の神詠歌「夜勾茂多菟。伊都毛夜覇餓岐。菟磨語昧爾。夜覇餓枳菟倶盧。贈廼夜覇餓岐廻」[4]である。この万葉仮名は〝ヤクモタツ　イヅモヤヘガキ　ツマゴメニ　ヤヘガキツクル　ソノヤヘガキヲ〟と詠む。この八雲神詠の歌意は簡潔である。それは大蛇退治を終え、幾重にも雲の沸き立つ出雲国で、素戔嗚尊が奇稲田姫を娶り、八重垣の宮を建てて暮らすという安寧な生活を表現している。

この神詠歌は、『古事記』でも詠まれており、『古事記』『日本書紀』を通して、三十一文字五句を一首とする和歌の起源とされている。つまり〝八雲立つ出雲八重垣妻籠みに八重垣作るその八重垣を〟である。

十五世紀に著された『日本書紀』の注釈書『日本書紀纂疏』のなかで、一条兼良[5]は八雲神詠について〝四妙〟という言葉を用い「此歌有四妙。一字妙。二句妙。三意妙。四始終妙」と解説している。

この四妙とは「字妙」「句妙」「意妙」「始終妙」の四つをいう。八雲神詠の教えとは一首三十一文字五句のなかに一意を凝縮し、その形体が始終変わることなく後世にまで詠み継がれているという歌の力を説いている。(6) つまり一首とは三十一文字で、その字数は五七五七七の五句で構成されている。このように三十一文字のなかに一つの意味を凝縮させた和歌が、現代にまで継承されているという事実には不思議な力を感受させられる。これも言霊の妙なのだろうか。

室町後期の神道家吉田兼倶が著した『日本書紀神代巻抄』には、「此歌有四妙也」(7)と記されている。江戸初期の神道家吉川惟足の『神代巻惟足抄』にも、「八雲の四妙と云あり、第一字妙、第二句妙、第三意妙、第四始終妙也」(8)と記されている。兼倶や惟足による四妙の解釈は兼良からの踏襲と考えられる。

日本の歌学界においては、『古今和歌集』の語句の解釈を、特定の人物に一子相伝の秘伝として語り伝えた。この〝古今伝授〟が最高の権威とされてきた。厳守されるべきその内容は、歌理解の場において、内々に漏れ伝わることもあったのだろう。

江戸時代初期から中期にかけて歌壇で活躍した公卿の中院通茂は、「二条家古今伝授目録」を残しており、そこには「八箇之大事」の一つとして「一、八雲神詠反歌　口決」(9)を挙げている。こうした事実からも古今伝授における八雲神詠歌の重要性を窺うことができる

吉川神道では、和歌の位置付けが高く、和歌の秘伝を四重奥秘に次ぐ三事伝に集中させ、神代巻に記された八雲神詠を一首三十一文字五句で構成される和歌の起源として尊重した。さらに、八雲神詠

の復唱には、太平の世の安寧な生活のなかでも、慢心することなく、戦国の艱難な時期を心に留めようとする敬《つつし》みの教えがあることを強調した。これを牽強付会といってしまえば、それまでだが、徳川幕府の初代神道方に就任した惟足は武士の立場からそう考えた。とりわけ、八雲神詠第五句の「八重垣を」を神語（神の言葉）として特化させ、その反復を敬の意識の復誦として位置づけた。(10)

秘伝の解釈で注目すべき点は、『日本書紀』冒頭に記された混沌を万物のはじめとして理解し、さらに、その混沌とのつながりを説く伝承を、伊弉諾尊の神語として捉えた点である。惟足は混沌を思念することにより、天地未剖、陰陽不分、一念不起の混沌の境地に立ち返ることができるならば、自身の心と混沌世界との感応が可能になると考え、その境地が神々との交流の場になると信じた。

惟足は歌の役割を神々と人々との交流手段として尊重し、正直なまことの心や懇ろな言葉は神々に受納されると考えた。詠歌によって神々の恩頼に感謝し、歌を神々の弥栄の言祝ぎとした。こうして、和歌の起源とされた八雲神詠歌は近世に至って新たな意味を与えられるようになったのである。

神代巻に記された歌や神々の名前は、漢字を仮名として借用した万葉仮名で記されている。こうした神名や歌（言葉）は和語の発音に則って表現され、目で読み、耳で聴き、口で唱えるなど、誦読され継がれている。これは連綿と続く言葉の力に霊が宿るという信仰と強く関わっている。

五、割愛された大己貴神（大穴牟遅神）の成長物語

『古事記』では、須佐能男命（素戔鳴尊）の子孫とされる大穴牟遅神（大己貴神）あるいは同一神の大国主神《オホクニヌシノカミ》の物語を詳細かつ豊富に語っていく。稲羽の素兎（因幡の白兎）。八上比売をめぐる八十神からの迫害。八十神による大穴牟遅神の殺害。神産巣日命（神皇産霊尊）の使者𧏛貝比売《キサガヒヒメ》と蛤貝比売《ウムギヒメ》の乳汁による大穴牟遅神の蘇生。母神の忠告による木国への逃亡。大屋毘古神との出会い。大穴牟遅神の根の国訪問。蛇の室と呉公蜂《むかではち》の室。鳴鏑《なりかぶら》と鼠《ねずみ》の助言。須佐能男命の娘須勢理毘売《スセリヒメ》との根の国脱出。大国主神としての八十神追放。須勢理毘売との結婚。身を引く八上比売との別れ。高志国の沼河《ヌナカハ》比売《ヒメ》との恋。須勢理毘売の嫉妬など、文学的にも興味深い様々な物語がテンポよく展開していく。

『日本書紀』でも、大己貴神（大国主神）の国土経営や国譲り神話は語られる。しかし、大穴牟遅神から大国主神へと成長していく一連の物語は、『日本書紀』でまったく触れられることはない。

出雲神話の名場面を割愛した『日本書紀』編纂者の姿勢は、大和（高天原）側の価値基準に則した編集方針によるものだろう。つまり、出雲が大和に統合される国譲り神話ならいざ知らず、敵方出雲の大将の若き日の成長物語などは割愛ではなく、省略だったのかもしれない。そうであるならば、こういう点は寛容というより狭量といえるのだろう。一書を駆使して多様性の体面を保った『日本書紀』神代巻は、すべてに亘って寛容に満ちていた訳ではない。個人的には『日本書紀』で語り継がれる大

己貴神の成長物語も是非読んでみたかった。

六、大己貴神（大国主神）と少彦名命

『日本書紀』第八段の一書は素戔嗚尊とその子孫の話を中心に展開する。とりわけ、大己貴神と少彦名命《スクナヒコナノミコト》による葦原中国の国つくりは、国土経営事業として興味深い。大己貴神のオホは大きいことの美称。ナは土地。ムチは大日孁貴のムチと同じく尊貴性を意味する。少彦名命のスクは小さい姿を表している。ヒコは男子の美称である。したがって、大己貴神は大きな土地の貴人であり、少彦名命は小さな土地の男子という意味になる。いうまでもなく、二神は大と小とで対をなす神といえる。

第六の一書の構成は、『古事記』に記された出雲神話と多くの点で共通している。その特徴は以下の三つの順序で示される。

(一) 大己貴命（大己貴神）が少彦名命と国作りをする話。
(二) 大三輪神が大己貴命を助けた話。
(三) 大己貴命が出雲の五十狭狭《いささ》の小汀《おはま》で少彦名命に出会った話。

ここに示した『日本書紀』の構成について、誰もが違和感を覚えるのは、(三) の大己貴命と少彦

名命との出会いの状況が終盤に配置されている点であろう。『古事記』は（三）（一）（二）の順番で物語が進行し、大己貴命と少彦名命の出会いから物語が始まっている。仮に回想シーンとして過去を振り返るという構成もあり得るが、展開として自然なのは『古事記』の構成順序であろう。

大己貴命と少彦名命は力を合わせ、心を一つにして国つくりに励む。とりわけ、二神は国民の健康を案じ、病気治療の術を定め、医療の充実に尽力する。医療は労働力の確保に貢献し、国民の食糧供給を安定させる。二神の配慮は人間のみならず、それを助ける家畜にまで及んでいた。第五段第十一の一書によれば、家畜である牛馬は保食神《ウケモチノカミ》の屍から五穀とともに化生している。つまり、耕作において家畜が果たす役割は五穀と同様の価値を持つと認識されていたのであろう。

我々は今に至るまで農業生産者の育んだ糧を恩恵として受けている。百姓とは、食の糧をつくる民であり、大《おお》御《み》宝《たから》と呼ばれた。単なる宝ではない。〝大〟と〝御〟という二つの尊称を重ねた〝大御宝〟である。日本神話に見える百姓とは、決して農奴ではない。農耕に携わる人々はこれほどまでに尊ばれていた。つまり、食の確保は国つくりの基本である。したがって、農耕を通して国つくりに関与することの重要性は、『日本書紀』第九段においても繰り返し強調される。

さて、大己貴命と少彦名命は大と小との連携でともに国つくりに励んできた。しかし、少彦名命は道半ばにして、出雲の熊野の岬から常世郷に去ってしまう。異伝では淡島に至り、粟殻にはじかれて常世郷に至ったともいわれる。これにより、少彦名命の体が粟殻に弾き飛ばされるほど小さかったということが分かる。

なぜ少彦名命は忽然と姿を消してしまうのか。『日本書紀』ではその理由を明らかにしていない。これについて、少彦名命が大己貴命の〝第二の自我〟だとする指摘がある。(11) 少彦名命は大己貴命に内在する別の自我とされたのだ。国土経営にも目処が立ち、大己貴命の内面の成長にともなって、少彦名命は大己貴命の心から薄らいでゆく。

『日本書紀』第八段第六の一書によれば、少名彦名命は高皇産霊尊の御子とされている。一方、『古事記』に記された出雲神話には、高天原の高皇産霊尊や天照大神は登場しない。したがって、少名彦名命は神皇産霊尊（神皇産巣日神）の御子とされているのだ。

高天原神話では、控えめな存在であった神皇産霊尊は、出雲神話になると、その存在感を誇示して活躍する。八十神たちに殺された大己貴神を蘇生させたのも神皇産霊尊の意を受けた𧏛貝比売と蛤貝比売であった。本来、出雲系の少名彦名命は高皇産霊尊（大和系）ではなく、神皇産霊尊（出雲系）の御子とされていた。こうした物語の構成にも、大和と出雲の調和という重要なテーマが窺える。

大和系の伊奘諾尊と伊奘冉尊が生みだした国土を、出雲系の大己貴命と少彦名命が国づくりしていくという展開は、大己貴神の国譲り神話が大和系と出雲系との融和統合の試みであったという背後事情を窺わせる。

こうした編集には当然のように政治的意図が窺える。大己貴命の成長物語を省略するなどはその一例である。しかし、勝者の大和が出雲の記憶を完全消去するようなことはなく、出雲に対する敬意や畏怖を神話のなかに残している。これらは第九段の国譲り神話でより明確になる。これもまた『日本書紀』に見える多様性と寛容の一端といえるのだ。

七、大己貴神の幸魂奇魂

少彦名命が去った後、大己貴神は孤軍奮闘して国つくりに励む。ここで新たに大己貴神を補佐してくれたのが、大己貴神自身の幸魂奇魂《さきみたまくしみたま》とされる大三輪神（大物主神）であった。ここで幸魂奇魂について触れる前に、和魂荒魂《にぎみたまあらみたま》について考えてみたい。

河野省三は「……ミタマについては、和魂《にぎみたま》と荒魂《あらみたま》という静的、温和的な方面の作用と動的、勇猛な方面の作用とがある……[12]」と述べ、神魂の二元的な作用を指摘した。加えて神功皇后の新羅征伐に際して、和魂が皇后の安全を保護し、船の前後で皇軍を守護したという事例。さらに、伊勢神宮の別宮荒祭宮や広田神社での天照大神の荒魂の奉斎。大神神社での大国主命の和魂の奉斎。狭井神社での大国主命の荒魂の奉斎を列挙した。

河野は幸魂奇魂について、「之は蓋しミタマの霊妙な方面を特に抽出した思想であつて、若し和魂と荒魂との観念がそれぞれ精神作用の感情的方面と意志的方面とを意味する所があるとすれば、或は前者はその理性的方面、後者は情意的方面を表現[13]」するものとした。続けて、幸魂奇魂を「和魂の属性の分化せられ、具体化されたもの[14]」と指摘した。

一神のなかにも多様な性格が内在し、その何れかが主たる神霊を支えていると理解すべきなのだろうか。人間誰しも、意気消沈する自分を励まし、意気軒昂する自分を諫めるもう一人の存在に出会ったことはあるだろう。一人のなかに備わる多重な人格が意識的に自らの支えになることもある。

少名彦名命が去った後、孤高の大己貴神（命）を支えたのは大己貴神自身の幸魂奇魂であった。この幸魂奇魂が大三輪神とされている。大己貴神を支えた神々が自身に内在する自我であったとしても、外在する幸魂奇魂であったとしても、少彦名命や大三輪神の助けなくして大己貴神は大業を成し遂げることはできなかった。そう捉えてみると、重責を担い孤独に悩むリーダーたちの心中を察することができるのかもしれない。

註

(1) 大林太良『日本神話の起源』徳間書店、一九九〇年、参照。
(2) 佐伯有清編訳『三国史記倭人伝　他六編　朝鮮正史日本伝1』岩波書店、一九八八年、一五〇頁。
(3) 金素雲『三韓昔がたり』講談社、一九八五年、参照。
(4) 黒板勝美編輯『新訂増補　国史大系　日本書紀　前篇』吉川弘文館、一九六六年、四二頁。
(5) 一条兼良『日本書紀纂疏』国民精神文化研究所、一九三五年、一〇五頁。
(6) 徳橋達典『吉川神道思想の研究』ぺりかん社、二〇一三年、参照。
(7) 吉田兼倶『日本書紀神代抄』国民精神文化研究所、一九三八年、七五頁。
(8) 佐伯有義校訂『吉川神道』大日本文庫刊行会、一九三九年、三六一頁。
(9) 千葉栄『吉川神道の研究』至文堂、一九三九年、三四頁。本書によれば、中院通茂が伝えた「一条家古今伝授目録」は、国立国会図書館蔵の古今伝授奥義に所収。
(10) 前掲の『吉川神道思想の研究』参照。

(11) 前掲の『日本神話の起源』参照。
(12) 河野省三著『神道の研究』森江書店、一九三〇年、八一頁。
(13) 同右、『神道の研究』八一頁。
(14) 同右、『神道の研究』八二頁。

第九章、神代巻第九段（天孫降臨章）

一、第九段本文の概要

天照大神《アマテラスオホミカミ》の御子、正哉吾勝勝速日天忍穂耳尊《マサカアカツカチハヤヒアメノオシホミミノミコト》は、皇祖の高皇産霊尊《タカミムスヒノミコト》の娘、栲幡千千姫《タクハタチヂヒメ》と結婚し、天津彦彦火瓊瓊杵尊《アマツヒコヒコホノニニギノミコト》を生む。高皇産霊尊は皇孫の瓊瓊杵尊を愛しみ育て、葦原中国へ降臨させて、その国を統治させようと望んだ。しかし、その国は蛍火のように光る神や蝿の羽音のように騒々しい邪な神々が蔓延り、草木の類もそれぞれ勝手気ままに言葉を話すようなところであった。高皇産霊尊は八十諸神を召集し、「私は葦原中国の邪鬼を払い平定しようと思う。誰を遣わせばいいのか。諸神たちよ、知るところがあれば隠さずにいってくれ」と尋ねた。諸神は皆、「天穂日命《アメノホヒノミコト》は傑物の誉れ高い神です。試してみるべきではないでしょうか」と答えた。高皇産霊尊は皆の言葉に従って、天穂日命を派遣した。しかし、この神は大己貴神《オホナムチノカミ》に媚びて三年も報命しなかった。そこで、その子の大背飯三熊之大人《オホソビノミクマノウシ》、またの名は武三熊之大人《タケミクマノウシ》を派遣した。しかし、この神も父に媚び報命しなかった。

　高皇産霊尊は諸神たちを会集し、派遣すべき者を問うた。皆は「天国玉《アマツクニタマ》の子の天稚彦《アメワカヒコ》が壮士です。試してみてはいかがでしょうか」と答えた。こうして高皇産霊尊は天稚彦に天鹿《あめのか》児弓《ごゆみ》と天羽羽矢《あめのはばや》を下賜して、葦原中国へと派遣した。しかし、この神も忠誠を示すことはなかった。天稚彦は顕国玉《ウツシクニタマ》の子の下照姫《シタテルヒメ》と結婚して、葦原中国に留まり住み「私が葦原中国を治めたいと思う」といい、ついに復命しなかった。高皇産霊尊は天稚彦が久しく復命しないことを怪しみ、無名雉《ななしきぎし》を遣わせた。雉は葦原中国に飛び降り、天稚彦の門前に植えられた湯津杜木《ゆつかつら》の梢に止まった。このとき天探女は雉を見て、天稚彦に「珍しい鳥が湯津杜木の梢におります」と告げた。すると天稚彦はこの雉を高皇産霊尊から賜った弓矢で射殺してしまう。放った矢は雉の胸を突き抜け、天上の高皇産霊尊のところにまで至った。高皇産霊尊は「この矢は昔、私が天稚彦に下賜した矢だ。血に染まっているのは、天稚彦が国神と戦っているからだろう」と、矢を取って投げ下ろした。その矢は落下して新嘗の行事の後、仰臥《ぎょうが》していた天稚彦の胸に当たった。これにより、天稚彦は死んでしまう。これが世人の所謂〝反矢《かえしや》畏むべし〟といわれる由縁である。

　天稚彦の妻の下照姫が泣き悲しむ声は天にまで達した。このとき、父の天国玉は天稚彦の死を悟り、疾風を遣わして、屍を天に上げ、喪屋をつくって殯《もがり》をした。そこでは、川雁《かわかり》を持傾頭者《きさりもち》及び持帚者《ははきもち》とし、あるいは鶏を持傾頭者とし、川雁を持帚者とするともいう。また雀《すずめ》を舂女《つきめ》とし、あるいは川雁を持傾頭者とし、または持帚者とする。鴗《そに》を尸者《ものまさ》とし、鷦鷯《さざき》を哭者《なきめ》とし、鵄《とび》を造綿者《わたつくり》とし、烏《からす》を宍人者《ししひと》とするなど、鳥たちが葬儀の任に当たり、八日八夜啼きに哭いて悲しみ歌った。

生前の天稚彦は葦原中国で味耜高彦根神《アヂスキタカヒコネノカミ》と親しい仲であった。それゆえ、味耜高彦根神は天に昇って天稚彦の喪を弔った。この神の容貌は天稚彦と似ていた。このため、天稚彦の親族や妻子は「私の君はまだ生きていらした」と泣いて喜び、味耜高彦根神に取り縋った。これに対し味耜高彦根神は怒り心頭に発して、「朋友の道として、弔いをしようと汚穢を憚らずに、遠くから赴き哀悼を示していたというのに、どうして私を亡者と誤認するのか」と憤り、太刀を抜いて喪屋を引き倒してしまう。これが美濃国の藍見川上の喪山である。世人の〝生人をもって死人と誤ることを悪《い》む〟といわれる由縁である。

この後、さらに高皇産霊尊は諸神たちを会集し、葦原中国へ派遣すべき者を選んだ。皆は「磐裂根裂神《イハサクネサクノカミ》の子の磐筒男《イハツツノヲ》と磐筒女《イハツツノメ》が生んだ経津主神《フツヌシノカミ》がよいでしょう」と答えた。このとき、天石窟に住む稜威雄走神《イツノヲハシリノカミ》の子の甕速日神《ミカノハヤヒノカミ》、その神の子の熯速日神《ヒノハヤヒノカミ》、その神の子の武甕槌神《タケミカヅチノカミ》という神がいた。この神が進み出て、「どうして経津主神のみが大夫《ますらお》で、私は大夫ではないのか」と雄叫びを上げた。こうして、経津主神とともに武甕槌神も葦原中国平定へと派遣した。

二神は出雲国の五十田狭《いたさ》の小汀《おはま》に降り、十握剣を抜き、逆さまに地に付き立て、その剣先に蹲踞《そんきよ》して、大己貴神に問うた。「高皇産霊尊は皇孫瓊瓊杵尊を降し、葦原中国に君臨させようと望んでおられる。このため、先ず我ら二神を遣わせて、この国を平定させようとなさっているのだ。あなたの意志はどうか、戦いを避けるつもりはあるのか、ないのか」と迫った。大己貴神は「子の事代主神《コトシロヌシノカミ》と相談した後に報告しよう」と答えた。そのころ事代主神は三穂で魚釣りや鳥狩りを楽しんでいた。二神は諾否を問う使者稲背脛《イナセハギ》を熊野の諸手船に載せて遣わせた。こうして高皇産霊尊の勅を事代主神に伝え、その諾否を問うた。すると事代主神は「天神の勅に従い、我父は戦いを避けるべきでしょう」と答え、波の上に八重蒼柴籬《やえあおふしがき》をつくり、その船の側板を踏んで退去した。使者はすぐに帰還して、ことの次第を報命した。

こうして、大己貴神は事代主神の言辞に従い二神に対して、「頼みの子も既になく、私も身を引き戦いを避けよう。もし私が抵抗すれば国の神々も同様に抵抗するだろう。私が戦いを避けるなら、それに従わぬ者はいないだろう」と答えた。そして、国を平らげた広矛を二神に授け、「私はこの矛をもって、ことを成し遂げた。天孫もこの広矛をもって国を統治すれば、必ずや平安が訪れるだろう。私は百不足八十隈《ももたらずやそくまで》に隠れ去ろう」といい、すぐに隠れ去った。この後、二神はいまだ恭順しない鬼神たちを誅滅した。最後まで抵抗したのが星の神の香香背男《カガセオ》であった。しかし、建葉槌命《タケハヅチノミコト》によって服従させられた。こうして後、経津主神と武甕槌神の二神は天上に復命したという。

高皇産霊尊は瓊瓊杵尊を真床追衾《まとこおふすま》で覆い、葦原中国へと降臨させた。瓊瓊杵尊は天の磐座を離れ、天の八重雲を押し分けて、稜威の道別に道別きて（もの凄い威力で）、日向の襲の高千穂の峰に降臨した。皇孫は槵日の二上の天浮橋から浮渚在平処《うきじまりたひら》に立ち、痩せた不毛の地を丘つたいに歩き続け、国を探し求め、吾田の長屋の笠狭碕に至った。

その国には人が住み、自らを事勝国勝長狭《コトカツクニカツナガサ》と名乗った。そこで皇孫は「ここに国があるのかどうか」と問う。事勝国勝長狭は「ここには国があります。どうぞ気の向くままに」と逗留を請うた。こうして瓊瓊杵尊はこの地に留まることになった。さて、この国には美人がいた。名を鹿葦津姫《カアシツヒメ》、またの名は神吾田津姫《カムアタツヒメ》、またの名は木花開耶姫《コノハナサクヤヒメ》と称した。皇孫はこの美人に「あなたは誰の子か」と問うた。鹿葦津姫は「私は天神が大山祇神《オホヤマツミノカミ》を娶って生ませた子です」と答えた。こうして皇孫は鹿葦津姫と結婚した。しかし、鹿葦津姫は一夜にして妊娠した。皇孫はこれに疑いを持ち、「いくら天神と雖もどうして一夜にして妊娠できようか。あなたが懐胎しているのは我子ではない」と責めた。鹿葦津姫は怒り恨んで戸のない産室をつくり、そのなかで誓約《うけい》して、「その子が天孫の胤でなければ、焼け滅び、天孫の胤であれば、火で損なわれることもないでしょう」と唱えた。そして産室に火をつけ焼いてしまう。はじめて起こる烟から生り出でた子を火闌降命《ホノスソリノミコト》という。次に熱を避けているときに生り出でた子を彦火火出見尊《ヒコホホデミノミコト》という。次に生り出でた子を火明命《ホアカリノミコト》という。こうして鹿葦津姫は無事に三柱の御子を産んだ。久しくして天津彦彦火瓊瓊杵尊は崩御し、筑紫日向可愛《え》の山陵に葬り祭られた。

二、第九段本文と一書の構成

第九段は天照大神の孫の天津彦彦火瓊瓊杵尊が地上に降る天孫降臨の話を中心に展開する。天津のアマツは天神を意味する。彦のヒコは立派な男子。火のホは稲穂の穂。瓊杵のニギは賑やかな様子を示している。したがって、天津彦彦火瓊瓊杵尊は稲穂の賑やかな実りを象徴する天津神ということになる。

『日本書紀』は第九段から第二章に入る。これ以降、神代の伝承は後半に突入し、国家体制のあらましについて語りはじめる。この第九段の記述量は長大で神代巻全体の三割弱に及ぶ。こうなると、もはや系譜的な本文と八つの一書の内容を包括的に理解することは難しい。したがって、第九段では要点をトピックごとに理解していくことにしたい。

第九段の構成は概ね『古事記』に類似している。基準となる第九段本文は以下の四つのポイントで構成されている。

（一）天穂日命や天稚彦らを葦原中国に派遣する話。
（二）経津主神と武甕槌神の派遣と、大己貴神と事代主神父子による国譲りの話。
（三）瓊瓊杵尊が高千穂に降臨する話。

（四）彦火火出見尊が誕生する話。

さらに、第一の一書の構成に注目すると、三つの要点が見えてくる。

（一）三種神宝の話。
（二）天児屋命（中臣氏の祖）ら五部神の話。
（三）天壊無窮の神勅など五つの神勅と猿田彦神による嚮導《きょうどう》の話。

ここに見える三種神宝。五部神。五大神勅や猿田彦神の記述は『日本書紀』と神道信仰を考察する上で、極めて重要な内容である。それにも拘らず、これらの伝承はすべて本文から割愛されている。

三、外祖父高皇産霊尊

第九段の第一、第二、第六、第七、第八の一書と『古事記』によれば、最初に葦原中国への降臨を試みるのは瓊瓊杵尊ではなく、その父神の天忍穂耳尊とされている。つまり、出雲での国譲りに時間を費やし、その間に瓊瓊杵尊が誕生したため、瓊瓊杵尊が葦原中国に降臨することになったのだろう。ただし、父神が期を失ったため、その御子を降臨させるような展開では、瓊瓊杵尊の降臨が新味のない二番煎じにされてしまう。したがって、皇孫の誕生と降臨の神聖性とを保つため、『日本書紀』本文では、当初から高皇産霊尊が瓊瓊杵尊の降臨を望んでいた。こうした多様な展開も『日本書紀』の面白さである。

第九段本文、第二、第六、第七、第八の一書によれば、瓊瓊杵尊の母神は栲幡千千姫であり、この栲幡千千姫は高皇産霊尊の娘とされている。したがって、皇祖の高皇産霊尊は瓊瓊杵尊の外祖父（母方の祖父）ということになる。この他、栲幡千千姫は思兼命の妹（第一の一書）。高皇産霊尊の子火之戸幡姫の子（第六の一書の「亦曰」）。高皇産霊尊の子である万幡姫の子、玉依姫（第七の一書）という異伝も残されている。

皇統の系譜を直接的に語る第九段本文では、高皇産霊尊が常に重要な役割を担っている。天穂日命、大背飯三熊之大人（武三熊之大人）、天稚彦、経津主神と武甕槌神の葦原中国派遣や、瓊瓊杵尊の降臨に際して主導的な役割を果たすのは、常に高皇産霊尊であった。高皇産霊尊の功績は第二、第四、第六の一書も同様に展開する。父方の祖母天照大神の存在が霞んでしまうほど、母方の祖父高皇産霊尊は孫に対する愛情が深く、その将来の方向性にも積極的に関与してくる。ちなみに、『日本書紀』本文、第一、第二、第四、第六の一書は天孫降臨の立案者としての高皇産霊尊の存在を強調している。

高皇産霊尊は天孫降臨に際し、多くの神々と相談や議論を交わし、陰に陽に大活躍する。当然、天照大神も瓊瓊杵尊に無関心であった訳ではない。『古事記』では、高皇産霊尊とともに天照大神も中心的役割を担い、『日本書紀』第九段第一の一書でも、天照大神が皇孫に三種神宝を授けている。

余談になるが、日本の歴史においては、有力な外祖父と孫たちの関係が往々にして注目されてきた。藤原不比等と聖武天皇。藤原兼家と一条天皇。藤原道長と後一条・後朱雀・後冷泉天皇。平清盛と安徳天皇の関係がそうである。斜に構えれば、天皇家との外戚関係によって、その威光を笠に着る外祖父たちともいえよう。それとも、祖父母にとって孫という存在は子孫繁栄の喜びを直接的に甘受させるものなのかもしれない。

　祖父母は自らの血を引く孫のために何か役立てることはないかと考え、孫に献身的であろうとする。平成二十五（二〇一三）年の税制改正によって、教育資金の贈与税非課税制度が創設された。これにより、子・孫一人あたり一五〇〇万円まで、生前贈与が可能になった。これは身内に対する献身を慮った親切な制度である。しかし、そもそも子を養育するのは親の責務であり、あるいは国の政策なのだから、これによって、自己資金に余裕のない祖父母たちが肩身の狭い思いをするは気の毒に思う。それどころか現代に生きる人々は高齢化社会を迎え、〝格差社会〟〝老後破産〟あるいは〝下流老人(1)〟という数々の警鐘で不安に駆られている。今後、日本を持続可能な社会とするため、社会保障制度改革やベーシックインカム制度の導入など様々な可能性を模索していくのであろう。

　『日本書紀』は陰陽の物語から始まる。陰と陽が交錯する気の現象において、天地万物は結びつく、これに基づく惻隠《そくいん》の心が仁の端であり、万物一体の仁となる。これは利己的偏愛が極まった他人への無関心とは対極の立場にある。ただし、身内のみに向けられた等差愛も無限に拡大していけば、万物一体の仁につながるともいえる。

金は天下の回り物、この税制は金を持て余した高齢者のタンス預金を世に流通させることで、多少なりとも経済の活性化に資する策なのだろう。経済の活性化策により、皆が潤うのであればそれに越したことはない。ただし、格差社会を生き抜いて、余裕を得たのであればこそ、その余裕を社会の無関心に曝されている人々の救済や、断絶の端にある地域や伝統文化の保持、加えて、医療や科学技術の発展ために役立てる選択もあるだろう。万物はつながっているのだから、僅かな自覚の積み重ねが天下太平のための一行程に資することを願いたい。

四、天稚彦と味耜高彦根神

天孫降臨に先立ち、天津国玉神の子の天稚彦は出雲の国に降る。これは天穂日命と大背飯三熊之大人親子に続く第三の派遣であった。天稚彦の稚のワカは若さを意味し、彦のヒコは立派な男子をいう。『古事記』によれば、天稚彦は思金神の推薦で出雲に降るが、『日本書紀』本文では、諸神たちの推薦によって出雲に派遣されている。天稚彦の伝承の構成は以下の三つに分類できる。

（一）天稚彦の派遣。
（二）天稚彦の死。
（三）味耜高彦根神の弔問。

葦原中国に派遣された天稚彦は、当地で顕国玉神の子の下照姫と結婚し、自ら葦原中国の統治者を志すようになる。こうした展開は、天稚彦の高天原に対する希薄な忠誠心を強調している。顕国玉神とは大己貴神・大国主神の異称とされる。したがって、天稚彦は敵方の大将というべき大己貴神の娘と恋に落ち、出雲方に出奔《しゅっぽん》したことになる。高皇産霊尊は出雲に降る天稚彦に天鹿児弓と天羽羽矢を賜与していた。高皇産霊尊の思念の込められた特別な弓矢が高天原に叛いた天稚彦を死へと導いていく。

天稚彦はその弓矢を用いて、高皇産霊尊の使者の雉を射殺《いころ》してしまう。天稚彦が放った矢は雉の胸を貫通し、天上の高皇産霊尊のところにまで飛んでいく。高皇産霊尊は血で染まった矢を見て、天稚彦が出雲の国神と戦っているものと思い、矢を手にして地上に投げ返した。新嘗の行事を終え、あおむけに寝ていた天稚彦はこの反矢に当たって死んでしまう。天稚彦の死には、高皇産霊尊への背信行為（反逆）に対する呪術的意味合いも含まれていた。これにより、世人は〝反矢畏むべし〟と後世に伝えてきたという。

天稚彦の死を悼む下照姫の叫びは天上にまで響き渡り、天稚彦の父神天国玉にその死を悟らせた。天国玉は天稚彦の屍を天に挙げ、喪屋をつくって殯《もがり》をして弔った。この葬儀で一悶着起こすのが味耜高彦根神である。

この神の容貌は天稚彦と似ていた。このため、葬儀に参列した妻子や親族は味耜高彦根神を見て、天稚彦が生き返ったものと狂喜して、味耜高彦根神に取り縋った。しかし、味耜高彦根神は亡者に間違えられたことを汚穢として憤慨し、怒りのままに剣を抜いて喪屋を破壊してしまう。この話は第一の一書や『古事記』にも記されている。

『古事記』によれば、大国主神と多紀理毘売命《タギリヒメノミコト》の子として登場する阿遅鉏高日子根神《アヂシキタカヒコネノカミ》（味耜高彦根神）は迦毛大御神《カモノオホミカミ》の別名とされている。『古事記』のなかで、〝大御神〟の上に神名を冠するのは〝天照大御神〟と〝迦毛大御神〟の二神のみである。岐阜県輪之内町には式内社の加毛神社があり、この祭神が賀茂別雷命《カモワケイカヅチノミコト》とされている。『賀茂之本地』によれば、京都市北区にある賀茂別雷神社（上賀茂神社）祭神の賀茂別雷命は、阿遅鉏高日子根神の別名とされている。これにより、味耜高彦根神・迦毛大御神・賀茂別雷命は同一神であることが了解される。

容貌の似た天稚彦と味耜高彦根神との関係は何を意味するのだろうか。味耜高彦根神は死者（天稚彦）と誤認されたことに憤慨していた。その怒りの背景には明確な生死の分別と死穢の意識が窺える。味耜高彦根神の登場は天稚彦の死と復活を意味する神話伝承と考えられる。天稚彦は古代メソポタミア（シュメール）のタンムーズ神のように年毎に死と再生を繰り返す植物神（穀物神）との類似性が指摘されている[2]。

天稚彦のワカは穀物神の稚産霊のワクと同様に若さを示す〝稚〟の字で表記される。ワカは元々ウカを意味する。そのウカは倉稲魂《ウカノミタマ》のウカ。つまり、天稚彦は死後に食物として復活再生する保食神《ウケモチノカミ》と同様に、穀物神としてのはたらきを持っている。

本居宣長の『古事記伝』によれば、味耜高彦根神のアジは可美《うまし》と同じく美しいとか、立派とか、満ち足りているという意味になり、スキは農具の鋤と解釈できる。したがって、この神も死して再生する農耕神と考えられる。

天稚彦の伝承に記された殯《もがり》とは、本葬の前に遺体を棺に納め仮安置する古来の葬儀の風習である。この殯の期間に生者は死者に畏敬の念を示し、別れを告げ、不可逆的に蘇ることのない身体の死を確信する。

天稚彦の葬儀（殯）では、鳥たちが様々な役割を果たしている。カモ科の水鳥の総称である川雁は死者の食物を供する持傾頭者《きさりもち》、及び喪屋を掃く箒を持つ持帚者《ははきもち》として。また、鶏も持傾頭者として。雀は供物の米を舂く舂女《つきめ》として。カワセミの古名ソニドリと思しき鴗は神霊の代わりに形代となり祭を受ける尸者《ものまさ》として。ミソサザイ科の鷦鷯は葬儀で泣く哭者《なきめ》として。トビと思しき鵄は死者の装束をつくる造綿者《わたつくり》として。鳥は宍の料理をするししひととしてそれぞれの任に当たった。役名の詳細は不明であり、重複も認められるが、空を行き交う鳥が葬儀に関わるという表現は、『日本書紀』編纂以前に存在した鳥葬の風習との関連をも窺わせる。なにより、天に近づくことが許されている鳥を特化する風習があったのだろう。天稚彦に射殺《いころ》された雉も高皇産霊尊の使者であった。

天稚彦の葬儀の様子は本文に、「八日八夜啼哭悲歌(3)」と記されている。つまり、〝八日八夜啼び哭き悲び歌ぶ〟など、葬礼と音楽との関係は前述の神代巻四神出生章や允恭天皇紀四十二年正月条にも記されている。允恭天皇崩御に際しては新羅王が楽人八十人を貢上し、難波から京まで哭泣し歌舞しながら殯宮に参会したとの記述が残されている。天武天皇の崩御に際しても、種々の歌舞を奏でたという記述がある。

『古事記』の相当箇所は「日八日。夜八夜以遊也[4]」と記されている。これは〝日八日、夜八夜、以て遊びたりき〟と読む。また、『魏志』倭人伝にも、「始死停喪十餘日當時不食肉喪主哭泣他人就歌舞飲酒[5]」と記されている。これは〝はじめ死するや停葬十余日、時に当りて肉を食はず、喪主哭泣し、他人就いて歌舞飲酒す〟と読む。

これらを見る限り、日本では葬儀に際して歌舞音曲を制限する習慣はなかった。ただし、八世紀の「神祇令」には、葬儀での歌舞音曲に制限が加えられている。つまり、律令制が定着し、社会制度が整備されるにつれ、個々の思いを表現する自由は遠き古の夢となり、あれはダメ、これはダメと制限で満たされるようになってしまった。

五、出雲の国譲り神話

葦原中国へ降った先遣隊は天穂日命、大背飯三熊之大人、天稚彦と続いた。しかし、何れも出雲側に懐柔され、国譲りの交渉は遅々として進まなかった。そこで高皇産霊尊が満を持して四度目の派遣を指示したのは経津主神と武甕槌神であった。

経津主神は諸神の推薦を受けていたが、武甕槌神は「豈唯経津主神独為大夫而吾非大夫者哉[6]」と雄叫びを上げ自ら立候補する。武甕槌神は〝どうして経津主神のみがますらおで、吾がますらおではないのだ〞と強い自我意識を掲げて、葦原中国平定に加わった。

経津主神と武甕槌神は、出雲国の五十田狭の小汀に降り、大地に十握剣を突き立てながら、大己貴神と対峙する。そこで二神は、瓊瓊杵尊を葦原中国の統治者にするという高皇産霊尊の勅を伝え、大己貴神に国譲りの諾否を迫る。

このとき、経津主神と武甕槌神は逆さに突き立てた剣先の上に蹲踞《そんきょ》していた。その剣は大地に突き刺してあったのではなく、尖った剣先を天に向けて立っていた。つまり、二神は剣先の上に蹲踞して国譲りを迫るという実に異様な光景を見せていたのである。

蹲踞とは単にうずくまる姿勢ではなく、相撲や剣道の試合直前に踵《かかと》を上げ、膝を開いてしゃがむポーズをいう。これは戦闘前の姿勢のみならず、神社祭式でも見ることができる。神前では膝は大きく開くことはないが、こうした姿勢は神々や対戦相手に礼を示す敬意の表れと考えられる。

武甕槌神は常陸国一宮鹿島神宮（茨城県鹿島市）の祭神であり、経津主神は下総国一宮香取神宮（千葉県香取市）の祭神である。二神はともに勇猛な武神、軍神として知られ、古来朝廷からの崇敬も深い。武家社会の剣術道場では札や軸に武甕槌神や経津主神の神名を掲げ祭るほどであった。

武神として剣をも自在に操る武甕槌神と経津主神は剣先で蹲踞して見せることにより、稀なる力を誇示したのである。この武甕槌神らの奇異な行動が威嚇であったにせよ、懐柔であったにせよ、懇願であったにせよ、武神は無益な戦いを回避すべく、敬意をもって大己貴神に対峙したといえる。

大己貴神は事代主神の意思を確認した後、国譲りの諾否について返答する旨を二神に伝える。当の事代主神は使者に対し躊躇することなく、「我父宜当奉避⑺」と述べる。つまり〝我が父、避け奉るべし〟と父の戦乱回避によって、太平を守るべき旨を述べ、高皇産霊尊の勅に同意したのである。その後、事代主神は八重蒼柴魔籬《やえあおふしがき》をつくり、その神籬《ひもろぎ》を設えた船の側板を踏んで海の彼方へと消え去ってしまう。

太平を願う事代主神の言葉は父の大己貴神に引き継がれる。事代のコトシロは言を知ること。つまり、事代主神とは神の依代《よりしろ》として神の託宣を伝える主を意味している。したがって、大己貴神が事代主神に国譲りの返事を委ねた行為は、神憑りした事代主神を中継することにより、大己貴神が大和の力に屈したのではなく、神の託宣に基づいて、国譲りを決めたという解釈をも成り立たせる。

事代主神から間接的に国譲りを進言された大己貴神はその言辞に従い、「如吾防禦者、国内諸神、必当同禦。今我奉避、誰復敢有不順者⑻」と語る。〝如し吾防禦《ほせ》かましかば、国内の諸神、必ず当に同く禦《ほせ》きてむ。今我避り奉らば、誰か復敢へて順はぬ者有らむ〟と自らの退去を決意する。好戦的な視点に立てば、あっけない出雲政権の幕引きに出し抜けの感も否めない。とはいえ、大己貴神が闇雲に大和の勢力に抵抗すれば、出雲の神々は大己貴神に追従することになり、多くの神々を戦いに巻き込むことになる。大己貴神は自分が去ることにより神々を戦いに巻き込ませず、不戦を守り、出雲の太平を保ったのである。ここには平和に対する自己犠牲の姿勢を窺うことができる。こうして、大己貴神は日本神話屈指の神として人々から親しまれ信頼され続けてきた。

ただし、現実に戦乱を止めるのは困難であり、大己貴神の意に反して、太平は容易に訪れなかった。

大己貴神の国譲りの後も戦闘が続いたことは本文に明記されている。出雲と同じ山陰地方にある鳥取市青谷町の青谷上寺地遺跡で発見された五千点以上の人骨片には、頭蓋骨の陥没など、殺傷痕が認められるものが百体以上もある。こうした骸《むくろ》も山陰地方の戦乱の様子を伝える一つの事実である。

しかし、大和は出雲の文化に敬意を表しており、勝者であるはずの大和側は敗者であるはずの出雲を侮蔑するような記述を残していない。大己貴神が挺身して太平を守ろうとする姿を記したのは他ならぬ『日本書紀』本文であった。

無益な戦いを避け、太平を望む大己貴神の器の大きさは、第九段本文の主要テーマとして語られる。出雲の国譲りを表明した大己貴神は、自らが出雲国を平定した広矛を、経津主神と武甕槌神の二神に託し、天孫がこの広矛をもって統治すれば、必ずや平安が訪れると祝言し、〝百不足八十隈《ももたらずやそくまで》〟に去っていく。百不足八十隈とは幾重にも曲がりくねった道の深奥にある薄暗い隠れた場所であり、ここが幽冥界とされている。

『日本書紀』第九段第一、第二の一書でも、これと同様の話が展開する。とりわけ第二の一書では、高天原の神々が自ら身を隠した大己貴神の霊《みたま》のために立派な宮殿を建築している。これが出雲大社である。こうして、大己貴神は顕露《あらは》の事を皇孫に譲り、皇孫のための祈りを誓う。この第二の一書に見える顕露とは、この世に見えて存在する現世の政治を意味する。神事を意味する幽事《かくりごと》はその反意語の死後の世界とされる。

大和側が大己貴神の霊《みたま》のために建築した立派な宮とは、どのような建物なのだろうか。平安時代の

『口遊』には、巨大高層建築を示す「雲太」「和二」「京三」との言葉が記されている。雲太とは長男の出雲大社本殿であり、和二とは次男の東大寺大仏殿（大和）であり、京三とは三男の平安京大極殿である。つまり、当時の出雲大社本殿は東大寺大仏殿より高層であった。ちなみに「東大寺要録」の「大仏殿碑文」によると、当時の大仏殿の高さは現在の大仏殿（約四十九メートル）よりも低い十二丈六尺（約三十七メートル）ほどとされている。

出雲近隣の鳥取県東伯郡羽合町の長瀬高浜遺跡から、四本柱に梯子（階段）を備えた高層高床式建築物の遺構が発見されている。これは同県米子市の稲吉角田遺跡から出土した弥生式土器に線刻されている高層高床式建築物を想起させる。さらに、出雲大社の社伝によると、かつて本殿は高さ十六丈（約四十八メートル）であったという、これは現代の約十二から十三階のビルに相当する。

あまりの高さに、高層の出雲大社本殿は伝承上のものと考えられてきた。しかし、平成十二（二〇〇〇）年、出雲大社本殿八足門前の地中から、約一メートル三十センチの杉巨木が三本組み合わされた直径約三メートルもの柱の遺構が発見された。これは出雲国造家に残された平安時代の「金輪御造営指図」の図面と酷似していた。こうした要件を踏まえ、本殿が高層建築であったという伝承がより現実性を帯びてきた。こうした巨大高層建築物の遺構も大和側による出雲への敬意と畏怖とを読み取ることができる。

一方『古事記』の国譲り神話は包括的に展開され、多くの要素を含みながら進行する。天照大御神（天照大神）は天菩比神（天穂日命）や天若日子（天稚彦）に続く第三の使者として建御雷神（武甕槌神）

を葦原中国に派遣する。建御雷神は大己貴神と交渉した後に、大己貴神の第一子事代主神に天鳥船神遣わして交渉する。『古事記』には、経津主神の名は見えず、建御雷神《タケミカヅチノヲノカミ》の神の別名として建布都神《タケフツノカミ》と豊布都神《トヨフツノカミ》の名を上げている。

『古事記』の展開では、出雲の国譲りは一筋縄では済まなかった。ここでは大己貴神の第二子建御名方神《タケミナカタノカミ》による激しい抵抗が語られ、その決着は信濃の諏訪湖にまで及ぶ。このときの勝負が相撲の起源とされていく。その後、出雲側は降伏し、無条件の国譲りが行なわれる。様々な難局を経て、瓊瓊杵尊は高千穂に降臨し、大和朝廷の基礎づくりを進めることになる。

六、一元的合理化よりも多様性

天穂日命は天照大神の御子であり、天忍穂耳尊の弟である。そして、最初に高天原から出雲に派遣された神である。しかし、大己貴神に心酔し、そのまま出雲に留まった。代々この国を治める出雲国造（出雲大社宮司）はこの天穂日命の子孫とされる。新任の出雲国造が代替わりごとに奏上する「出雲国造神賀詞」には、天穂日命以来の国造家（千家家・北島家）の活躍、天皇への忠誠、長寿の祈願、そして献上品などが述べられる。

出雲の伝承を守る『出雲風土記』と、大和を基準とする『古事記』『日本書紀』との内容には、かなりの相違も認められる。『出雲風土記』によれば、大穴持命（大己貴神）は杵築の大社（出雲大社）を建てることを条件として、幽冥界に去ったのであり、無条件の撤退とはなっていない。『出雲風土記』の編纂は出雲地方の出身者によって主導されたため、『出雲風土記』に登場する神々の事跡は独自の展開を見せてきた。この点は第九段第二の一書にも共通した趣がある。

日本の神話を照覧してみると、その豊富なバリエーションに驚かされる。とりわけ、個々の伝承を尊重し、複数の異伝を擁する『日本書紀』は記述の一元的合理化を回避し、多様な日本神話の有り様を示してきた。つまり、大和朝廷は伝承の多様性を認め、異伝のすべてを排除し焚書するようなことはなかった。『日本書紀』が多様な伝承を残したことにより、後代の読者は神話を相対的に比較検討する能力を涵養されてきた。極端にいえば、多様性は神話全体を補完し豊かなものにしていったのだ。

その反面、多様な物語の共生は統一したストーリーの欠如という問題も孕んでいる。確かに大和系と出雲系との相異を強調して、『古事記』『日本書紀』『出雲風土記』の細部を比較して、その背後に潜む個々の特殊事情を検証することも必要な研究方法である。それに加えて、日本神話が何れかの古典を異端として排除することなく、矛盾を抱えながらも、その親和性を手掛かりとして、全体像を再認識していく柔軟な姿勢にも注目すべきである。

『日本書紀』本文と複数の一書や『古事記』『出雲風土記』『古語拾遺』など、バラエティーに富んだ神話伝承は、類似あるいは同系の物語と捉えることができても、物語の主人公や筋立ての順序、その結末すら微妙に異なっている。数多のアナザーストーリーが行きつ戻りつ繰り返し、同時進行しているようでさえある。とはいえ、合理的に内容を統一すれば、多様な伝承の神髄は闇に埋もれてしまう。

ここで重要になるのが基準となる系譜的本文の役割である。多くの伝承を活用するために、系譜という確固とした羅針盤を明示することにより、むしろ、各地方の伝承や家伝を尊重し、一書として数多の異伝を記述することができた。

『日本書紀』本文の骨子が堅牢であれば、その欠落を補完する多様な異伝を許容する余裕ができる。そういう姿勢が、編者の作意的内容統制による記述の一元的合理化を避け、結果として多様な伝承を尊重する見地を養ったのである。

当然、地方で伝承された神話は『古事記』『日本書紀』の伝承よりも組織化という面で不完全なものであったろう。このため、無理な断片の積み重ねには、どうしても矛盾がついて回る。しかし、検証可能な複数の材料が残されていれば、後の世に、多様な素材を基にして、再検証することも可能になる。伝承が時の権力や権威の匙加減によって、一元的に合理化されるより、難解であっても厄介であっても多様性を保っている方が有難い。

七、天孫降臨と真床追衾（真床覆衾）

ようやく出雲の国譲りが整い、高皇産霊尊は瓊瓊杵尊を葦原中国へと降臨させた。瓊瓊杵尊は天の磐座を離れ、天の八重雲を押し分けて、もの凄い威力で日向の襲の高千穂の峰に舞い降りた。

このとき瓊瓊杵尊は真床追衾《まとこおふすま》（本文以外は真床覆衾と記す）に覆い包まれていた。真のマは美称。床のトコは一段高く設えられた場所であり、床の間など寝所や寝具を意味する。追のオフは覆うと同様に、被せ包み込むこと。衾のフスマは伏す裳から転じた寝具の布である。つまり、真床追衾とは神聖な床を覆う掛け布団のような布を意味する。

天孫が真床追衾に覆われて降臨する姿は即位式と関連づけることができる。第十段第四の一書に記された彦火火出見《ヒコホホデミ》尊《ノミコト》の海宮游行では、尊が真床覆衾の上に座って寛いでいた。海神はこの様子を見て彦火火出見尊が玉座につくべき皇胤（統治者）であることを直感している。

また、彦火火出見尊の御子鸕鷀草葺不合を豊玉姫《トヨタマヒメ》が出産する場面でも、鸕鷀草葺不合尊は真床覆衾らしき布と草とで包まれている。彦火火出見尊と鸕鷀草葺不合の事跡には真床覆衾を明示する記述はないが、瓊瓊杵尊以下、彦火火出見尊、鸕鷀草葺不合と皇統を継承した三代の神々には真床覆衾と思しき布との関連を窺わせる。

真床覆衾が注目されたのは、天皇一世一代の大嘗祭において、天皇自身が臥す衾との関係を指摘されたことによる。これは折口信夫の「大嘗祭の本義」で語られた〝真床襲衾論〟に依拠する。これによると、天子の体は〝魂の容れ物〟とされ、ここに〝天皇霊〟を入れて完全な天子にするのだという。これが大嘗祭の本義とされたのだ。大嘗祭の悠紀・主基両殿の寝座で新天皇は、真床襲衾に包まり、物忌をするとされた。物忌とは、穢れを避けるため、一定期間、日常と隔絶し清浄な場所に籠ることをいう。

ところが、折口説に対する批判や同調が相俟って、真床襲衾論は〃聖婚儀礼説〃〃寝座秘儀説〃など、天皇即位をめぐる寝座での秘儀というセンセーショナルな内容に派生し、詳細な検証なしに、様々な説が取り沙汰されるようになった。

これに対し、岡田荘司は神代巻の注釈書や宮中の古記録を検証し、上記の諸説が文献から成立し得ないことを論証した。岡田は『大嘗の祭り』のなかで「大嘗祭は東または東南の伊勢の方向に向って天照大神をお迎えし、神膳供進と共食儀礼を中心とする。そして第一の神座（寝座）にお移りいただき一夜休まれる。ここは天皇といえども不可侵の『神の座』である」とし、大嘗祭を「まことに厳粛・素朴な天皇一代一度の〃祭りごと〃というべきであろう」と述べている。(9)

古典や古記録から検証できる大嘗祭の実像は「神膳供進と共食儀礼」という「厳粛・素朴」な〃祭りごと〃なのである。確かに人はセンセーショナルな秘事には興味が注がれる。しかし、現実は得てして簡潔素朴が本質ということなのであろう。

八、三種神宝

三種神宝とは八坂瓊之曲玉《やさかにのまがたま》・八咫鏡《やたのかがみ》・草薙剣《くさなぎのつるぎ》を指し、〃三種の神器〃とも呼ばれている。これらの神宝は代々の天皇が相伝えた皇位の御璽《みしるし》として、常に宮中に奉安されていた。『古事記』によれば、これら三種神宝は天孫降臨に際して、天照大神から瓊瓊杵尊へと一括授与される。しかし、『日本書紀』本文には神宝を一括授与する記述はない。

『日本書紀』本文によれば、三種神宝はそれぞれ別の段で語られる。八坂瓊之曲玉は第六段の誓約の話で、八咫鏡は第七段の天石窟の話で、草薙剣は第八段の八岐大蛇の話ではじめて触れられる。本文で別々に登場した神宝は、第一の一書で三種神宝として統合され、天照大神から瓊瓊杵尊へと授与される。つまり、天孫降臨の章は第九段第一の一書と『古事記』が類似しているということになる。

第九段第二の一書には、天照大神から御子の天忍穂耳尊への鏡の授与が記されている。このとき天照大神は「吾児視此宝鏡当猶視吾。可与同床共殿以為斎鏡[10]」との神勅を下す。この神勅は宝鏡奉斎の神勅（後述する）といわれ、皇統を継ぐ者がこの鏡を天照大神として尊び、常に身近に置き奉斎するように命じている。この神勅により、鏡が三種神宝のなかでも他に勝り特別な存在だということが分かる。

八咫鏡の所在については波乱の変遷を繰り返す。崇神天皇紀には、「然畏其神勢共住不安。故以天照大神。託豊鍬入姫命。祭於倭笠縫邑[11]」と、記されている。これは〝然れどもその神の勢を畏れてともに住みたまうに安からず。故、天照大神を以ては。豊鍬入姫命《トヨスキイリヒメノミコト》に託《かず》けまつりて。倭笠縫邑《やまとのかさぬいのむら》に祭らせたまふ〟と読む。崇神天皇は神の勢いを畏れ、八咫鏡（天照大神）とともに住むことを憚り、鏡を豊鍬入姫命に託して、大和の笠縫邑に遷し祀ったのである。

垂仁天皇紀には、「時天照大神誨倭姫命曰。是神風伊勢国。則常世之浪重浪帰国也。傍国可怜国也。欲居是国。故随大神教。其祠立於伊勢国。因興斎宮于五十鈴川上。是謂磯宮。則天照大神始自天降之

処也(12)」と記されている。これは〝時に天照大神、倭姫命に誨《おし》へて曰はく、是の神風の伊勢国は、則ち常世の浪の重浪帰する国なり。傍国《かたくに》の可怜《うま》し国なり。是の国に居らむと欲ふ。故、大神の教の随に、其の祠を伊勢国に立てたまふ。因りて斎宮を五十鈴川上に興つ。是を磯宮と謂ふ。則ち天照大神のはじめて天より降ります処なり〟と読む。ここには伊勢の神宮の創建が記されている。鏡は天照大神の神意に基づき、倭姫命によって伊勢の五十鈴川上に遷され、これ以降、伊勢の神宮の御神体となる。『日本書紀』景行天皇紀と『古事記』景行天皇記によれば、東国の鎮定に向かう日本武尊は神宮斎王の倭姫命から草薙剣を授けられている。日本武尊の死後、草薙剣は宮簀姫（尾張国造の娘）の郷の尾張に留められ、熱田神宮の御神体となる。

草薙剣の伝承は、後になって神宝の観念に適合し、鏡と統合されていく。それが『古事記』と『日本書紀』第九段第一の一書に記述された経緯である。ちなみに、第六段本文で八坂瓊之五百箇御統《やさかにのいおつみすまる》として初登場した勾玉《まがたま》は、第七段本文でも八咫鏡とともに同じ真坂樹（真榊）に設えられている。こうした八咫鏡との縁や三という聖数に対応して、勾玉も鏡や剣とともに神聖視されるようになり、三種の神器として統合された。

九、『古語拾遺』に記された二種神宝

神宝が三種ではなく二種であったとする説もある。『古語拾遺』によれば、天照大神は皇孫に「八

咫鏡及草薙剣二種神宝」(13)を授けている。つまり、神宝は鏡と剣の二種であった。前述の通り、同書には、「更鋳鏡造剣以為護身御璽。是今践祚之日所献神璽鏡剣也」(14)とも記されている。これは〝更に鏡を鋳、剣を造らしめて、護の御璽《みしるし》となす。是、今践祚す日に、献る神璽の鏡剣なり〟と読む。ここで注目されるのは崇神天皇が八咫鏡と草薙剣を笠縫邑に遷す際、本物の鏡とは別に形代（レプリカ）を鋳造させ、護身の御璽としたこと。そして、この形代が践祚の日に奉献される神璽《しんじ》の鏡と剣とされたことである。

践祚《せんそ》とは、天子の位を受け継ぐことであり、先帝の崩御か譲位直後の皇嗣による皇位の継承を意味する。践祚と即位とはよく混同されるが、即位式とは、天皇の位についた事実を内外に宣言する儀式である。したがって、践祚の後に即位の大礼が行われる。つまり、八咫鏡と草薙剣は先帝崩御（譲位）直後に新天皇に奉献される神璽を意味する。

『古語拾遺』によれば、かつて天皇の身辺に奉安されていた鏡と剣は祭祀の対象ではなく、護身のための呪物とされていた。このような詳細な情報は『古事記』『日本書紀』では触れられていない。このため、『古語拾遺』に残された異伝によって、天皇の身辺で奉斎される剣も、鏡と同様に形代が用意されていたことが明確になる。

ところで、秦の始皇帝から中国の歴代王朝に受け継がれてきた玉璽《ぎょくじ》（印）を伝国璽《でんこくじ》という。この伝国璽の慣例が三種神宝の観念に混入し、天皇の即位時に忌部氏が鏡剣を献じる儀式につながったという。唐の時代には、すでに神璽の名称も存在し、七世紀から八世紀に生きた則天武后《そくてんぶこう》（唐の高宗の皇后）

のとき、それが神宝になった。この神爾こそが伝国璽とされ、この名称と儀礼とが器具も由来も異なる日本の宮中の鏡と剣に適用されたのだという。(15)

『古語拾遺』に記された「八咫鏡及草薙剣二種神宝」に加え、「神祇令」にも、「神爾之鏡剣(16)」と記されている。さらに、『日本書紀』持統天皇紀四年正月戊寅条には、「忌部宿禰色夫知奉上神爾鏡剣於皇后。皇后即天皇位(17)」と記されている。これは〝忌部宿禰色夫知《しこふち》、神爾の鏡剣を皇后に奉上す。皇后、天皇位に即す〟と読む。この天皇即位時の神爾授与は、『古語拾遺』や「神祇令」の記述とも符合する。これにより、神爾が鏡と剣を意味するという事実と、鏡と剣を天皇に献じる儀式が忌部氏の重要な役割であったという事実が了解される。

ただし、『古事記』『日本書紀』の天孫降臨神話で語られる三種神宝（鏡・剣・玉）は、中国の伝国璽の思想とは関連することなく、八咫鏡が伊勢の神宮の御神体として、また、草薙剣が熱田神宮の御神体として、それぞれの起源説話を形成していく。

こうした神宝の起原説話と、皇居のなかで現在まで神宝が伝えられているという事実を結びつけたのも『古語拾遺』の記述と考えられる。つまり、オリジナルの八咫鏡と草薙剣を笠縫邑に遷す際に、崇神天皇が新たにレプリカの鏡と剣を鋳造させて護身の御爾とした。これが践祚の日に奉献され、皇居で天皇の身近に奉安されている神爾の鏡剣になったのであろう。二つの原資料をつなぎ、『古事記』『日本書紀』の記述の欠落部を補完したのは、ほかでもない『古語拾遺』の記述であった。

一〇、宮中神爾とその後の変遷

伊勢の神宮に祀られている神鏡の形態に関する詳細な記録は残されていない。神鏡の恣意的な見聞など許される訳もなく、仮に知る人がいたとしても、畏れ多く口外を憚られたのだろう。ただし、皇太神宮儀式帳所伝の容器に「径二尺、内一尺六寸三分」との記述があるという。これが神鏡だとすると、仮に一尺＝約三十センチとして、外径約六十センチ、内径約五十センチの鏡ということになる。また、径約三十センチとする説もあり、装飾を含めその詳細は不明である。

天照大神として、天皇の身近で祀られた形代（レプリカ）の鏡は平安時代まで宮中の賢所（内侍所）に奉安された。このため、天皇即位時に授与され、常にその身辺に置かれていた神爾は鏡と剣から剣と玉に置き換わり、神爾の名称も勾玉のみを指すようになった。

賢所に奉安された形代の鏡は、天徳二（九六〇）年（『日本紀略』『小右記』）、天元三（九八〇）年（『大日本史料　第一編之十八』）、寛弘二（一〇〇五）年（『御堂関白記』）、長久元（一〇四〇）年（『春記』）など、度重なる火災により原形を失ったというが、その真相は謎である。鎌倉時代になると、鏡は春興殿に祀られるようになり、東京奠都後、皇居の賢所に祀られている。

一方、熱田神宮に祀られている神剣の形態には、実見談が残されている。栗田寛の神器考証によれば、玉木正英が著した『玉籤集』の裏書（『吉田家蔵玉籤集裏書』）に、「長さ二尺七八寸許り、刃先は菖蒲の葉なりにして、中程はムクリと厚みあり、本の方六寸許りは節立て魚等の背骨の如し。色は全体白し」と記されているという。これについて、後藤守一は、この記事を考古学的に検討して、鎬《しのぎ》のところが丸く膨らみ、魚の背骨の如く節立つなど類例の稀な形態をもつ白銅製の狭鋒銅剣とした。(18)

形代の剣は安徳天皇が壇ノ浦で入水したとき、ともに水没したといわれており、別の剣をもって新たな形代とされた。このとき、勾玉も水没したが、箱の空気によって浮かび上がったという。勾玉の記録は慈円《じえん》の覚書『慈鎮《じちん》和尚夢想記』にも残されている。これによると、八坂瓊之曲玉とは八個の珠だという。この勾玉は当初から形代はなく、存亡の危機を幾度も乗り越えたオリジナルが現存している。

天皇の身辺に置かれた神爾の剣と玉は、御所（京都）の清涼殿に奉安されていた。近世になると御常御殿の上段の間奥に設けられた神爾の間に奉安され、現在は皇居吹上御所の神爾の間に奉安されているという。

一、『古語拾遺』の冒頭

忌部（斎部）氏は中臣氏とともに祭祀者の二大巨頭であった。斎部広成は大同二（八〇七）年に『古語拾遺』を著した。同書の執筆要因は中臣氏に比して凋落した自家の窮状を嘆く愁訴状とされていた。しかし、この成立要因に関わらず、『古語拾遺』には歴史を記録していく姿勢が示され、真摯に学ぶべきことも多い。以下に『古語拾遺』の冒頭部百六文字を示す。

蓋聞、上古之世、未有文字、貴賤老少、口口相伝、前言往行、存而不忘。書契以来、不好談古。浮華競興、還嗤旧老。遂使人歴世而弥新、事逐代而変改。顧問故実、靡識根源。国史家牒、雖載其由、一二委曲、猶有所遺。愚臣不言、恐絶無伝。幸蒙召問、欲攄蓄憤。故、録旧説、敢以上聞、云爾[19]

（蓋《けだ》し聞く、上古《じょうこ》之世、いまだ文字有らず、貴賤老少、口口に相伝へ、前言往行、存して忘れず。書契《しょけい》ありてより以来《このかた》、古を談ずること好まず。浮華競ひ興りて、還りて旧老を嗤ふ。遂に人をして世を歴《へ》ていよいよ新に、事をして代を逐《お》ひて変改せしむ。顧みて故実を問ふに、根源を識ることなし。国史家牒《かちょう》、其由を載すと雖へども、一二委曲、猶も遺す所有り。愚臣言さずは、恐らくに絶へて伝ふることなからむ。幸に召問を蒙りて、蓄憤を攄《の》べむと欲す。故、旧説を録して、敢へて以て上聞す、云すことしかり）

『古語拾遺』冒頭の概要は以下の通りである。〝文字もなかった上古の時代は、多くの人々が、往時の言葉や出来事を忘れることなく大切に語り伝えていたと聞く。しかし、文字が伝来して以降、人々は古い時代を語ることを好まず、表面的に華やかな文彩ばかりを競い合い、かえって旧老を嘲笑った。ついに人も事も時代を重ね、世を経るごとに、事はますます改まり変革していった。顧みて故実を問うても、その根源に対する知識を持つ者すらいなくなっていた。国史や家伝に大方の由緒は載せてあるとはいえ、詳細なところは抜け落ちていて、分からないところがある。今、愚臣である私がいわなければ、恐らく古伝は絶えて伝えることもできなくなるだろう。幸いなことに召問の機会を頂戴したので、長年の蓄憤を述べたい。それゆえ故事旧説を記録して、上聞したいと思う。上述のようにいう〟

昔はよかったと懐古主義に留まり諸行無常を嘆くのとは異なり、広成はこうした強い意志に基づき『古語拾遺』を執筆した。後世の我々は『古語拾遺』の業績によって、『古事記』『日本書紀』で詳述されなかった神宝や神楽などの情報を拾い上げることができたのである。

一二、五部神

第九段第一の一書に登場する五部神《いつとものおのかみ》は瓊瓊杵尊の降臨に随伴した以下の五柱の神をいう。『古事記』では五部神を〝五伴緒〟と書く。

(一)天児屋命《アメノコヤネノミコト》、中臣氏の祖↓祈禱
(二)太玉命《アメノフトタマノミコト》、忌部氏の祖↓祈禱
(三)天鈿女命《アメノウズメノミコト》、猿女氏の祖↓俳優(歌舞)
(四)石凝姥命《イシコリドメノミコト》、鏡作氏の祖↓鏡作り
(五)玉屋命《タマノヤノミコト》、玉作(出雲忌部)氏の祖↓玉作り第九段の一書や『古事記』では、鏡と玉の製作者についても五部神（五伴緒）を構成する神々に含まれている。しかし、第九段本文では鏡と玉の製作者についての記述はない。また、五部神を構成する神々は『日本書紀』の各一書においても同一に表記されている訳ではない。例えば、大伴氏との関係が窺える第四の一書には（一）〜（五）の神名は見えず、大伴氏の遠祖天忍日命《アメノオシヒノミコト》と、来目氏の遠祖天槵津大来目《アマツクシツオホクメ》の神名のみが見え、この二神が武装して瓊瓊杵尊の先導を果たすという勲功が記されている。

天孫降臨において、自らの家筋が勲功を立てた神々の末裔であるか否かは、臣下にとって名誉に関わる問題であろう。それゆえ多様な異伝を許容し、複数の家伝を尊重することにより、神々と各氏族の関わりは特定の氏族に一元化されることなく、広くつながりを持たせることができた。

天児屋命や太玉命など、司祭者と祭具の製作者の話は、第九段以外にも第七段の本文と三つの一書、そして『古事記』にも見ることができる。

（一）天児屋命《アメノコヤネノミコト》、玉の製作者
（二）太玉命《フトタマノミコト》、玉の製作者、忌部氏の祖
（三）櫛明玉神《クシアカルタマノカミ》、玉の製作者、第三の一書に天明玉、出雲忌部氏の祖
（四）天日鷲神《アマノヒワシノカミ》、木綿の製作者、第三の一書、阿波忌部氏の祖
（五）手置帆負神《タオキホオヒノカミ》、笠の製作者、讃岐忌部氏の祖

(六) 彦狭知神《ヒコサチノカミ》、盾の製作者、紀伊忌部氏の祖
(七) 天目一箇神《アメマヒトツノカミ》、金（鍛冶・製鉄）の製作者

ここに示した（一）〜（七）の神名は『古語拾遺』の記述にすべて適合している。とりわけ（二）〜(六) の神々は忌部五部神とされ、地方で息づく忌部氏の影響力を窺わせている（忌部氏については後述する）。ちなみに（七）は〝ひょっとこ（火男）〟といわれている。

この第九段第一の一書に記された五部神は第七段で記された天照大神の天石窟（天岩屋）神話に登場した神々とほぼ重なっており、八咫鏡・天児屋命・太玉命・天鈿女命・石凝姥命もすべて第一の一書に関係している。つまり、高天原神話のなかで連続して語られてきた第七段と第九段の間に、後になって出雲を舞台とする第八段（八岐大蛇の話）が挿入されたともいわれている。

一三、猿田彦神

猿田彦神は天の八街《やちまた》という道の分岐点に立ち、瓊瓊杵尊一行を出迎えて、筑紫の日向の高千穂の槵触峯《くしふるのたけ》へと先導した神である。猿田彦神は第九段第一の一書に記され、自ら〝猿田彦大神〟と称した。この神は鼻の長さが七咫（1.2m）、背丈が七尺（2.1212…m）、あるいは七尋（12.6m）もある。さらに、その口尻は明るく光り、目は八咫鏡のように赤く照り輝いていたという。

猿田彦神は異形の神とされている。長い鼻という特徴から、現代の祭礼においても、天狗面を被った猿田彦神役が登場し、行列を先導する風景がよく見られる。猿田彦神は皇孫を高千穂に導いた後、今度は天鈿女命によって、伊勢の狭長田《さながた》の五十鈴《いすず》川上まで導かれている。天鈿女命は猿田彦神の名に因んで皇孫から猿女《さるめ》姓を賜った。これにより、二神が夫婦になったという俗信もある。これが道祖神《どうそじん》信仰にも結びついている。

猿のサはサヲトメ（早乙女・五月女）・サツキ（皐月・五月・早月）・サナヘ（早苗）のサと同様に、神に捧げる稲を意味する。猿のルはヒルメ（日の女、日孁）、ヒルコ（日の子）のルと同じく、助詞のノ。また、ノはタナゴコロ（掌）・マナコ（眼）のナとも同じ意味を持つ。田のタは田そのものである。したがって、猿田彦神はサナダと同様に神に捧げる稲田の神を意味し、豊穣を導く神として信仰されてきた。

十七世紀の垂加《すいか》神道家山崎闇斎《あんさい》は天照大神とともに猿田彦神を強く信仰した。玉木正英が編纂した『玉籤集』には、闇斎の言葉が「道は則ち大日孁貴の道にして、教は則ち猿田彦神の教也」[20]と記されている。闇斎は猿田彦神が天の八街で皇孫を出迎え先導したという伝承によって、この神を導きの神として信仰した。

猿田彦神は道の分岐点で邪神の侵入を防ぐ衢神《チマタノカミ》、岐神《フナトノカミ》、道祖神《サエノカミ》とも結びつけられ、さらに、サル（猿＝申）つながりで、庚申信仰とも深く関わりを持つようになる。

古来の俗信によれば、人間の体には三尸《さんし》という三匹の虫がいて、庚申の日の夜、これが人の体から抜け出し、天帝にその罪過を告げ口するとされていた。人々はこの罪過に基づき、天帝によって命を縮められるのだと恐れた。虫は人の就寝中に体外に出るといわれていたため、人々は虫が体から抜け出せないように、一晩中寝ずに過ごした。

庚申信仰とは、こうした現世利益の民間信仰をいう。本来、ここには特定の儀礼や信仰対象はなかった。しかし、時を経て、仏教では青面金剛、神道では猿田彦神信仰に結びついていった。

庚申（カノエサル、コウシン）とは、十干《じっかん》と十二支《じゅうにし》を掛け合わせた六十種の干支の一つである。十干は木・火・土・金・水をそれぞれ兄と弟で二分割した十の文字で表す。兄に当たる甲・丙・戊・庚・壬は陽であり、弟に当たる乙・丁・己・辛・癸は陰とされている。

十の文字とは、甲（木の兄・きのえ・コウ）、乙（木の弟・きのと・オツ）、丙（火の兄・ひのえ・ヘイ）、丁（火の弟・ひのと・テイ）、戊（土の兄・つちのえ・ボ）、己（土の弟・つちのと・キ）、庚（金の兄・かのえ・コウ）、辛（金の弟・かのと・シン）、壬（水の兄・みずのえ・ジン）、癸（水の弟・みずのと・キ）である。

十二支とは、子（ね・シ）、丑（うし・チュウ）、寅（とら・イン）、卯（う・ボウ）、辰（たつ・シン）、巳（み・シ）、午（うま・ゴ）、未（ひつじ・ビ）、申（さる・シン）、酉（とり・ユウ）、戌（いぬ・ジュツ）、亥（い・ガイ）である。十二支にも陰陽があり、子・寅・辰・午・申・戌が陽であり、丑・卯・巳・未・酉・亥が陰とされている。

十干と十二支を組み合わせた六十種の干支は、暦のなかで、それぞれ年月日に振り分けられる。つまり、年も月も日もそれぞれ干支の六十のサイクルの繰り返しで運用されているのだ。人生における還暦は、干支の六十の年を無事に一巡したという祝いである。

六十日ごとにめぐってくる庚申の行事は、一晩中羽目を外して騒ぐことも許されていた。そう捉えてみると、庚申の日は約二ヶ月に一度の庶民の楽しみとして多くの遊びを生み出していったのかもしれない。

一四、天壌無窮の神勅

天孫降臨に際して発せられた天壌無窮の神勅とは、皇統による永遠の葦原中国統治を瓊瓊杵尊に命じた天照大神の言葉である。この神勅が日本における天皇統治の正統性を示す拠となっている。

天壌無窮の神勅は『日本書紀』本文には記されず、第九段第一の一書に「葦原千五百秋之瑞穂国。是吾子孫可王之地也。宜爾皇孫就而治焉。行矣。宝祚之隆、当与天壌無窮者矣」[21]と記されている。これは〝葦原《あしはら》の千五百秋《ちいほあき》の瑞穂国《みずほのくに》は、これ、吾が子孫《うみのこ》の王《きみ》たるべき地《くに》なり。爾皇孫《いましすめみま》、就《い》でまして治《しら》せ。行矣《さきくませ》。宝祚《あまつのひつぎ》の隆《さか》へまさむこと、まさに天壌《あめつち》と窮《きわま》り無かるべし〟と読む。天照大神は〝葦原の千五百秋の瑞穂国(日本)は、私の子孫が王として君臨すべき国である。瓊瓊杵尊よ、降臨して国を統治しなさい。さあ、お行きなさい。皇統の隆盛は天地とともに永遠である〟と瓊瓊杵尊に命じ、その弥栄を言祝いでいる。

この神勅文は国家統治における皇統の正統性を示しており、「万世一系の天皇をいただきていつの世までも動きなきわが国体の基」と学校教科書（『大正七年版国定教科書』）に記され、戦前までの学校教育を通して国民に周知された。しかし、この国体の拠とされる天壌無窮の神勅を漢籍の潤色とする主張（土田杏村・津田左右吉・家永三郎）もある。

津田左右吉は「宜爾皇孫」以下「無窮者矣」までの一節は漢文であって、国語で記された旧辞の文体を残した前後の文章との違和感と指摘した。加えて『古事記』にこの記事の対応箇所がないことから、これらを『日本書紀』編纂者の修補とした。

家永三郎は津田説を修正し、葦原中国統治を皇孫に言依さす神勅文に、将来の祝寿の句を加えた表現とした。つまり、天壌無窮の神勅は、「大殿祭祝詞」の「天津日嗣乎、万千秋能長秋爾、大八洲豊葦原瑞穂之国乎、安国止平気久所知食世止、……（天津日嗣を万千秋の長秋に、大八洲豊葦原瑞穂の国を安国と平けく所知食せと、……）」[22]や、『万葉集』に見える柿本人麻呂の詠「天地之依相之極、所知行（天地の寄り合ひの極み知らしめす）」などの国語表現を、『日本書紀』編纂者が漢文に倣って改めたものと理解した。

その漢文については、隋の開皇六（五八六）年に記された「竜蔵寺碑銘」の「庶使皇隋宝祚与天長而地久」。唐の貞観四（六三〇）年に記された「昭仁寺碑銘」の「与天壌而無窮」。麟徳元（六六四）年に記された「禅林妙記後集序」の「真家与日月倶懸、茲福無疆、宝祚将穹壌斉固」など、仏教の願文に見える慣用句の借用とした。[23]

日本を統治する体制の根拠が漢籍によって成り立っているという事実に、違和感を覚える人もあるだろう。しかし、『日本書紀』は漢字を仮名として借用した歌謡や固有名詞以外、ほぼ全編に亘って漢文で記述されている。このため、表現に漢籍の影響が残るのも必然である。また、文字を用いた記録方法として圧倒的に先進的であった漢籍の効用や魅力を闇雲に否定する理由もない。文化とは多種多様な要素が複合的に混在して成り立っている。この神勅には漢籍の力が取り込まれているが、和語の祝詞や和歌の言葉が生かされてもいるのも事実である。

それでは天壌無窮の神勅が示す意味とは如何なるものなのか。上田賢治は、『神道のちから』で、開国の精神たる天壌無窮の神勅と天孫降臨の説話について、以下のように述べている。

そこでは、皇祖神によって造られた既成の理想的な国家が、皇孫に授けられたのではないことは明らかである。そうではなく、むしろ、まさに皇孫の君たるべき国として、そこで常に新しく、永遠の創造が行われていかねばならぬ、そのような国が授けられたのであり、またそうした国家生活の営みが続けられていくよう、言依ざしが行われたのだと理解することができる。(24)

上田は皇祖神が皇孫に授けた国家を決して理想郷とはしない。それゆえ皇孫は皇祖神の言依さしを重んじて、国民が飢えることなく食の糧を得られる太平な国をつくり、豊穣を祈り恵みに感謝し、永遠の創造を続けていかなければならない。

人々もまた、すべてを皇孫に委ねるのではなく、労働（農耕）を通して国つくりに関与し、食の糧をつくる天皇の民として、オオミタカラ（百姓・大御宝）と呼ばれるようになる。つまり、この国は皇孫統治に値する国になるように、人々も永遠の創造活動に関与すべきなのである。

天壌無窮の神勅は皇孫による永遠の葦原中国統治を命ずる言依さしとされる。その統治する国とは国民が飢えることのない太平な国である。この背後には、後述する斎庭《ゆにわ》の稲穂の神勅の意義にも深く関わってくる。その一つの象徴として、国民が食して生きていく糧となる稲作の奨励がある。これらの神勅は人々による国つくりへの積極的関与を示唆している。ただし、それは稲作のみに限定すべきものではない。個々の人々は身の丈に合った持場において、個々の多様な役割を果たし、社会に貢献できるのである。こうした個々の力の結集が国つくりに帰結していくのだろう。

第二の一書には、天壌無窮の神勅以外の四つの神勅が示されている。これらを合わせて五大神勅という。さらに、この五大神勅の内、天壌無窮・宝鏡奉斎・斎庭の稲穂の三つ神勅は三大神勅と呼ばれている。この三大神勅は天照大神から発せられた神勅である。

ちなみに、天壌無窮の神勅は天照大神から瓊瓊杵尊へ下されている（第一の一書）。神籬磐境《ひもろぎいわさか》の神勅は高皇産霊尊から天児屋命と太玉命へ下されている（第二の一書）。宝鏡奉斎の神勅は天照大神から天忍穂耳尊へ下されている（第二の一書）。侍殿防護の神勅は天照大神から天児屋命と太玉命へ下されている（第二の一書）。斎庭の稲穂の神勅は「又《また》」の字を挟んで侍殿防護の神勅から連続し、天照大神から下されている（第二の一書）。

一五、神籬磐境の神勅

神籬磐境《ひもろぎいわさか》の神勅とは、高皇産霊尊から天児屋命と太玉命へ言依さされた皇孫奉斎を命じた言葉である。『日本書紀』神代巻の第九段第二の一書には、「吾則起樹天津神籬及天津磐境。当為吾孫奉斎矣。汝天児屋命。太玉命宜持天津神籬。降於葦原中国。亦為吾孫奉斎焉」[25]と記されている。これは〝吾、則《すなわ》ち天津神籬《あまつひもろぎ》および天津磐境《あまついわさか》を起こし樹《た》て。まさに吾孫のために斎《いわ》ひ奉《まつ》らむ。汝《いまし》、天児屋命と太玉命は天津神籬を持ちて、葦原中国に降りて、また吾孫のために斎ひ奉れ〟と読む。

高皇産霊尊は天上において、神籬と磐境を起こし立て、自ら皇孫の繁栄を奉斎するという。その上で、地上へと降る天児屋命と太玉命に対して、神籬を設けて高皇産霊尊と同様の祈りを継続するよう言依さす。

神籬《ひもろぎ》とは神が宿る依代《よりしろ》とされた常盤木《ときわぎ》（真榊《まさかき》）であり、山や森を常盤木や玉垣で囲った神域をも意味する。磐境《いわさか》とは岩そのものを神とする祭祀施設や神域をいう。神籬は移動や携帯が可能である。しかし、磐境はその場所自体に意味を持ち、移動や携帯することは難しい。したがって、葦原中国での奉斎は神籬のみ設けることになっている。

この神勅は天児屋命と太玉命の子孫が祭祀を継承する正統性あるいは義務を示している。天児屋命から代々継がれてきた吉田神道の最高奥秘はこの神勅の解釈に基づく神籬磐境の伝とされている。これを根拠として中世から近世に亘り神道界で一大勢力を保持した。

万治三（一六六〇）年、吉川惟足は京都の公卿萩原兼従から神籬磐境の伝を伝授され、天児屋命まで遡る吉田神道第五十四代の道統継承者になる。後に惟足の興した吉川神道では、『日本書紀』神代巻の講談を一般門人に公開することにより、神道の普及に貢献した。

惟足の講談筆記『神代巻惟足講説』には、「此神籬ノ正印ヲ以テ天下太平ヲ祈ル、天下太平ノ祈禱、吉田ニカギルコトトソ」[26]と記されている。惟足は皇孫奉斎に基づく天下太平の祈りをこの秘伝の要諦とした。そして、この祈りを継承すべき正統性を持つのが天児屋命から続く吉田家なのだと説いている。

さらに、『神代巻惟足抄』には、「神秘多しといへども、日もろ木岩境の伝授は三事相伝の上にも秘之。其器量を撰び徳行を考て伝ること也。ひもろ木は日守木也、吉田に榊を八束に切事あり、天子を守る事を云。岩境は岩は堅固也、境はさかゆる也、為吾孫は、御子孫の為に奉斎と也」[27]と述べ、この伝の枢要が皇統の護持（日守）であることを強調した。吉川神道の秘伝の枢要は忠君に基づく君臣の道の理解にあり、天下の安泰が滅私奉公を旨とする職掌の分別にあることなど、皇孫を守護する臣下の道を重んじている。

ただし、皇統を尊ぶ姿勢には注視すべき点もある。秘伝によれば、天照大神は天命に背き「日ノ徳」を失った不徳の君主が皇位につくことを否定し、親王諸王の皇胤から有徳者を君主と仰ぐべき旨を示したとされる。つまり、天下を乱し、民の恵みを阻害する不徳の天皇廃位は手段として是認されていたと解釈できるのだ。

確かに後継を皇胤に求める方法であれば万世一系は守られる。しかし、天命の随に有徳者に君位を譲るという発想は禅譲であり、一方的な君主の廃位は放伐となる。ならば忠君と天皇廃位の是認はどのようにして整合性を保ち得たのだろうか。秘伝の伝文解説には「日ヲ守ルノ用ハ民ヲ恵ム」(28)と記され、民に対する至情や共感が記されている。君を支えることにより、平和が保障され、平和が保障されてこそ民が恵を享受できる。惟足の詠歌「君をあがめ民を憐む心こそよろづの道のもととなりけり」(29)も、民の安寧を慮り、天下の太平を祈る惟足の思いを窺わせている。

天皇廃位の是認について、「忠」とは何かという視点で捉えると、その対象がそこにいる天皇への忠誠なのか、「日嗣《ひつぎ》」の連続という原理への忠誠なのかという分裂した状況が見えてくる。(30)惟足が天下太平に背き民を苦しめる不徳の君主廃位の言及に至ったのは、惟足が「日嗣」の連続に寄せていたからである。惟足が神代巻に依拠する神籬磐境の伝の要諦を忠君のみに限定せず、皇孫のための奉斎としたのは、皇孫を守護し、皇孫とともに国つくりに関与することで、民を餓えさせることのない天下太平を実現できると考えたからであろう。

吉川神道に見える君臣道とは、民衆の信奉あっての君主である。君は民を飢えさせることのない国の君でなければならない。中世の伊勢神道書『倭姫命世記』には、「大日本国者神国奈利。依神明之加被弖。得国家之安全。依国家之尊崇天。増神明之霊威須(31)」と記されている。これは〝大日本国は神国なり。神明の加被に依りて。国家の安全を得。国家の尊崇に依りて。神明の霊威は増す〟と読む。

日本は神々の豊かに栄える国であるため、神明の加護によって国家は安全を得て、国家の尊崇によって神明は霊威を増すという。ここでいう国家には国民が含まれている。

これについて、安蘇谷正彦は『日本の伝統と宗教』で、神道における神々と人々の双務的関係を以下のように示唆している。

国家の安泰は神々の御加護によって得られるが、同時に神の働きは人間の崇敬によってより発揮されるという主張である。神々への崇敬という人間側の働きが神徳の発揚につながるという考え方は、この世における人間の努力を正当に評価する思想を生む。それゆえ、日本人は神々にさえ祈れば、自分たちが当面している問題が解決するとは考えなかった。むしろ神に祈ることによって、人間の側で可能な努力や精進することが疎かになる態度を軽蔑した形跡すらある。(32)

こうした神々と人々との双務的相乗効果は、鎌倉幕府の基本法典「御成敗式目（貞永式目）」の「神者依人之敬増威、人者依神之徳添運」(33)。つまり、〝神は人の敬によりて威を増し、人は神の徳によりて運を添ふ〟に通底している。

一六、宝鏡奉斎の神勅

宝鏡奉斎の神勅とは、宝鏡（八咫鏡）を天照大神として奉斎するように命じた言葉であり、天照大神から天忍穂耳尊への言依さしである。『日本書紀』神代巻の第九段第二の一書には、「吾児視此宝鏡当猶視吾。可与同床共殿以為斎鏡[34]」と記されている。これは〝吾が児、この宝の鏡を視まさんこと、まさに吾を視るがごとくすべし。与《とも》に床《ゆか》を同じくし殿《みあらか》を共にして、もって斎鏡《いわいのかがみ》とすべし〟と読む。宝鏡奉斎の神勅は後半部分の言葉から同床共殿の神勅とも呼ばれる。

天照大神は皇孫が地上を統治するようになった後も、この宝鏡を天照大神として尊び、この鏡とともに過ごし、その御心（初心）に想いを寄せ、大切に祭るよう命じている。この神勅は『古事記』には見えず、『日本書紀』第九段第二の一書にのみ付加された言葉である。

吉川惟足の神代巻の講義筆記『神代巻家伝聞書』には、以下のように記されている。

兎角君父ニ遠サカル処ニ於テ、敬カ弛ヒテ邪気邪念ハ起ル程ニ、万〻世ノ皇孫此宝鏡ヲ、全ク天照太神ト思召テ、当ニ倶ニ起臥玉ハヽ、神皇更ニ二ナルヘカラス、寔ニ妙ナル神語也、此鏡ハ人〻自己ノ心鏡也、鏡ナクハ吾面ヲ知ヘカラス、吾知吾ノ悟ハ鏡ニアリ、一応ノ奥秘ニ吾視吾ト相伝スルソ、吾一理ノ心鏡ヲ払拭シテ、当ニ是ニ対セハ、人〻日神ト同殿共床ナルヘシ、重〻口授

深シ、(35)

吉川神道では、君父に遠ざかれば忠孝に疎《うと》くなり、敬《つつしみ》の姿勢が弛緩して、邪気邪念が起こるとされる。それゆえ、惟足は皇孫がこの宝鏡を天照大神として崇め、起き伏しをともにすることにより、慢心を戒め、皇統の安泰を貫いてきたのだという。

惟足がこの宝鏡奉斎の神勅を一般に適用して強調したのは、この鏡が自身の心を映し出す自己省察になると考え、この鏡なくして、自分自身の心の悟りも定まらないと理解したからである。さらに一歩進んで、私心を払拭し、人々が祖先の忠孝を思い、この宝鏡の精神に向き合うことができるなら、天照大神と同床共殿の境地が得られると考えたのである。惟足の霊社号「視吾《あれみ》」もこの神勅を拠としている。

惟足は神代巻冒頭に記された一念不起の混沌には、嘘のないまことの心が宿ると信じた。それゆえ敬をもって混沌の境地を思念すれば、この正直な心が神々との感応を可能にすると考えた。惟足の詠歌「誠あるこころにうつる神鏡志らでや人のそむく偽り」(36)にも、この心情が滲《にじ》んで見える。

一七、侍殿防護の神勅（中臣氏と忌部氏）

侍殿防護の神勅とは、天照大神が天児屋命と太玉命の二神に対して、皇孫とともに同じ御殿に仕え、皇孫と宝鏡（天照大神）とを防護するように命じた言葉である。『日本書紀』神代巻の第九段第二の一書には、「天児屋命。太玉命。惟爾二神亦同侍殿内。善為防護」(37)と記されている。これは〝天児屋命。太玉命。これ爾《いまし》二神、また同じく殿《みあらか》の内に侍ひて、善く防ぎ護ることをなせ〟と読む。つまり、この神勅は祭祀の護持とともに、臣下が皆協力して皇統を支えるという臣の道を説いている。

それでは、天児屋命と太玉命の子孫たちは神勅に従って、互いに協調し皇統を支えていくことができたのだろうか。実際にはそう簡単にはいかなかったようである。天児屋命の子孫は中臣氏、太玉命の子孫は忌部（斎部）氏とされている。当初、両家は宮中祭祀でともに一定の役割を果たしていた。

しかし、次第に天児屋命の子孫が力を増していく。とりわけ、天智天皇から藤原姓を賜った中臣鎌足の子孫は天皇家との婚姻関係を結び、外戚として朝廷の権力を掌握していく。平安期以降、藤原氏は政治のみならず文化の担い手となり、大躍進を遂げている。

鎌倉期以降、藤原氏嫡流の五家（近衛、九条、一条、二条、鷹司）は摂政・関白として天皇の代行を務めるまでに至った。これらは摂関家（五摂家）と呼ばれ、公家の頂点に君臨した。また、鎌足の甥中臣意美麻呂の流れを汲む大中臣氏は伊勢の神宮祭主や神祇伯を世襲（十一世紀以降、白川伯王家が神祇伯を世襲したため、大中臣氏は神祇大副となる）した。近世になっても末裔の藤波氏がその任を引き継ぎ、祭祀の伝統を護持してきた。

さらに、藤原氏や大中臣氏とは系統が異なるが、神社界に君臨した卜部（吉田）氏も天児屋命の流れを汲むという系譜を持つ。このように、天児屋命の子孫あるいは縁者たちは皇胤を補佐し、祭祀を護持するなど、神勅を忠実に実践してきたことになる。

一方、忌部（斎部）氏はどうであったのか。大同二（八〇七）年、斎部広成が著したとされる『古語拾遺』執筆の主眼は、自家の窮状を訴える愁訴陳情書といわれてきた。『日本後紀』大同元年八月十日の記事には、中臣（藤原氏と別系統）、忌部両氏の訴訟の勅裁が見える。ここで勝訴したのは忌部氏であった。こうした事実から忌部氏凋落の実像はいまだ判然としない。

ただし、中臣氏全盛のこの時期、結果的に中央の祭祀から弾き出された忌部氏が出自の正統性を主張し、その復権を願うのは至当な行為であった。なにより『古語拾遺』が執筆されたことにより、神話や古代史の解釈に多様な可能性を導いたことは、現代に生きる我々にとっても有用な出来事であった。これが例え意図せざる結果であろうと、歴史のアクセントとなる『古語拾遺』の執筆はこの一族の大きな功績になっている。

また、地方での忌部氏の功績や祭具製作者としての役割にも注目できる。『日本書紀』第七段本文と三つの一書や『古事記』『古語拾遺』には、司祭者としての天児屋命・太玉命以外に、祭具の製作者としての神々が記されている。

玉の製作者は中臣氏の祖の天児屋命と忌部氏の祖の太玉命。そして、出雲忌部氏の祖の櫛明玉神《クシアカルタマノカミ》（第三の一書では天明玉）とされる。木綿の製作者は阿波忌部氏の祖の天日鷲神《アマノヒワシノカミ》（第三の一書にもこの名がある）。笠の製作者は讃岐忌部氏の祖の手置帆負神《タオキホオヒノカミ》。盾の製作者は紀伊忌部氏の祖の彦狭知神《ヒコサチノカミ》が務めている。このように、玉の製作者には中臣氏の祖神も名も連ねているが、その他の祭具製作者は忌部氏の活躍が際立っている。これら忌部の神々は忌部五部神といわれた。

太玉命の子孫たちは公卿として中央に留まることができず、天皇に直接奉仕する機会を失った。しかし、阿波、伊勢、出雲、紀伊、讃岐、筑紫などに定着した忌部氏の子孫は、地方の社家として永続しながら強かに活躍し、神勅の使命を果たしてきたのだといえる。

一八、斎庭の稲穂の神勅

斎庭《ゆにわ》の稲穂の神勅とは、天照大神が天上で食されている斎庭の稲穂を瓊瓊杵尊に授け、この稲穂を人々の糧《かて》として栽培し、国を治めるように命じた言葉である。この神勅は侍殿防護の神勅と「又《また》」の字を挟んで連続して記されている。このため神勅を受ける側が明示されていない。したがって、この神勅は他の神勅とは異なり、神勅を受ける側が降臨する神々のみに限定される言依さしではない。

『日本書紀』の第九段第二の一書には、「以吾高天原所御斎庭之穂。亦当御於吾児(38)」と記されている。これは〝吾が高天原にきこしめす斎庭の穂（稲穂）をもって、また吾が児にまかせまつるべし〟と読む。この神勅の先にある要諦は稲作の豊穣による民生の食の安定を象徴している。斎庭の稲穂の神勅の本義は国民が飢えることのない太平な国つくり。つまり、日本は民の安寧が保障され続けてこそ皇孫の君たるべき国になるのである。

『日本書紀』第五段第十一の一書には、「天照大神喜之曰。是物者則顕見蒼生可食而活之也。乃以粟

稗麦豆為陸田種子。以稲為水田種子(39)」と記されている。これは〝天照大神は喜びて曰く、この物は則ち顕見蒼生《うつしきあおひとくさ》の食ひて活くべきものなりと、乃ち粟稗麦豆《あわひえむぎまめ》をもっては陸田種子とす。稲《いね》をもっては水田種子とす〟と読む。天照大神は保食神の屍から化生した五穀（稲・粟・稗・麦・豆）の献上を受け、これを人民である顕見蒼生《うつしきあおひとくさ》が食して活きていく糧の確保と喜び、さらに、食の安定のために水田と陸田の充実を奨励していたのである。

天照大神に慈しまれ愛しまれた顕見蒼生（人間）は、糧の確保の担い手として、食の生産者となり、ついには百姓《おおみたから》（大御宝）と称された。水稲耕作を中心とした食の確保に勤しむ人々は、国の存立に関わる重要な役割の担い手として尊ばれた。つまり、『日本書紀』の時代の百姓は農民に対する蔑称ではなく、食の安定を支えていく大御宝《おおみたから》として尊称された。

天皇がその年の新穀を天神地祇に勧め、自らも食する新嘗《にいなめ》祭の意義は、斎庭の稲穂の神勅の本義に通底する。十一月二十三日の勤労感謝の日も、この祭祀の意義に則ったものである。大御宝という呼称や、新嘗祭の背後事情にも、斎庭の稲穂の神勅の意義を窺うことができる。

吉川惟足による斎庭の稲穂の解釈にも民の安寧への志向が窺える。『神代巻惟足抄』には、「斎庭は清浄の地を云、民豊にして無非義、少も不苦して貢を奉るがゆ庭也。穂は五穀也、天下万民は皆五穀に依てたつ。故に天下万民を授玉ふとは不曰して、清浄の穂を任奉ると示し玉ふ。仮令天下万民を司り玉ひても、此穂なからましかば人数ならんや(40)」と記されている。

惟足は斎庭を清浄の地と理解した。そこでは民が豊かな生活を営み、非義や苦痛を伴う貢物の徴収などないという。穂は五穀を意味し、人々の生活がこの食糧によって成り立つことを強調した。つまり、惟足は天照大神が天孫に天下万民を授けたのではなく、天照大神が天孫に斎庭の稲穂を授け、これを育ませ、民の安寧を実現する国をつくるように言依さしたのだと考えた。吉川神道の奥秘「神籬磐境伝口訣」には、「日ヲ守ルノ用ハ民ヲ恵ム」(41)と記されており、皇統の守護に基づく天下の太平が民の恵みにつながると説いている。

一九、水稲耕作と日本文化

宗教学上、民族宗教に分類される神道の起源を日本民族の起源と同一のものと仮定してみる。ここでいう日本民族とは特定の単一民族を指すものではなく、多様な人々の邂逅を経て、日本列島で同一文化を保有するに至った人々の集団と規定する。その同一文化もまた確固とした定義を有するものではなく、大雑把に価値基準を共有する文化といった方がよい。その文化を日本文化とし、その日本文化の一つの起源を農耕文化と仮定してみる。

人間は自然の威力を受けながらも、自然と共生し、自然に働きかけ、穀物など命の糧を入手してきた。そこで社会生活を営む人々にとって、農耕をめぐる秩序の維持は文化的社会集団存続の意義と直接結びついていた。

穏やかな自然の力の循環を祈願する春の祭、豊かな自然の恵の収穫に感謝する秋の祭など、農耕にまつわる春秋の祭祀は神道祭祀の中心に農耕儀礼があることを了解させる。これをさらに特化してみると、神道の起源を水稲耕作の定着時期と推論することができる。

つまり、陸稲に比べ、水稲耕作は高い収穫率を約束された。その一方で、水田を開墾し灌漑用水を維持するには、多くの人手が必要になる。人々が農耕という労働を伴いながら、共同体という社会を形成していく過程のなかに日本文化の萌芽を見るならば、神道の起源を、稲作文化が定着した弥生時代と推論することもできる。

ただし、稲作の伝来は考古学上、縄文時代晩期とされ、それが広範囲に伝播したのが弥生時代とされている。福岡市博多区板付にある縄文晩期の遺跡から、水田跡に加え、木製農具や石包丁も見つかっている。また、神奈川県伊勢原市にある比々多神社の祭祀遺跡（縄文中期の環状配石中の立石）を神道祭祀の原初形態と見るならば、稲作文化定着の年代や、神道の起源をめぐる歴史事実の推定年代も相対的に移行させ、柔軟に再定義する必要がある。

いずれにせよ、信仰や習俗を共有する文化的社会集団の成立には、大規模な水田の開墾や灌漑施設の維持を必須とする水稲耕作農業が直接に影響したであろう。時を経て、富の発生に伴う土地収奪抗争の繰り返しのなかで、社会の成立が国家へと展開していった。

水稲耕作の農民は食の糧となる稲の田を耕作し、民を安んじるという使命の一端を担っていた。このため、農民は百姓《おおみたから》として尊ばれた。こうした意識は各地域での祈年祭や新嘗祭に引き継がれている。そして、その背後には斎庭の稲穂の神勅の意義が見えてくる。

ちなみに、網野善彦は「本来『百姓』の語には農民の意味が全く含まれていないだけではなく、実態に即してみても古代から近世にいたる百姓の中には、かなりの数の非水田的・非農業的な生業を主として営む人々がいたことは明らかである（網野一九九三）[42]」と述べ、百姓を農民とする固定観念を批判した。

日本文化のなかの神道祭祀と稲作との特別に強い絆は否定できないが、確かに、百姓は天下万民を意味する。したがって、農民のみが百姓なのだと固執する必要はない。『日本書紀』編纂当時、産業を牽引する人々の集団は農業に加え漁業や製鉄業など様々であり、また、王権に奉仕する部民制下の人々や、それを率いる伴造など、数多の職業的社会集団の存在を推論することができる。こうした多様な生業に携わる人々のそれぞれのはたらきが王権あるいは社会を支えていたのも事実である。

二〇、塩土老翁

天孫降臨の後の話は、瓊瓊杵尊の結婚を中心に展開する。ちなみに瓊瓊杵尊→彦火火出見尊→鸕鷀《ウガヤ》草葺不合尊《フキアヘズノミコト》と続く三代の系譜は日向三代といわ、国生み神話・高天原（大和）神話・出雲神話に対して日向神話といわれる。

瓊瓊杵尊の結婚は以下の三つの話で構成されている。

（一）事勝国勝長狭《コトカツクニカツナガサ》の導きにより、瓊瓊杵尊が吾田の笠狭に住むまでの話。

（二）瓊瓊杵尊と鹿葦津姫《カアシツヒメ》（木花開耶姫《コノハナサクヤヒメ》）が結婚し、彦火火出見尊ら三神を生む話。

（三）瓊瓊杵尊が磐長姫《イワナガヒメ》ではなく、木花開耶姫（鹿葦津姫）のみを寵愛したため、人が短命になったという話。

第九段本文は（一）（二）のみで（三）は省略されている。第二の一書は（一）（二）の間に（三）が挿入されている。

瓊瓊杵尊は日向《ひむか》の襲《そ》の高千穂の峰に降臨し、二上の天浮橋から浮渚在平処《うきじまりたひら》に立ち、その場から国を探し求め、吾田の長屋の笠狭碕に至った。この地で出会った事勝国勝長狭の請いにより、瓊瓊杵尊は吾田の笠狭に住むことになる。

事勝国勝長狭とは事に勝り国に勝るものである。長狭のサは神稲を意味する。この神は第二、第四、第六の一書に登場し、第二の一書では国主、第四の一書では伊奘諾尊の子の塩土老翁《シホツチノヲヂ》とされている。『日本書紀』ではこの神を塩土老翁・塩筒老翁と表記し、『古事記』では塩椎神と表記されている。

塩土老翁とは、古典の要所に登場する導きの神である。塩のシホは潮。ツは助詞のノ。チはイカヅチやオロチのチと同様に、霊力を表す。つまり、塩土老翁は潮の霊力を持つ翁を意味する。あるいはツチ（土・椎）、ツツ（筒）を粒と理解すれば、この神名は星粒に通じる。

このツツについては、第五段第六の一書の禊の段に登場した住吉大神など、海との関係が注目される。住吉三神とは底筒男命《ソコツツノヲノミコト》、中筒男命《ナカツツノヲノミコト》、表筒男命《ウハツツノヲノミコト》の三柱の神が示す唐鋤星《からすきぼし》に例えられる。この唐鋤星とはオリオン座の中心にある三つ星であり、古から航海の道標にされていた。

塩土老翁をシホツツと読めば潮と星の神とを関連づけることができる。夜の海上で星を頼りに行き先を測る様を想像すれば、塩土老翁とはよりよい場所へと導く航海の神、あるいは海上交通を支配する導きの神として解釈できる。

これに符合する塩土老翁の登場箇所は以下の三点がある。

(一) 九段第四の一書で、瓊瓊杵尊によい土地があると導く話。

(二) 十段本文、第一の一書、第二の一書、第三の一書、第四の一書、『古事記』で、山幸を海宮へと導く話。

(三) 神武天皇即位前紀で、神武天皇に東方によい国があると導く話。

二一、木花開耶姫

鹿葦津姫の別名とされる木花開耶姫は大山祇神の娘、瓊瓊杵尊の妻、彦火火出見尊の母として神話に登場する美の女神である。『日本書紀』第九段第二、第五、第六、第八の一書、そして『古事記』によれば、木花之佐久夜毘売命（木花開耶姫）こと鹿葦津姫は明らかに大山祇神の娘とされている。

これに対して『日本書紀』本文の文章「妾是天神娶大山祇神、所生児也(43)」は多少難解である。これを〝妾は是、天神が大山祇神を娶《ま》きて、生ましめたる児なり〟と読めば、確かに木花開耶姫は大山祇神の娘となる。

〝娶〟は嫁をもらうという動詞である。この動詞を挟んで対峙する天神と大山祇神との関係性を文脈に沿って紐解くと、天神が大山祇神を嫁にもらって木花開耶姫を生んだことになる。つまり、大山祇神は木花開耶姫を生む女神ということになる。

仮に〝娶〟したのは大山祇神の娘と解釈して、〝妾は是、天神が大山祇神の娘を娶きて、生ましめたる児なり〟のように意味を補うと、大山祇神は男神になるが、木花開耶姫は大山祇神の孫になってしまう。ただし、〝娶〟が娘を嫁がせるという意味に理解できるなら、〝妾は是、天神が（の）娘を大山祇神に嫁がせて、生ましめたる児なり〟と読み、木花開耶姫は父神大山祇神の娘となる。

これが強弁ということになると、『日本書紀』本文で語られる大山祇神は木花開耶姫を生んだ女神ということになる。本文の記述の方が異伝であるように思わせる『日本書紀』の多様性は実に面白い。

木花開耶姫が大山祇神の子であること。火のなかで彦火火出見尊を出産したこと。富士山本宮浅間大社に加え、全国の浅間神社の祭神とされていることを理由として、この女神は富士山の神格化として富士信仰と深く結びつけられている。こうした信仰の事実から、富士山の美が木花開耶姫の存在に転義されていたとも考えられる。

富士山は日本の象徴というべき最も有名な火山である。『万葉集』に見える山部赤人の歌「天地の分れし時ゆ神さびて高く貴き駿河なる布士の高嶺を天の原ふり放け見れば渡る日の影も隠らひ照る月の光も見えず白雲もい行きはばかり時じくぞ雪は降りける語り継ぎ言ひ継ぎ行かむ不盡の高嶺は」、そして、短歌「田児の浦ゆうち出でて見れば真白にぞ不盡の高嶺に雪はふりける」は、ともに霊峰富士の英姿を伝えた名歌である。特に後者は「小倉百人一首」で、「田子の浦にうち出でてみれば白妙の富士の高嶺に雪は降りつつ」と、現代に至るまで詠み継がれている。

富士山の優美は『万葉集』の時代から直接的に詠まれている。しかし、同時代の『古事記』『日本書紀』にはそれがない。多様な作者や編者が関わる『万葉集』と違い、大和の人々を中心に構成された『古事記』『日本書紀』の編纂者は、遠く離れた富士山に思い入れが薄かったのだろうか。『古事記』『日本書紀』に富士山が記されていないのは地理的要因に加えて何らかの政治的要因も考慮すべきであろう。

高嶺に雪を頂いた富士を遠く仰ぎ見れば、人々はこれほど美しいものはないと感じていたのだろう。富士山の美は永遠の象徴のようでもある。しかし、一天にわかに掻き曇れば、その偉容は暗雲に遮られる。噴火でもしようものならその様相は激変するだろう。当然、四季によって富士山の容貌は移り変わる。こうした無常の美に特化するならば、富士山の美は、激しくそして儚く咲く桜花（木花開耶姫）にも通じている。美に限りがあることを知るからこそ、人は儚い盛りを愛おしく想えるのだろう。

木花開耶姫は姉の磐長姫と一対で語られ、人間の寿命（死）の起源に深く関わってくる。姉の磐長姫は磐のように丈夫な不変性を象徴し、妹の木花開耶姫は花のように美しく儚い無常の美を象徴している。木花開耶姫と瓊瓊杵尊との結婚は、父の大山祇神の意向により、姉の磐長姫もともに嫁がされた。しかし、瓊瓊杵尊は美しい木花開耶姫のみを寵愛し、醜い磐長姫を退け、大山祇神の元に返してしまう。

辱めを受けた磐長姫は、「仮使天孫。不斥妾而御者。生児永寿有如磐石之常存今既不然。唯弟独見御。故其生児。必如木花之。移落」[44]と恨み歎く。これは〝たとひ天孫、妾を斥けたまはずして御さましかば、生めらむ児は寿永くして、磐石の如く有るに常存らまし。今既に然らずして、唯弟をのみ独りめせり。故、其の生むらむ児は、必ず木の花の如くに、移落ちなむ〟と読む。磐長姫は磐と花とを対比して、儚い人の寿命を呪言したのだ。

さらに「顕見蒼生者。如木花之。俄遷転当衰去矣」[45]と人の命を儚く短命にする呪言を唱える。これは〝うつしきあおひとくさは、木の花の如くにしばらくにうつろひておとろへなむ〟と読む。激しい屈辱を受けた磐長姫の怒りと悲しみは、人の寿命をも削り取ってしまうのだ。

『古事記』の相当場面では、「故是以至于今。天皇命等之御命不長也」[46]と記されている。これは〝故れこれをもって今に至るまで、天皇命《すめらみこと》等の御命長くまさざるなり〟と読む。『古事記』で短命の呪言をするのは石長比売(磐長姫)ではなく、大山津見神(大山祇神)であり、その呪言の対象は人々の寿命ではなく、天皇の寿命とされている。

木花開耶姫の花と磐長姫の磐との関係はバナナと石の関係に置き換えることができる。これらはバナナ型神話の類型に属する。バナナ型神話とは、人間の寿命(死)の起源神話とされる。神は人間に石とバナナを選択させる。人間は美味しいバナナを選ぶ。バナナは毎年命を継いで、森の恵みを与えてくれる。石それ自体が不変の象徴であるのに反して、バナナそれ自体は永遠ではない。個々のバナナは必ず朽ち腐っていく。こうして、バナナを選んだ人間は永遠の命を失うことになったという。

東南アジアやニューギニアを中心に各地で見られるバナナ型神話は、イギリス（スコットランド）の人類学者ジェームズ・フレイザーによって命名された。こうした神話の存在は、日本の神話の素材が日本古来の諸伝承や漢籍のみによって成り立っているのではなく、実に広い地域から伝来した多様多層な神話の複合であることを教えてくれる。

二二、彦火火出見尊の誕生

瓊瓊杵尊と鹿葦津姫（木花開耶姫）の間には確執があった。『日本書紀』第九段本文によれば、瓊瓊杵尊と鹿葦津姫は結ばれ、一夜にして妊娠する。しかし、瓊瓊杵尊はこの一夜の妊娠に疑念を持ち、「雖復天神何能一夜之間令人有娠乎。汝所懐者必非我子歟」[47]と異を唱える。これは〝復天神と雖も何ぞ能《よ》く一夜の間に人をして有娠ませむや。汝が所懐めるは必ず我子に非じ〟と読む。つまり、瓊瓊杵尊は〝いくら天神であろうと一夜にして妊娠などできようはずもない。あなたが懐胎しているのは我子ではない〟と放言してしまうのだ。

鹿葦津姫は怒り嘆き、生まれる御子が天孫の胤でなければ焼け滅び、天孫の胤であれば火で損なわれないと誓約《うけい》する。そして、出入口のない室をつくり、その産室に火をつけて出産に臨む。こうして鹿葦津姫は無事に彦火火出見尊ら三神を生み、その子らが瓊瓊杵尊の御子である証を立てたのである。出産後、母親の部屋を火で温めるという習俗は東南アジアや奄美地方に広く分布している。これは母子の体温低下を防ぐ措置と考えられる。ちなみにフィンランドではサウナを神聖な場所として出産場所に用いることもあるという。

燃え盛る産室で生まれた彦火火出見尊（弟の山幸）の神名について考えてみたい。彦のヒコは立派な男子。火のホは炎。出のデは出。見のミはワタツミ・ヤマツミのミと同様に神霊の霊力を意味している。ホデミは炎が出る神霊を表す。古くは稲出見《ほでみ》であったとも考えられ、火＝穂という認識から、稲の穂が出る神霊を意味するようになった。瓊瓊杵尊が一夜にして鹿葦津姫を妊娠させ、彦火火出見尊の出産に至る話は、穂《ほ》と火《ほ》の結合を意味する神話として捉えることができる。

『日本書紀』本文では、火闌降命《ホノスソリノミコト》は三兄弟の長男とされており、①火闌降命（海幸）②彦火火出見尊（山幸）③火明命（尾張連の始祖）の順序で記される。『古事記』では、①火照命（海佐知毘古）②火須勢理命③火遠理命（山佐知毘古）という順序で記されている。『古事記』を含めた異伝では、ヒコホホデミは第三番目（末っ子）の火遠理命《ホヲリノミコト》とされる。これは火折、つまり、火の勢いが折れて弱まった状態を意味している。

註

（1）藤田孝典『下流老人　一億総老後崩壊の衝撃』朝日新聞社、二〇一五年、参照。
（2）土居光知『神話・伝説の研究』岩波書店、一九七三年・松前健『日本神話と古代生活』有精堂出版、一九七〇年、参照。
（3）黒板勝美編輯『新訂増補　国史大系　日本書紀　前篇』吉川弘文館、一九六六年、六一頁。
（4）黒板勝美編輯『新訂増補　国史大系　古事記　先代旧事本紀　神道五部書』吉川弘文館、一九六六年、三八頁。
（5）石原道博編訳『新訂　魏志倭人伝・後漢書倭伝・宋書倭国伝・隋書倭国伝　中国正史日本伝（1）』岩波書店、一九五一年、一〇九、一一〇頁。
（6）前掲の『新訂増補　国史大系　日本書紀　前篇』六二頁。
（7）同右、『新訂増補　国史大系　日本書紀　前篇』六三頁。
（8）同右、『新訂増補　国史大系　日本書紀　前篇』六三、六四頁。
（9）岡田荘司「〝真床覆衾〟論と寝座の意味」『神道文化叢書　大嘗の祭り』神道文化会、一九九〇年、一一七頁。
（10）前掲の『新訂増補　国史大系　日本書紀　前篇』七四頁。
（11）同右、『新訂増補　国史大系　日本書紀　前篇』一五九頁。
（12）同右、『新訂増補　国史大系　日本書紀　前篇』一八四、一八五頁。
（13）斎部広成撰、西宮一民校注『古語拾遺』岩波書店、一九八五年、一二七頁。
（14）同右、『古語拾遺』一三四頁。
（15）坂本太郎、家永三郎、井上光貞、大野晋校注『日本古典文学大系67日本書紀　上』岩波書店、一九六七年、参照。
（16）黒板勝美編輯『新訂増補　国史大系　律・令義解』吉川弘文館、一九六六年、七九頁。
（17）黒板勝美編輯『新訂増補　国史大系　日本書紀　後編』一九五二年・吉川弘文館、四〇三頁。
（18）後藤守一『日本古代史の考古学的検討』山岡書店、一九四七年、参照。

(19) 前掲の『古語拾遺』一一九頁。
(20) 佐伯有義校訂『大日本文庫　神道篇　垂加神道　上巻』春陽堂、一九三五年、四四三頁。
(21) 前掲の『新訂増補　国史大系　日本書紀　前篇』七〇頁。
(22) 倉野憲司・武田祐吉校注『日本古典文学大系1古事記　祝詞』岩波書店、一九五八年、四一六頁。
(23) 家永三郎「所謂天壌無窮の神勅文の成立について――人文科学委員会第2回大会・歴史学研究報告（要旨）」『人文』十二巻十一号、人文科学委員会、一九四八年、参照。
(24) 上田賢治『神道のちから』たちばな出版、一九六七年（一九八八年再刊・一九九五年再々刊）、七五、七六頁。
(25) 前掲の『新訂増補　国史大系　日本書紀　前篇』七四頁。
(26) 平重道校注『神道大系　論説篇十　吉川神道』神道大系編纂会、一九八三年、八六頁。
(27) 佐伯有義校訂『吉川神道』大日本文庫刊行会、一九三九年、三九三頁。
(28) 平重道著『吉川神道の基礎的研究』吉川弘文館、一九六六年、三三四頁。
(29) 徳橋達典『吉川神道思想の研究』ぺりかん社、二〇一三年、二八二頁。
(30) 田尻祐一郎「（書評と紹介）徳橋達典著『吉川神道思想の研究――吉川惟足の神代巻解釈をめぐって――』」『宗教研究』三七八号、日本宗教学会、二〇一三年、参照。
(31) 大隈和雄校注『日本思想大系19中世神道論』二六三頁。
(32) 安蘇谷正彦『日本の伝統と宗教』ぺりかん社、一九九二年、六〇頁。
(33) 史籍集覧研究会編『続史籍集覧　第二冊』すみや書房、一九七〇年、一七頁。
(34) 前掲の『新訂増補　国史大系　日本書紀　前篇』七四頁。
(35) 前掲の『神道大系　論説篇十　吉川神道』二九二頁。
(36) 前掲の『吉川神道思想の研究』二八二頁。
(37) 前掲の『新訂増補　国史大系　日本書紀　前篇』七四、七五頁。
(38) 同右、『新訂増補　国史大系　日本書紀　前篇』七五頁。

(39)同右、『新訂増補　国史大系　日本書紀　前篇』一二三頁。
(40)前掲の『吉川神道』三九五頁。
(41)前掲の『吉川神道の基礎的研究』三三四頁。
(42)朝尾直弘・網野善彦・石井進・鹿野政直・早川庄八・安丸良夫編集委員『岩波講座　日本通史　第一巻』岩波書店、二〇〇〇年、一四頁。
(43)前掲の『新訂増補　国史大系　日本書紀　前篇』六五頁。
(44)同右、『新訂増補　国史大系　日本書紀　前篇』七六頁。
(45)同右、『新訂増補　国史大系　日本書紀　前篇』七六頁。
(46)前掲の『新訂増補　国史大系　古事記　先代旧事本紀　神道五部書』四六頁。
(47)前掲の『新訂増補　国史大系　日本書紀　前篇』六五頁。

第十章、神代巻第十段（海宮遊幸章）

一、第十段本文の概要

兄の火闌降命《ホノスソリノミコト》は海の幸を得る力を保持していた。弟の彦火火出見尊《ヒコホホデミノミコト》は山の幸を得る力を保持していた。兄弟は相談し、「試しに互いの易幸《さちがへ》をしよう」といい、幸を獲る釣鉤《つりばり》と弓矢とを交換した。しかし、思うように幸を得ることはできなかった。兄は後悔し、弟に弓矢を返して、自分の釣鉤も返すように求めた。だが、弟は兄の釣鉤を失し、それを探す術もなく、新しい釣鉤をつくって兄に与えた。兄はこれを受け入れず、元の釣鉤を返すように責めた。弟は憂い患い、自らの太刀で新しい釣鉤をつくり、それを箕一杯に盛って兄に与えた。兄は怒って「これは私の元の釣鉤ではない。数が多いからといって受け取ることはできない」といい、さらに弟を責め立てた。弟は深く苦悩して、海辺を彷徨っていたとき、塩土老翁《シホツチノヲヂ》に出会った。塩土老翁は「どうしてこんなところで愁い悲しんでいるのですか」と尋ねた。彦火火出見尊はことの子細を話した。塩土老翁は「憂えることはありません。私があなたのために何か方法を考えましょう」といい、無目籠《まなしかたま》をつくり、そのなかに彦火火出見尊を入れて、これを海に沈めた。すると籠はひとりでに可怜小汀《うましをばま》に行き着いた。彦火火出見尊は籠を乗り棄て、ぶらぶらと歩いて行くと、すぐに海神宮《わたつみのみや》に至った。海神宮は長い垣に囲まれて、その御殿は光り輝いていた。門の前に井戸があり、そこに湯津《ゆつ》杜《かつら》の樹が生え、枝葉が立派に繁茂していた。彦火火出見尊はよろよろとその樹の下に佇んでいた。しばらくして一人の美しい女神が扉を押し開いて現われ、玉の椀に水を汲もうとした。女神は顔を上げて彦火火出見尊を凝視した。女神は驚き、宮のなかに入って、その父母に「一人の珍しい客人が、門前の木の下におります」と伝えた。父神の海神《ワタツミノカミ》は八重席薦《やえだたみ》を鋪設して彦火火出見尊を宮に迎え入れた。彦火火出見尊が座に着かれて落ち着いたころ、海神はこれに至る理由を尋ねた。彦火火出見尊はことの経緯を海神に打ち明けた。すると海神は大小の魚たちを集め、釣鉤について尋ねた。皆は「知りません。ただ赤女（鯛）がこのごろ口の病で来ていません」と述べた。そこで、赤女を召して、口内を探ると、失くした釣鉤が見つかった。

　彦火火出見尊は海神の娘の豊玉姫《トヨタマヒメ》と結婚した。そして海神宮に留まること、三年を経た。彦火火出見尊はここで安らかに楽しく過ごしていたが、今なお望郷の情が消えることはなかった。このため、憂い嘆くことさえあった。豊玉姫はこれを聞くに及んで、海神に「天孫はしばし悲しみ嘆くことがあます。郷土を想って憂えるのでしょうか」と相談した。海神は彦火火出見尊を宮中に案内し、静かに落ち着いて「天孫がもし帰郷をお望みならば、私はお送り致します」と述べた。そして、釣鉤を授け、「この鉤を、あなたの兄に与えるとき、密かにこの鉤に『貧鉤《まぢち》』と呪文を掛けてから与えて下さい」と教えた。また、潮を満たす呪力を持つ潮満瓊《しほみつたま》と潮を乾させる呪力を持つ潮涸瓊《しほひるたま》を授け、「潮満瓊を水に漬ければ、潮はたちまち満ちるでしょう。こうして、あなたの兄を溺れさせることができます。もし兄が悔いて救いを乞うならば、反対に潮涸瓊を水に漬けると、潮はたちまち涸れるでしょう。こうして、お救い下さい。このように責め悩ませれば、あなたの兄は自ら降伏するでしょう」と教えた。まさに彦火火出見尊が帰郷しようとするときに、豊玉姫は彦火火出見尊に「私は既に妊娠しています。出産も間近でしょう。私は風や波の荒れた日に、海浜に参ります。どうか私のために産屋をつくって待っていて下さい」と伝えた。

　彦火火出見尊はもとの宮に帰り、海神の教えに従った。そして、兄の火闌降命は懲らしめられ、自ら降伏し、「これ以降、私はあなたの俳優（芸能）の民となりましょう。どうか、恩情を施して下さい」と乞うた。彦火火出見尊はその通りに火闌降命を許した。火闌降命は吾田君小橋らの本祖である。

　その後、豊玉姫は約束通り、妹の玉依姫《タマヨリヒメ》を引き連れ、風波を冒して海辺に現れた。豊玉姫は出産に臨み、「私が出産するところを、決して見てはなりません」と乞うた。しかし、彦火火出見尊は我慢できず、密かに産屋に行ってその姿を覗いてしまう。すると豊玉姫は龍に化身して出産していた。豊玉姫は辱められたことに怒り、「もしこのような屈辱を受けることがなければ、海と陸は相通じ、永遠に隔絶することもなかったでしょう。今、既に私は恥をかかされました。こうなってしまっては、何をもってしても、親愛の情を結ぶことはできません」と恨み、生んだ御子を草で包み、海辺に棄て置き、海の道を閉ざして帰ってしまう。こうして御子の名は彦波瀲武鸕鷀草葺不合尊《ヒコナギサタケウガヤフキアヘズノミコト》と称した。後久しくして、彦火火出見尊は崩御し、日向の高屋山上陵に葬り祭られた。

二、第十段本文と一書の構成と海宮遊幸

第十段は彦火火出見尊の海宮遊幸と豊玉姫の出産の話を中心に展開する。第十段は四つの一書を持ち、その第一、第三、第四の一書と『古事記』の記述内容は本文と類似している。『古事記』では、海幸山幸の兄弟を火照命《ホデリノミコト》（兄の海佐知毘古）、火遠理命《ホヲリノミコト》（弟の山佐知毘古）と称する。

第十段本文は主に三つの場面で構成されている。

（一）彦火火出見尊（弟の山幸）が塩土老翁の教えにより海神宮に行くまでの話。
（二）彦火火出見尊が海神から呪力のある玉を得て、火闌降命に報復するまでの話。
（三）彦火火出見尊と結婚した豊玉姫が龍となって鸕鷀草葺不合尊を生む話。

第二の一書は（一）の話のみが記されている。

兄弟による互いの漁具（猟具）の交換を易幸《さちがえ》という。食糧を獲得する釣鉤や弓矢には個々に内在する神秘的能力が感応すると考えられていた。このため、二神は軽率に個々の漁具を交換すべきではなかった。兄弟の確執はこれを破ったことに原因する。この過ちは塩土老翁の導きにより、新たな物語として展開していく。

塩土老翁が彦火火出見尊のためにつくった無目籠《まなしかたま》とは、隙間なく編み込まれた竹籠の舟である。〝カタマ〟あるいは〝カタ〟は台湾以南の島々で舟、筏、籠を意味するという[1]。確かにカタはイカダ（筏）を通して舟にも結びつく。

二つの船体を甲板でつないだ舟を双胴船という。ポリネシアでは、この双胴船をカタマランと呼ぶ。カタマランのカタもイカダに通じている。竹籠の舟は台湾、ベトナム、他の東南アジアでも使われたという。こうした文化は黒潮に乗って九州の海人《あま》族隼人《はやと》にも至ったのだろう。ちなみに、海神宮が海底であれば、無目籠は潜水艇ということになる。

潮満瓊・潮涸瓊とは潮を満たす呪力と潮を乾させる呪力を持つ瓊（玉）であり、海神から彦火火出見尊に授けられる。海神だからこそ、潮を思いのままにできる呪力を彦火火出見尊に与えることができた。つまり、山神の孫である彦火火出見尊は、海神の娘である豊玉姫と結婚することにより、水陸両方の呪力を獲得したのである。

彦火火出見尊はこの珠を用いて兄への復讐を果たす。しかし、多少気になる点も残る。兄弟は互いに相談した上で、試みに釣鉤と弓矢との交換（易幸）したはずである。さらに、兄の釣鉤を失くしたのは弟の過失であり、兄にとっては大切な釣鉤を失った状態を三年以上も放置されていたことになる。こうした点に配慮すれば、兄の怒りにも情状酌量の余地はあるだろう。

それにも拘らず、兄はなぜ弟から恨みを買い、そこまで追いつめられる羽目になったのか。それは弟が釣鉤を失くしたときに見せた兄の不寛容な態度に尽きる。この不寛容が不寛容を呼び、潮満瓊と潮涸瓊と呪言〝マヂチ〟による復讐劇を生んだのである。ちなみに、この瓊は仏典説話に記された〝如意宝珠《によいほうじゅ》〟からの援用だとする指摘もある。如意宝珠とは衆生の願望を叶える不思議な珠をいう。梵（サンスクリット）語では、これをチンタマーニという。チンタは思考。マニは珠を意味する。つまり、チンタ＋マニ＝如意＋宝珠である。

三、貧鉤（マヂチ）という呪言

第十段本文で記された簡潔な言葉「貧鉤」(2)〝マヂチ〟とは、弟が失くした釣鉤を兄に返すとき、密かに唱えて相手を不幸に陥れる呪言である。他の一書に記された呪言は、その派生形としてより具体的な表現になっている。

第一の一書が「貧窮之本。飢饉之始。困苦之根」(3)〝マヂノモト、ウヱノハジメ、クルシミノモト〟。

第二の一書が「貧鉤。滅鉤。落薄鉤」[4]〝マヂチ、ホロビチ、オトロヘチ〟。第三の一書が「大鉤。踉旁鉤。貧鉤。癡騃鉤」[5]〝オホヂ、ススノミヂ、マヂチ、ウルケヂ〟。第四の一書が「汝生子八十連属之裔。貧鉤。狭狭貧鉤」[6]〝イマシガウミノコノヤソツヅキノノチニ、マヂチ、ササマヂチ〟である。これらも相手あるいはその子孫を不幸に陥れる呪言であり、どれもこれもが重苦しい表現になっている。

密かに発せられるこの呪言からは、いい知れぬマイナスの空気感が漂ってくる。神話はこうした恐ろしい呪いの言葉も隠蔽することはない。しかし、この呪言は相手を死や殲滅へ追い込むことはなく、呪いの言葉がプラスの結果を呼び込むこともある。つまり、この呪言は兄の火闌降命の改心と、その子孫の隼人による朝廷への貢献を導いている。

とはいえ、神話において呪いが奨励される訳ではない。「大祓」に記された国津罪の一つとして「畜仆《けものたう》し蠱物《まじもの》する罪《つみ》」が挙げられる。古代の人々にとっての呪いとは、今よりも生活に密着していたのであろう。身近であったからこそ国津罪として取り上げられ忌避されてきたのである。このように、呪いにも様々な捉え方がある。

現代の我々は〝人を呪わば穴二つ〟という格言を知っている。この解釈も様々なのだと思うが、〝人を呪えば自分にも不幸が及ぶため、自分の墓穴も掘っておけ〟ということであろう。つまり、呪うという行為の非生産性は自明の理であり、闇雲に他人を呪うような人物が人格的にも社会的にも承認を得ることはない。

さて、第二の一書及び『古事記』では、兄の火闌降命を隼人の祖としている。隼人とは南九州の大隅や薩摩地方の人々で、大和朝廷の宮門警護や芸能教授を生業としていた。律令制下では「隼人司」という官職が設けられ、衛門府（後に兵部省）に属した。隼人が俳優《わざおぎ》として演じた隼人舞は日本古代の国風歌舞であり、火闌降命が海で溺れ苦しむ様を演じたといわれる。しかし、この舞は中世に一度断絶したとされ、現存する隼人舞との関連は不明である。

『延喜式』巻第七践祚大嘗祭には、「隼人司率隼人、分立左右朝集堂前、待開門乃発声[7]」と記されている。これは〝隼人司は隼人を率いて分かれて左右の朝集堂の前に立ち、開門を待ちて乃ち声を発せよ〟と読む。続けて同書には、「群官初入隼人発声、立定乃止、進於盾前、拍手歌舞[8]」と記されている。これは〝群官はじめて入るとき、隼人声を発し、立ち定りて乃ち止めよ。盾の前に進みて、手を拍ち、歌舞せよ〟と読む。つまり、践祚大嘗祭は隼人の発声によりはじまり、これに続いて隼人の歌舞が奉納された。このときの〝発声〟とは儀式のはじめに先払いをして、辺りを警《いまし》め謹《つつし》ませる作法と考えられる。

現在の神社祭式においても、神霊の出御《しゅつぎょ》入御《じゅぎょ》や御扉開閉《みとびらかいへい》のときに、警蹕《けいひつ》という発声を〝おー〟と唱えている。警蹕は喧騒を破り静寂を導き、神事における聖俗の境界を告げる発声である。こうして祭儀は歌舞へと展開していく。

神道祭祀のなかで最も重視される新嘗祭、とりわけ、一世一代の践祚大嘗祭において、隼人は重要な役割を担っていた。つまり、大和朝廷は隼人の有する固有文化や呪力を勝者の立場から排除するのではなく、尊重し存続させていたのである。

四、豊玉姫の出産と穢れ

彦火火出見尊は豊玉姫から妊娠を告げられた後、海宮を去り元の世界に帰ってしまう。ただし、彦火火出見尊は豊玉姫との約束を守り、海辺に産室を建てて豊玉姫を迎えている。海浜とは陸と海の境界に位置している。この境界で出産するということは出産の穢れを忌み、母屋と距離を隔て、産屋を別棟に建てたとする風習と関連する。

第九段によれば、鹿葦津姫は産室に火をつけて彦火火出見尊の出産に臨む。すべてを焼き尽くし無化してしまう火は穢れの媒体として恐れられた。それゆえ、産屋では火や食器を別にして生活し、母屋の穢れを避けるため、産後も一定期間ここに留った。その後、時間の経過を見て、母屋に帰宅したとされる。

古来、日本では死を黒不浄、経血を赤不浄、出産を白不浄と呼び、忌とされてきた。これにより特定の地域や時代に関わらず、不浄を闇雲に忌み嫌う慣習が広まった。さらに、こうした触穢意識があらゆるものに派生して、いわれない差別を生じさせた。

不条理極まりないことであるが、特定の人々に人や動物の死体処理を強いておきながら、そうした生業に携わった人々を穢れの対象とし〝穢多〟と蔑み差別した。現代の視点からすると、疫病の蔓延を防ぐ死体の処理は社会に必要な生業であるにも関わらず、こうした人々に最下層の不可逆的身分の固定を強いたのだ。

時代は下って貞享元（一六八四）年、絶対安定期を迎えていた江戸幕府の五代将軍徳川綱吉は触穢を規定すべく服忌令を発布した。ここでは喪に服する十三月の〝服〟や、穢れを忌む五十日の〝忌〟などが詳細に規定された。この服忌令は幾度かの改定を経て、明治まで存続し周知徹底された。

ここで注目すべきは、綱吉の時代に生きた武士が血で血を洗う戦国武将とは全く異質な存在になっていたことである。戦場で戦う武士にとって、血のイメージは拭い去ることはできない。しかし、武家政権の全盛期に存在した服忌令は武士が武士であることを否定したのである。高埜利彦の『天下泰平の時代』によれば、服忌令が発布された時代の新しい価値観とは「弓馬＝武道ではなく、服忌をわきまえ儀礼を滞りなく進められる能力や、学問・文化の能力が強く求められるようになったのである」(9)とされる。

慣習とは強かに継続するものである。しかし、時代が移ればその価値観も変革を遂げる。開き直って視点を変えてみるならば、不浄に関わる者が特定期間を限定され、公的場所への出仕を制限されるという服忌の制約をも逆説的に解釈することができる。つまり、不浄に対する触穢意識も意図せざる結果として強制的休暇取得制度に転用できるのだ。

仮に現代の価値基準に引き寄せて捉えてみると、黒不浄は忌引。赤不浄は生理休暇。白不浄は出産（育児）休暇に転化できる。人の忌避する死体処理などの労働には疫病に感染するリスクも背負うものである。ならば、特別手当や危険手当も請求できるだろう。差別や排除については問題外だが、物事には裏と表に止まらぬ多様な切り口を施していくような強かさも必要なのである。

五、豊玉姫の出産と禁忌

出産を控えた豊玉姫は妹の玉依姫とともに海辺に到着し、彦火火出見尊の建てた産室に入る。豊玉姫は出産の様子を見られることを嫌い、彦火火出見尊にその覗き見を固く禁じていた。しかし、彦火火出見尊に出産の白不浄という触穢を忌避する姿勢は見られず、心の赴くまま、豊玉姫との約束を反故にしてしまう。つまり、彦火火出見尊は禁忌を破ってしまうのだ。

豊玉姫はなぜ出産の覗き見を固く禁じたのだろうか。ここで考えてみたいのが現在の立ち会い出産である。新たな生命が誕生する瞬間を夫婦ともに迎え、その感動を分かち合う。これは素晴らしい気宇であり、現にこうした幸福感を共有する人々が多い。しかし、それをすべての人が正面から受け入れられる訳ではない。見たくない男性（父親）もいれば、見られたくない女性（母親）もいる。たとえ主義主張に共感できても、生理的に受けつけられない人もいるだろう。

フランスの医師ミシェル・オダンは男性の立会出産に対して否定的な見解を示した。(10)夫が分娩室にいると、妊婦は緊張し、さらに、夫の緊張も妊婦に伝わるという。こうなると妊婦のアドレナリンの分泌が促進される。すると愛情ホルモンといわれるオキシトシンの分泌減少などが原因し、女性は赤ちゃんから気持ちが離れ、出産に集中できなくなる。こうして出産が長時間に及ぶというのだ。この説に対しては専門の医師においても様々な見解があるのだと思う。したがって、ここでその是非に及ぶことはできない。

ただし、立ち会い出産を経験した男性のなかには、苦痛をともない悶絶する女性の表情や身体に固まってしまう人もいる。女性に対して性的魅力を感じられなくなったという意見もある。大量出血など、出産途中で妊婦の容体が急変することもある。出産は決して日常的な光景ではなく、なりふり構わぬ命懸けの現場なのだ。

崇高な生命的行為である出産は女性にしか経験できない。だからこそ、その場に立ち会い、その経験を夫婦で共有するのか、それを畏敬して遠慮するのかは、夫婦それぞれに多様な対処の方法があるのだろう。

しかし、彦火火出見尊は出産姿を見られまいとする豊玉姫の気持ちを蔑《ないがし》ろにした。その結果、目にした光景は、龍になって悶絶する豊玉姫の姿であった。豊玉姫は自らの姿を見て驚愕する彦火火出見尊の気持ちの変化を敏感に感じ取り、自らを恥じてしまう。これが別れの契機となる。

『日本書紀』本文で龍と化した豊玉姫は、第一の一書や『古事記』では「八尋和迩」(11)に、第三の一書では「八尋鰐」になっていた。『和名抄』によれば、鰐・和迩《ワニ》は魚類の鮫《サメ》の古名とされている。確かにアリゲーター、クロコダイル、ガビアル種に代表される爬虫類のワニは日本には生息していない。ただし、ワニもサメも大顎の持ち主〝ジョーズ〟であることで通じている。あるいは海水に対して耐性の強いイリエワニが日本の近海まで漂流することがあったのかもしれない。いずれにせよ、この伝承にも南洋の風が漂っている。

それでは豊玉姫が龍や鰐の姿になって出産したことは何を意味しているのだろうか。これについてはトーテミズムが一つの答えを導いてくれる。トーテミズムについてはジョン・ファーガソン・マクレナンにはじまり、ロバート・ラヌルフ・マレット、ジェームズ・ジョージ・フレーザー、エミール・デュルケム、アルフレッド・レジナルド・ラドクリフ＝ブラウン、クロード・レヴィ＝ストロース、ジークムント・フロイトなど、多くの著名な学者たちが取り組んできた。

ここで具体的な事例や詳細な検討なしに、日本の神話をトーテミズムに結びつけることは慎むべきであろう。しかし、彦火火出見尊と豊玉姫の話に関しては、異なったトーテム集団の社会をめぐる問題として捉え直すこともできる。

トーテム社会においては、特定の部族の祖先を動物などと関係づける。つまり、そのトーテムを構成する人々は特定の動物などと血縁関係を持つと信じられ、誕生や冠婚葬祭をめぐって、トーテムに関する特殊な儀式が執り行われる。そのとき、トーテム外の者は儀式の覗き見を固く禁じられ、これを破ると社会的制裁を被ることになる。

豊玉姫は龍に化して出産する姿を覗き見され、辱められたことに怒り、海と陸とを永久に隔絶してしまう。さらには、生まれたばかりの鸕鷀草葺不合尊を草で包み、海辺に棄て置き、海神宮に帰還してしまうのだ。こうした結果はすべて彦火火出見尊が禁忌を破ることに起因したのである。龍（鰐）の姿を覗き見する神話の展開はトーテミズムとの類似性を否定できない。

この後、鸕鷀草葺不合尊を育てたのが豊玉姫の妹の玉依姫である。玉のタマは生命力であり、依のヨリは神霊を宿す（憑りつく）ことを意味している。つまり、玉依姫とは生命力のある神霊を宿す姫ということになる。第一と第三の一書でも、玉依姫が残された御子を養育したとされている。加えて、第十一段では、玉依姫は自ら養育した鸕鷀草葺不合尊と結婚して、神日本磐余彦命（神武天皇）を生むのである。

六、鸕鷀草葺不合尊の存在

天照大神→天忍穂耳尊→瓊瓊杵尊→彦火火出見尊→鸕鷀草葺不合尊→神武天皇と続く系譜のなかで、鸕鷀草葺不合尊《ウガヤフキアヘズノミコト》以外の神名は、すべて稲穂に関連づけられている。

第十段、第十一段で触れられる鸕鷀草葺不合尊の存在は希薄であり、その記述も極端に少ない。鸕鷀草葺不合尊の父神は彦火火出見尊である。このヒコホホデミ（彦火火出見尊）という神名は初代天皇に即位する御子神の別称とされている。こうした事実から、彦火火出見尊と神武天皇を同一視し、彦火火出見尊（神武天皇）が東遷を果たしたとする推論をも可能にした。

ただし、ウガヤフキアヘズのウガをウカノミタマ（倉稲魂）のウカとすれば、この神にも穀物神としての神徳が備えられ、稲穂に基づく皇統の神々の名に連なることになる。いずれにせよ、鸕鷀草葺不合尊は日向の鵜戸神宮（宮崎県日南市）の主祭神であり、また、宮崎神宮（宮崎県宮崎市）では御子の神武天皇、妃の玉依姫とともに祀られている。こうした神々に対する信頼の歴史は尊重されるべき信仰の事実そのものといえる。

註

（1）上野喜一郎『船の歴史　全3巻』日本図書センター、二〇一二年〈底本、舵社、一九八〇〉、参照。
（2）黒板勝美編輯『新訂増補　国史大系　日本書紀　前篇』吉川弘文館、一九六六年、八六頁。
（3）同右、『新訂増補　国史大系　日本書紀　前篇』九〇頁。
（4）同右、『新訂増補　国史大系　日本書紀　前篇』九二頁。
（5）同右、『新訂増補　国史大系　日本書紀　前篇』九五頁。
（6）同右、『新訂増補　国史大系　日本書紀　前篇』九九頁。
（7）虎尾俊哉校注『神道大系　古典編十一　延喜式　上』神道大系編纂会、一九九一年、二三六頁。
（8）同右、『神道大系　古典編十一　延喜式　上』二三九頁。
（9）高埜利彦『天下泰平の時代』岩波書店、二〇一五年、八四頁。
（10）ミシェル・オダン著、大田康江 訳、井上裕美 監訳『お産でいちばん大切なこととは何か：プラスチック時代の出産と愛情ホルモンの未来』メディカ出版、二〇一四年。「Fatherhood Debate:Birth is no place for a Father?」『Royal College of Midwives 24-11-09』参考。
（11）黒板勝美編輯『新訂増補　国史大系　第七巻　古事記　先代旧事本紀　神道五部書』吉川弘文館、一九六六年、五一頁。

第十一章、神代巻第十一段（神皇承運章）

一、第十一段本文の概要

彦波瀲武鸕鷀草葺不合尊《ヒコナギサタケウガヤフキアヘズノミコト》は姨《おば》の玉依姫《タマヨリヒメ》を妃とする。そして、彦五瀬命《ヒコイツセノミコト》を生む。次に稲飯命《イナヒノミコト》。次に三毛入野命《ミケイリヌノミコト》。次に神日本磐余彦尊《カムヤマトイハレヒコノミコト》。すべて四柱の男神を生む。久しくして彦波瀲武鸕鷀草葺不合尊は西洲《にしのくに》の宮で崩御し、日向の吾《あ》平《ひら》山上陵に葬り祭られた。

二、第十一段本文と一書の構成

鸕鷀草葺不合尊は謎の多い神である。父神が禁忌を破ることにより、生まれながら母神に捨て置かれ、叔母の手で養育される。その叔母と結婚し、四柱の男神に恵まれるも、自らの勅を唱えることもなかった。鸕鷀草葺不合尊の記述は極端に少なく、その存在感も希薄である。第十段では誕生、第十一段では結婚、御子たちの誕生、崩御、葬所の事例が淡々と記されるのみである。

この第十一段は鸕鷀草葺不合尊と玉依姫の間に彦五瀬命、稲飯命、三毛入野命、神日本磐余彦尊（後の神武天皇）が誕生する話と、鷀草葺不合尊の死の話のみが記されている。鷀草葺不合尊は西洲の宮で崩御し、吾平山上陵に葬り祭られる。第十一段の一書は第四まであり、御子神が誕生する順序の違い、神名の別名が記されている。

『日本書紀』第一巻と第二巻で語られてきた神々の物語（神代巻）はこの第十一段で終了し、これ以降、第三巻神武天皇紀へと引き継がれていく。神日本磐余彦尊は日向の高千穂宮から瀬戸内海を東遷し、橿原宮で始馭天下之天皇《ハツクニシラススメラミコト》として、初代天皇（神武天皇）に即位する。

三、讖緯思想の辛酉革命説

明治時代になって、那珂通世《なかみちよ》らは神武天皇即位を起源として起算した『日本書紀』の紀年に疑問を呈した。つまり、紀元前六六〇（皇紀元）年の神武天皇即位が中国の讖緯《しんい》思想に基づく辛酉《しんゆう》革命説によることを論証した。

讖緯の〝讖〟とは未来を予言した記録文をいう。〝緯〟とは織物の横糸を意味し、儒教の教理を説く縦糸の経書に対して、未来の予言を説く緯書を意味する。したがって、讖緯とは日食や月食、あるいは地霊による天変地異など、緯書によって運命を予測する古代中国の予言説をいう。

辛酉革命説とは讖緯説に基づき、辛酉の年に革命が起こるとする予言説である。神武天皇が即位した紀元前六六〇年がこの辛酉の年に当たるのだ。これは推古朝から逆算して、神武天皇即位元年を辛酉の年に定めたためだという。日本では三善清行の上奏による昌泰四（九〇一）年の延喜改元以降、辛酉の年に頻繁に改元が行われた。

これは辛酉の年に改元することによって先んじて変化をもたらせ、革命を阻止し、皇統を守ろうとする危機回避行為といえる。改元の理由は天皇の即位による代始改元。(1) 吉兆による祥瑞《しょうずい》改元。凶兆による災異改元。革命による革命改元などが挙げられる。

明治以降は一世一元の制により、天皇在位中に改元されることはなかった。(2) このため、大正十（一九二一）年と昭和五十六（一九八一）年は例外として、昌泰四年の延喜改元以降、およそ千年の間、辛酉の年で改元が行われなかったのは、永禄四（一五六一）年と、元和七（一六二一）年の二度のみである。時の朝廷はこれほどまで皇統の永続を慮った。現実に、日本において、革命は一度たりとも起こっておらず、皇統は連綿と続いている。

参考として、大化元（六四五）年以降の辛酉の年を列挙してみる。ただし、白雉五（六五四）年の孝徳天皇崩御の後、朱鳥元（六八六）年まで元号がない。したがって、大化以降の最初の辛酉の年（六六一）年には、改元自体が存在しない。

養老五（七二一）年は改元なし。日本書紀成立の翌年。

宝亀十二（七八一）年に天応に改元。
承和八（八四一）年は改元なし。
昌泰四（九〇一）年、延喜に改元。（三善清行の上奏）
天徳五（九六一）年、応和に改元。
寛仁五（一〇二一）年、治安に改元。
承暦五（一〇八一）年、永保に改元。
保延七（一一四一）年、永治に改元。
正治三（一二〇一）年、建仁に改元。
文応二（一二六一）年、弘長に改元。
元応三（一三二一）年、元亨に改元。
南朝天授七（一三八一）年、弘和に改元。
北朝康暦三（一三八一）年、永徳に改元。
永享十三（一四四一）年、嘉吉に改元。
明応十（一五〇一）年、文亀に改元。
永禄四（一五六一）年は改元なし。
元和七（一六二一）年は改元なし。
延宝九（一六八一）年、天和に改元。

元文六（一七四一）年、寛保に改元。
寛政十三（一八〇一）年、享和に改元。
万延元（一八六〇）年、文久に改元。
大正十（一九二一）年は一世一元の制により改元なし。
昭和五十六（一九八一）年は一世一元の制により改元なし。
次の辛酉の年の年は、西暦二〇四一年である。

註

（1）天皇在位途中の元号改めを改元とするため、天皇の即位による代始改元は改元ではなく、称元と称されることもある。

（2）昭和五十四（一九七九）年に施工された元号法の条文第二項では「元号は皇位の継承があった場合に限り改める」とされ、天皇在位中には改元を行わない一世一元の制が政令において定められている。

終章

一、民の安寧が第一

『日本書紀』神代巻は系譜的本文を基軸として、一書という複数の異伝を加えながら、多様な物語を展開してきた。こうした編集方法は物語の一貫性を損なわせる一方、後世の人々に一つの視点を強要させるような単線的一元的な合理化ではなく、文献に対して多様な物語を相対的に照査する能力を涵養してくれた。

古の昔、混沌に含まれた牙《きざし》が生成力を漲らせ活動をはじめる。その牙とは質量としての気と捉えることができる。気は活動の程度によって陰と陽という現象に分化していく。その陰陽の道が男女の神々による命を継ぐ物語へと展開していくのである。混沌に含まれた一気から万物へとつながっていく考え方は漢籍から取り込んだ恵みと考えてもよい。

神話は国生みを経て、徐々に個別具体的に展開し、それぞれ特徴を持った多様な神々が生みなされる。なかでも日神の大日孁貴（天照大神）は皇祖神として天上を統治し、皇孫の瓊瓊杵尊に葦原中国の統治を命じる。この皇孫の流れを汲むのが歴代の天皇である。

天上の天照大神は天孫降臨に際して、瓊瓊杵尊に神勅を下す。その天壌無窮の神勅は日本を統治すべき皇統の正統性を示し、斎庭の稲穂の神勅は皇孫に授けた天上の稲穂を皇孫とともに皆で育て、それを糧として、民が飢えることのない国つくりを命じた言葉である。こうした神勅の要諦は皇孫による民の安寧と天下太平の祈りを意味している。

これらの教えは出雲の神々にも通じている。出雲の大己貴神（大国主神）は大和との無用な戦いを避け、自らの地位を犠牲にして出雲国を守った。大己貴神は不毛な戦いが出雲の民の安寧を著しく損なうと考えたからである。これにより、出雲の神々は人々から深く信頼され愛され続けている。

二、掩八紘而為宇（八紘一宇）

民を安んじ、太平な国つくりを永続させるという皇統の要諦は、『日本書紀』第三巻以降に、どう引き継がれたのだろうか。『日本書紀』神武天皇即位前紀によれば、日向から大和へと東征して六年の後、神武天皇は宮殿造営に関する令で、以下のように述べている。

自我東征於茲六年矣。頼以皇天之威。凶徒就戮。雖辺土未清。余妖尚梗。而中州之地無復風塵。

誠宜恢廓皇都規摹大壮。而今運属屯蒙。民心朴素。巣棲穴住。習俗惟常。夫大人立制。義必随時。苟有利民。何妨聖造。且当披払山林。経営宮室。而恭臨宝位。以鎮元元。上則答乾霊授国之徳。下則弘皇孫養正之心。然後兼六合以開都。掩八紘而為宇不亦可乎。観夫畝傍山……。東南橿原地者。蓋国之墺区乎。可治之（1）。

これらは〝我、東を征ちしより、茲《ここ》に六年になりにたり。頼るに皇天《あまつかみ》の威《いきおい》を以てして、凶徒《あた》就《こ》戮《ろ》されぬ。辺の土《くに》いまだ清《しずま》らず、余の妖《わざわい》尚梗れたりと雖も、中州之地、復風塵無し。誠に宜しく皇都を恢《ひら》き廓《ひろ》めて、大壮を規《はか》り摹《つく》るべし。而るを今運屯蒙に属ひて、民《おおみたから》の心朴素なり。巣に棲み穴に住みて、習俗惟常となりたり。夫れ大人制《ひじりののり》を立てて、義必ず時に随《したが》ふ。苟《いやし》くも民に利有らば、何ぞ聖の造《わざ》に妨《たが》はむ。且当《まさ》に山林を披《ひら》き払《はら》ひ、宮室を経営《おさめつくり》りて、恭《つつし》みて宝位《たかみくら》に臨みて、以て元元《おおみたから》を鎮むべし。上は則ち乾霊《あまつかみ》の国を授けたまひし徳《うつくしび》に答へ、下は則ち皇孫《すめみま》の正を養ひたまひし心を弘めむ。然して後に、六合を兼ねて以て都を開き、八紘《あめのした》を掩《おお》ひて宇《いえ》と為せむこと、亦可《よ》からずや。観れば夫の畝傍山《うねびやま》……。の東南の橿原《かしはら》の地は、蓋《けだ》し国の墺区《もなかのくしら》か。治るべし〟と読む。

神武天皇の言葉の概要は以下のとおりである。〝私が東征してから六年を経た。その間、皇祖神と天神の威をもって、凶徒を退治することができた。辺境の地はいまだに治まらず、尚も妖しい輩が残っている。とはいえ、国の中心は風塵も立たぬほど静かに治まりつつある。ここに皇都を開き広めて、壮大な宮殿を造営しようではないか。今の世はまだ開けているとはいない。民の心は素朴であるが、彼らは巣に棲み、穴に住まうような生活をしている。ここで聖人大人が制を立てるならば、義は必ず時勢に随うであろう。いやしくも民の利益になるならば、どうしてこれが聖人の道理の妨げになるだろうか。ここで山林を開き、宮室を造り、謹んで皇位に就き、民を安んじよう。上へは乾霊の国家を授けられた徳に答え、下へは皇孫の正義を養う心を広めよう。そうして後に、国に都を開き、天下を覆って同じ家としよう。見れば畝傍山東南の橿原の地は、国の中心である。ここに都を造ろう〟こう宣言して神武天皇は橿原の宮で初代天皇に即位した。

神武天皇は皇祖神の勅の精神を受け継ぎ、民の利益を優先し、民を安んじることを第一に考えた。「元元」と書かれているのは、おおみたから（大御宝）と読む。これは縷々述べてきたように民（百姓）のことを意味する。これにより、神武天皇が民を安んじるという皇祖神の神意を引き継いでいたことが明らかになる。

さらに、神武天皇の宣言で確認すべきは〝八紘一宇〟の拠とされる「掩八紘而為宇」[2]である。実は八紘一宇という言葉は後年の造語である。これは日蓮主義を奉じる田中智学が、大正二（一九一三）年三月十一日、『国柱新聞』「神武天皇の建国」に掲載された記事が初出とされている。したがって、八紘一宇は『日本書紀』に記された熟語ではない。〝八紘〟の出典を遡って求めれば、漢籍の『淮南子』墜形訓の記述「八殯之外、而有八紘、亦方千里」に至る。

さて、『日本書紀』に記された「掩八紘而為宇」は天下を覆って同じ家（屋根）とすることである。八紘はアメノシタ（天下）。宇はイエ（家）と読む。この〝八紘〟を〝全世界〟と解釈すると、この言葉が世界征服のスローガンにもなり得る。さらに、世界を一つの屋根で覆うというイメージは傘下に入れて支配するという解釈にもつながるのだろう。八紘を拡大解釈することにより、戦時中〝八紘一宇〟という言葉は国策に利用され、戦後、ＧＨＱの「国家神道、神社神道ニ対スル政府ノ保証、支援、保全、監督並ニ弘付ノ廃止ニ関スル件（神道指令）」によって、アジア侵略を正当化する理念として指弾されるに至った。

しかし、その評価をもって、『日本書紀』に記された「掩八紘而為宇」を〝八紘一宇〟と曲解し、その出典とされた『日本書紀』自体を否定するのは極端に狭量的といわざるを得ない。『日本書紀』の八紘（天下）が意味する世界とは、地球儀に記された全世界の国々はおろかアジア諸国ですらない。八紘とは神武天皇の施政の及ぶ範囲を指す。したがって、大日本豊秋津洲（本州）の東国も筑紫洲（九州）の一部もこの時点では神武天皇の施政下になってない。このように、即位間もない神武天皇が世界征服を目論むなどという戦略も極端に誇張された解釈といわざるを得ない。この言葉は世界征服のスローガンとは趣が違うのだ。

神武天皇は巣穴に住居するような民の生活を憂慮していた。民の安寧も思いに任せぬ状態では世界征服など程遠い。そもそも神武天皇は民を安んじるために、天皇即位を決意した経緯がある。したがって、この決意の言葉には勢いがある。

『日本書紀』に記された「掩八紘而為宇」は、民の安寧を第一に考えた神武天皇が、施政の及ぶ隅々に至るまで、そこに住まう民の生活の向上を目指した決意表明の言葉といえる。即位（就任）にあたって、そういう将来を展望するのは、統治者や為政者として当然の意志であろう。

三、聖帝とスキャンダル

民を慮り天下を安んじるという神勅の教えは、仁徳天皇紀からも窺うことができる。応神天皇の皇太子菟道稚郎子《ウヂノワキイラツコ》は、異母兄の大鷦鷯尊《オホサザキノミコト》を差し置いて、皇位に就くことを憚った。この大鷦鷯尊が後の仁徳天皇である。

菟道稚郎子は「夫君天下以治万民者。蓋之如天。容之如地。上有驩心。以使百姓。百姓欣然。天下安矣。今我也弟之。且文献不足。何敢継嗣位登天業乎[3]」と述べている。これは〝夫れ天下に君として、万民を以て治むる者、蓋《いただきおお》ふこと天の如し、容《うけい》るること地の如し。上、驩《よろこ》ぶる心有りて、以て百姓《おおみたから》を使ふ。百姓、欣然《よろこ》びて、天下安なり。今我は弟《いろと》なり。また文献《さとり》足らず。何ぞ敢へて嗣位《ひつぎのくらい》に継ぎて、天業《あまつひつぎ》に登《し》らむや〟と読む。菟道稚郎子は皇嗣《こうし》の位を大鷦鷯尊に譲り、自ら命を絶ってしまうのだ。ここに記された菟道稚郎子の自死という行為は民の安寧を守るための自己犠牲として描かれている。

自死という行為の解釈と評価は様々だと思われる。しかし、菟道稚郎子は〝上に喜ぶ心があって、百姓を使えば、百姓も喜んで農耕などの労働に勤しみ、天下は安らかになる〟と述べ、寛容な君による百姓《おおみたから》の幸せ、つまり、天下の安寧を第一に考えた。戦乱は民の安寧をことごとく破壊する。したがって、菟道稚郎子は自らの命を賭して皇位継承争いに誘因する跡目争いを避けたのである。
　異母弟の意を汲み、即位した仁徳天皇（大鷦鷯尊）は誉れ高い聖帝と呼ばれた。天皇は炊煙の立ち昇らない百姓の家々を見て、五穀の不作による民の窮乏を察し、三年間課税を取りやめた。この間、仁徳天皇は自らの衣服や履物が破れるまで使い、食物を腐るまで捨てず、身も心も慎ましく過ごした。さらに、宮殿の垣や屋根が壊れても修理せず、民の負担の軽減に努めた。こうして、天候も定まり、民は五穀の豊穣に恵まれるようになった。さらに、その三年後には民の生活も潤い、炊煙も賑やかに昇りはじめた。

　仁徳天皇は民の富を自分の富と考え、自ら皇位に就く理由をも民のためだと明言する。宮殿の垣も修理できず、御殿の屋根も破れ、衣服もびしょ濡れになるような生活のどこに富があるのかと憂える皇后磐之媛命《イワノヒメノミコト》に対し、仁徳天皇は「其天之立君。是為百姓。然則君以百姓為本。是以古聖王者。一人飢寒顧之責身。今百姓貧之。則朕貧也。百姓富之。則朕富也[4]」と答えた。これは〝其れ天の君を立つるは、是百姓の為になり。然れば則ち君は百姓を以て本と為す。是を以て、古の聖王者、一人も飢ゑ寒ゆるときには、これを顧みて身を責む。今百姓貧しきは、則ち朕が貧しきなり。百姓富めるは、則ち朕が富めるなり〟と読む。

　仁徳天皇は〝天が君主を立てるのは、百姓のためである。君は百姓をもって本とする。これにより、古の聖王は民が一人でも飢え凍えるならば反省し、自ら身を責めたのである。今、百姓が貧しければ、私も貧しく、百姓が富んでいるならば、私もそれを富とする〟というのだ。

皇祖神から勅を受けた皇胤《こういん》（天皇）は、日本の統治に欠くべからざる特別な存在とされてきた。ただし、日本の神話に登場する神々は全てに超越する唯一絶対神ではなく、様々な神徳を持つ八百万の神々によって構成されている。この神々は人にも万物にも、祖先としてつながりを持つ身近な存在とされている。

人々に恩恵を与える神々は人々の祈りなくして成り立ち得ない。神道の神々と人々には双務的関係による相乗効果が認められる。つまり、神道では神々に依存するような信仰を多とせず、人々による神々への積極的な祈りや行動が重視される。こうした思いが、民を安んじる天皇に向けられた民の思いにつながってくる。

『日本書紀』には、大鷦鷯尊が〝仁〟〝徳〟の名（諡号）に相応しい天皇として描かれている。そもそも歴史とはその書き手の側に都合のいいことを書き連ねるのが常である。しかし、『日本書紀』は必ずしもそうともいえない。ここで改めて『日本書紀』の多様な姿勢に触れてみたい。実をいうと、『日本書紀』に記された仁徳天皇は〝聖帝〟として讃えられるばかりではなく、女性関係のスキャンダルにまみれた聖帝でもあったのだ。

不倫スキャンダルで炎上する現代の風潮とは大いに異なるが、古来〝英雄色を好む〟ともいう。恋愛の情趣や情緒を色好みとして無碍に咎めることはない。ただし、仁徳天皇の色好みは決して秘め事という類のものではなかった。

皇后磐之媛命の激しい嫉妬に気兼ねしつつ、強かに交わされた仁徳天皇と玖賀媛《クガヒメ》との恋は、媛の死で幕を閉じる。しかし、天皇はこれにめげることはなかった。次は皇后のいぬ間に、異母妹の八田皇女《ヤタノヒメミコ》を大宮に引き入れ情事に及ぶ。このような醜聞は隠しようもなく、すぐに皇后に露顕する。天皇を慕うあまり、その裏切りに激昂した皇后は、天皇との別居を決意する。この間に交わされた歌のやり取りには、複雑な夫婦の思いが重なり合い、文学的な価値も認められている。加藤周一は『日本文学史序説』のなかで以下のように述べている。

> 話が天下国家を離れて私事にわたればわたるほど、叙述の筆は冴えてくるのである。「聖帝」の大后の嫉妬心のさまざまな現れ方、嫉妬のあまり難波の宮へかへらず、山へかくれようとしながらも夫を思い捨てかねるその女心、大后の嫉妬に気がねして、淡路島を見にゆくなどと嘘をつき、実は吉備の国の女の許へ走る「聖帝」の心理、その辺りの描写は生々として日常的私生活の委曲を尽くしている。(5)

夫婦の和解は果たされぬまま、皇后は崩御してしまう。その後、八田皇女は皇后の座に就く。しかし、仁徳天皇の恋心は留まるところがなかった。次は、皇后の同母妹（天皇の異母妹）である雌鳥皇女《メトリノヒメミコ》に恋をする。あろうことか、八田皇女も雌鳥皇女も、仁徳天皇に皇位を譲り自死した菟道稚郎子の同母妹である。

仁徳天皇は雌鳥皇女との恋を成就させるため、策をめぐらせる。そこで、異母弟の隼別皇子《ハヤブサワケノミコ》を仲立ちとした。しかし、隼別皇子と雌鳥皇女が恋に落ちてしまうのだ。

当初、聖帝仁徳天皇は兄弟の義を重んじ、私憤により隼別皇子を罰することはなかった。しかし、皇子と皇女の二人だけの睦言が漏れ伝わり、天皇は怒りを爆発させる。このとき皇子の舎人らが詠んだ歌が「破夜歩佐波。阿梅珥能朋利。等弭箇慨梨。伊菟岐餓宇倍能。娑弉岐等羅佐泥」(6)であった。これは〝隼は天に上り飛び翔《かけ》り斎場《いつき》が上の鷦鷯《さざき》取らさね〟との意味であり、皇子の名のハヤブサ（タカ目ハヤブサ科の猛禽類）を持ち上げ、天皇の名のサザキ（スズメ目ミソサザイ科の小鳥）を揶揄するものであった。

名を汚すということは呪にかけることでもある。天皇は仲睦まじく神宮参りに旅立った皇子と皇女に刺客を差し向ける。皇子は辛くも難を逃れ、「破始多弖能。佐餓始枳揶摩茂。和芸毛古等。赴駄利古喩例麼。揶須武志呂箇茂」(7)〝梯立《はしだて》の嶮《さが》しき山も我妹子《もこ》と二人越ゆれば安度《やすむしろ》かも〟と、二人の将来の安寧を詠むものの、あえなく刺客に捕らえられ、殺されてしまう。こうした所業もまた民を慮った聖帝のもう一つの顔なのである。

この睦言は皇子たちを陥れる讒言、あるいは濡れ衣であったとも考えられる。これについて加藤は『日本文学史序説』のなかで「『紀』の編者も……「聖帝」が私憤によって肉親を殺すのではなく、『謀反の意』という公的問題により、やむなく殺す、というすじ立てを用意し、道義的な弁護をしている」(8)と述べている。

神代巻といわれる『日本書紀』の第一巻、第二巻の特徴は、本文と別記された〝一書〟という異伝

（アナザーストーリー）の存在であった。しかし、第三巻の神武天皇紀以降は、第十一巻の仁徳天皇紀も含めて一書はない。したがって、第三巻以降の物語は首尾一貫しているはずである。つまり、素戔鳴尊の悪行を記したのと同様に、『日本書紀』では、仁徳天皇の悪行をも隠すことなく明記したということになる。善悪の評価はさて置き、善い仁徳天皇とともに、悪い仁徳天皇も描かれているのが『日本書紀』の多様性なのである。

塩が甘さを引き立てるように、仁徳天皇の色好みは天皇の人間味あふれる生々しい感情や心理を描き出している。このように清濁併せ呑む『日本書紀』の多様な表現が、仁徳天皇の横顔をより鮮明したのではなかろうか。

『日本書紀』は陰陽の問題から起筆され、その陰陽は男女の神々の物語に展開していく。これらは淡く切ない恋愛物語ではない。情念や憎悪に満ちたドロドロの愛憎劇も、恨みも、呪いも、包み隠さず表現される。『日本書紀』は陰陽男女の書である。人は男女の愛憎から命を継ぎ、生きるための生業に勤しみ励み、互いに力を合わせ自然と共生し、あるいは格闘しながら糧を得る。やがて糧を財に変える術を知り、その財をめぐり争いがはじまる。争いにより荒廃した国を眺め、争いの無益を思い知る。争いを避ける術を考えるのは、天下太平の世でなければ、食べて活きていく民の安寧も得られないからである。こうして、春になり自然の力の穏やかな循環を祈願し、秋になり自然の恵み豊かな収穫に感謝する。こうした天下太平の祈りの永続が神道の中心的祭祀と結びついていく。

祈りの対象は世界を超越する唯一絶対の神ではなく、現存在世界のはたらきを自然や生活のなかで感受できる身近で多様な八百万の神々である。神々と人々の関係はつながっており、人間の祖先となる神々もある。その神々の世界は現存在世界と完全に隔絶したものではない。このため、神々は祭を得て祭の場に来格することができる。こうした信仰は死者にも向けられる。神道では祭の場で死者と共生することも許されている。死者の魂を慰めるため、死者と喜びを共有するため、祭りを行い、花を愛で、酒を飲み、楽に興じる。多様で寛容な『日本書紀』には、こうした日本文化を理解する手掛かりが記されている。

註

(1) 黒板勝美編輯『新訂増補　国史大系　日本書紀　前篇』吉川弘文館、一九六六年、一三〇頁。
(2) 同右、『新訂増補　国史大系　日本書紀　前篇』一三〇頁。
(3) 同右、『新訂増補　国史大系　日本書紀　前篇』二八九頁。
(4) 同右、『新訂増補　国史大系　日本書紀　前篇』二九七頁。
(5) 加藤周一『日本文学史序説　上』筑摩書房、一九七五年、五三頁。
(6) 前掲の『新訂増補　国史大系　日本書紀　前篇』三〇八頁。
(7) 同右、『新訂増補　国史大系　日本書紀　前篇』三〇九頁。
(8) 前掲の『日本文学史序説　上』五三頁。

文献一覧

黒板勝美編輯『新訂増補　国史大系　第七巻　古事記　先代旧事本紀　神道五部書』吉川弘文館、一九六六年
黒板勝美編輯『新訂増補　国史大系　日本書紀　前篇』吉川弘文館、一九六六年
黒板勝美編輯『新訂増補　国史大系　日本書紀　後編』吉川弘文館、一九五二年
黒板勝美編輯『改訂増補　国史大系　続日本紀　前編』吉川弘文館。一九八一年
倉野憲司・武田祐吉校注『日本古典文学大系1古事記　祝詞』岩波書店、一九五八年
坂本太郎、家永三郎、井上光貞、大野晋校注『日本古典文学大系67日本書紀　上』岩波書店、一九六七年
高木市之助、小澤正夫、渥美かをる、金田一春彦校注『日本古典文学大系33　平家物語　下』岩波書店、一九六〇年
出雲路修校注『新日本古典文学大系30日本霊異記』岩波書店、一九九六年
大隈和雄校注『日本思想大系19中世神道論』岩波書店、一九七七年
佐伯梅友校注『古今和歌集』岩波書店、一九八一年
斎部広成撰、西宮一民校注『古語拾遺』岩波書店、一九八五年
石原道博編訳『新訂　魏志倭人伝・後漢書倭伝・宋書倭国伝・隋書倭国伝　中国正史日本伝（1）』岩波書店、一九五一年
佐伯有清編訳『三国史記倭人伝　他六編　朝鮮正史日本伝1』岩波書店、一九八八年
荘子著、金谷治訳注『荘子　第一冊　内篇』岩波書店、一九七一年
高田真治、後藤基巳訳『易経　上』岩波書店、一九六九年
高田真治、後藤基巳訳『易経　下』岩波書店、一九六九年
陶淵明著、松枝茂夫・和田武司訳注『陶淵明全集　下』岩波書店、一九九〇年
『新約聖書』日本聖書協会、一九五四年改訳
國學院大學日本文化研究所編　安蘇谷正彦・田沼眞弓責任編集『神葬祭資料集成』ぺりかん社、一九九五年

史籍集覧研究会編『続史籍集覧　第二冊』すみや書房、一九七〇年
近藤瓶城編『史籍集覧　第二冊』（通記第五　神皇正統録　上）近藤活版所、一九〇〇年
一条兼良『日本書紀纂疏』国民精神文化研究所、一九三五年
吉田兼倶『日本書紀神代抄』国民精神文化研究所、一九三八年
佐伯有義校訂『大日本文庫　神道篇　吉川神道』大日本文庫刊行会、一九三九年
佐伯有義校訂『大日本文庫　神道篇　垂加神道　上巻』春陽堂、一九三五年
虎尾俊哉校注『神道大系　古典編十一　延喜式　上』神道大系編纂会
平重道校注『神道大系　論説篇十　吉川神道』神道大系編纂会、一九八三年
鎌田純一校注『神道大系　論説篇二十六　復古神道』神道大系編纂会、一九八六年
大野晋・大久保正編集校訂『本居宣長全集　第九巻』筑摩書房、一九六八年
大野晋・大久保正編集校訂『本居宣長全集　第十一巻』筑摩書房、一九六九年
津田左右吉『津田左右吉全集　第9巻　日本の神道』岩波書店、一九六四年
折口信夫『折口信夫全集　古代研究　国文学篇』中央公論社、一九九五年
白鳥庫吉『白鳥庫吉全集　第1巻　日本上代史研究』岩波書店、一九六九年
三品彰英『三品彰英論文集　全6巻』平凡社、一九九八年
朝尾直弘・網野善彦・石井進・鹿野政直・早川庄八・安丸良夫編集委員『岩波講座　日本通史　第一巻』岩波書店、二〇〇〇年
宮地直一、佐伯有義監修『神道大辞典』、初版、平凡社、一九三七年、縮刷版、臨川書店、一九八六年
國學院大學日本文化研究所編『神道辞典』弘文堂、一九九九年
稲岡耕二編『日本神話必携』（別冊国文学No.16）学燈社、一九八二年
井上光貞責任編集『日本書紀　日本の名著1（中公バックス）』中央公論社、一九八三年
宇治谷孟『日本書紀（上）全現代語訳』講談社、一九八八年

相田泰三『保科正之公伝』保科正之公三百年祭奉賛会、一九七二年
安蘇谷正彦『神道の生死観――神道思想と「死」の問題』ぺりかん社、一九八九年
安蘇谷正彦『日本の伝統と宗教』ぺりかん社、一九九二年
伊藤聡『神道とは何か』中央公論新社、二〇一二年
伊藤直哉『桃源郷とユートピア――陶淵明の文学』春風社、二〇一〇年
伊藤博文『憲法義解』岩波書店、一九八九年
上田賢治『神道神学』大明堂、一九八六年
上田賢治『神道のちから』たちばな出版、一九六七年（一九八八年再刊・一九九五年再々刊）
上田正昭『大王の世紀』小学館、一九七三年
上野喜一郎『船の歴史　全3巻』日本図書センター、二〇一二年〈底本、舵社、一九八〇〉
遠藤潤『平田国学と近世社会』ぺりかん社、二〇〇八年
岡田荘司「〝真床覆衾〟論と寝座の意味」『神道文化叢書　大嘗の祭り』神道文化会、一九九〇年
小野祖教『神道の基礎知識と基礎問題』神社新報社、一九六三年
大林太良『日本神話の起源』徳間書店、一九九〇年
加藤周一『日本文学史序説　上』筑摩書房、一九七五年
河合隼雄『中空構造日本の深層』中央公論社、一九九九年
河合隼雄『神話と日本人の心』岩波書店、二〇〇三年
金素雲『三韓昔がたり』講談社、一九八五年
河野省三『神道の研究』森江書店、一九三〇年
高埜利彦『天下泰平の時代』岩波書店、二〇一五年
小島憲之『上代日本文学と中国文学　出典論を中心とする比較文学的考察　上』塙書房、一九六二年
後藤守一『日本古代史の考古学的検討』山岡書店、一九四七年

小林秀雄『本居宣長』新潮社、一九九二年
桜田勝徳「漁村におけるエビス神の神体」『漁撈の伝統』岩崎美術社、一九八五年
司馬遼太郎『街道をゆく13　壱岐・対馬の道』朝日新聞出版、二〇〇八年〈本書は一九八五年刊の新装版〉
島田虔次『朱子学と陽明学』岩波書店、一九六七年
白鳥庫吉『神代史の新研究』岩波書店、一九五四年
平重道著『吉川神道の基礎的研究』吉川弘文館、一九六六年
高橋美由紀『神道思想史研究』ぺりかん社、二〇一三年
高森明勅『天皇と民の大嘗祭』展転社、一九九〇年
田尻祐一郎『江戸の思想史』中央公論新社、二〇一一年
千葉栄『吉川神道の研究』至文堂、一九三九年
土居光知『神話・伝説の研究』岩波書店、一九七三年
徳橋達典『吉川神道思想の研究』ぺりかん社、二〇一三年
西岡和彦『近世出雲大社の基礎的研究』大明堂、二〇〇四年
西宮一民「古事記行文注釈二題」『古代文学論集　倉野憲司先生古稀記念』桜楓社、一九七四年
橋本治『小林秀雄の恵み』新潮社、二〇〇七年
橋本幸士『超ひも理論をパパに習ってみた　天才物理学者・浪速阪教授の70分講義』講談社、二〇一五年
藤田孝典『下流老人　一億総老後崩壊の衝撃』朝日新聞社、二〇一五年
松前健『日本神話の新研究』桜楓社一九六〇年
松前健『日本神話と古代生活』有精堂出版、一九七〇年
松前健『神々の系譜』ＰＨＰ研究所、一九七二年
松本信宏『日本神話の研究』平凡社、一九七一年
三浦佑之『古事記講義』文芸春秋、二〇〇七年

村山斉『宇宙は何でできているのか　素粒子物理学で解く宇宙の謎』幻冬舎、二〇一〇年
森朝男『恋と禁忌の古代文芸史　日本文芸における美の起源』若草書房、二〇〇二年
森博達『日本書紀の謎を解く』中央公論新社、一九九九年
柳田国男『海上の道』「海神宮考」岩波書店、一九七八年
夢枕獏『陰陽師』文芸春秋、一九八八年
ウンベルト・エーコ著、河島英昭訳『薔薇の名前　上下』東京創元社、一九九〇年
ジェイムズ・ジョージ　フレーザー著、古川信訳『金枝篇　上下』筑摩書房、二〇〇三年
ミシェル・オダン著、大田康江訳、井上裕美監訳『お産でいちばん大切なこととは何か：プラスチック時代の出産と愛情ホルモンの未来』メディカ出版、二〇一四年
ヴォルテール著、中川信訳『寛容論』中央公論新社、二〇一一年〈一九七〇年、現代思潮社刊〉
アードルフ・E・イェイゼン著、大林太良訳『殺された女神』弘文堂、一九七七年

あとがき

十年以上前のことだと思う。職場の親しい友人から加藤周一著『日本文学史序説』の上下巻をもらった。友人はベンヤミンやハーバーマスなどドイツの哲学を学んでいたが、以前から『古事記』や『日本書紀』など、日本の古典を学び直したいと思っていたらしい。この本をたたき台として気軽に勉強会でもやりたいということだった。

結局、職場も私事も慌ただしく、計画は頓挫したのだが、この本からは多くのヒントをもらった。友人はすでに帰幽し、二冊の本が形見になった。

目まぐるしく展開する世情のなかで、日々の記憶はゴタゴタに混ざり合い、ドンドンと過ぎ去っていく。歴史に向けられた不寛容を嘆く今日この頃、時宜にかない『日本書紀』成立一三〇〇年という好機にめぐり合うことができた。この機に乗じ、多少なりとも日本文化を捉え直す端緒になればと本書の執筆をはじめた。

元写真記者で神道学の博士なんてレアな存在だろうと開き直って、積み重ねた拙い経験を本書作成に生かした。ここではジャーナリスティックな糾弾、アカデミックな権威、スピリチュアルな独善とは意図的に距離を置いたつもりである。しかし、一周回ってドップリ浸かっていたならば、赤面の至り、染みついた臭いは容易に取り除けるものでもないのだろう。

私自身は吉川神道の『日本書紀』解釈について学んできたが、これだけ『日本書紀』に向き合うことができたのは、國學院大學別科に講師として出講する機会を得たからだろう。この機会をくださった西岡和彦國學院大學教授に感謝申し上げたい。また、本書刊行を快諾下さり、ご意見、ご協力くださったぺりかん社編集部の藤田啓介氏、小澤達哉氏に心から謝意を示したい。

昨春、今尾神社の境内で、種（ギンナン）から芽を出したイチョウを育て観察している。とはいっても鉢に植え替え眺めているだけである。今年から、そこに杉の若芽も加わった。もしかすると、この若芽たちは、これから何千年も成長し続けてくれるのかもしれない。そんな太平で安寧な日々の永続を祈っている。

平成二十九年十二月八日

徳橋達典

著者略歴

徳橋 達典（とくはし たつのり）

1964年、東京都生まれ。國學院大學大学院文学研究科博士課程修了。博士（神道学・國學院大學）。共同通信社ビジュアル報道局写真部次長を経て、現在、今尾神社権禰宜・國學院大學兼任講師。

専攻—神道学・神道史

著書・論文—『吉川神道思想の研究——吉川惟足の神代巻解釈をめぐって』（ぺりかん社）、「吉川惟足の葬祭論の一考察——保科正之の神葬祭をめぐって」（『神道宗教』193号）、「吉川惟足の神籬磐境の伝の要諦」（『神道宗教』219号）など

装訂　　鈴木 衛

日本書紀《にほんしょき》の祈《いの》り
多様性と寛容

2018年2月10日　初版第1刷発行

著　者　徳橋 達典

発行者　廣嶋 武人

発行所　株式会社 ぺりかん社
〒113-0033 東京都文京区本郷1-28-36
TEL 03(3814)8515
http://www.perikansha.co.jp/

印刷・製本　モリモト印刷

Printed in Japan　ISBN 978-4-8315-1492-9

日本書紀の祈《いの》り

多様性と寛容

徳橋達典
Tatsunori Tokuhashi

ぺりかん社